ESV

GRUNDLAGEN DER ANGLISTIK UND AMERIKANISTIK

Herausgegeben von Rüdiger Ahrens und Edgar W. Schneider

Band 30

Englische Textlinguistik

Eine Einführung

von

Christoph Schubert

ERICH SCHMIDT VERLAG

Bibliografische Information der Deutschen Bibliothek
Die Deutsche Bibliothek verzeichnet diese Publikation in der Deutschen
Nationalbibliografie; detaillierte bibliografische Daten sind im Internet
über dnb.ddb.de abrufbar.

Weitere Informationen zu diesem Titel finden Sie im Internet unter
ESV.info/978-3-503-09838-5

ISBN 978-3-503-09838-5

Alle Rechte vorbehalten
© Erich Schmidt Verlag GmbH & Co., Berlin 2008
www.ESV.info

Dieses Papier erfüllt die Frankfurter Forderungen
der Deutschen Bibliothek und der Gesellschaft für das Buch
bezüglich der Alterungsbeständigkeit und entspricht sowohl den
strengen Bestimmungen der US Norm Ansi/Niso Z 39.48-1992
als auch der ISO-Norm 9706.

Gesamtherstellung: Danuvia Druckhaus, Neuburg a. d. Donau

Inhaltsverzeichnis

Vorwort 9

1. **Grundlagen** 11
   - 1.1 Fragestellungen der Textlinguistik 11
   - 1.2 Textlinguistik und Diskursanalyse 14
   - 1.3 Textdefinitionen 16
     - 1.3.1 Der Begriff „Text" in einem englischen Lernerwörterbuch 16
     - 1.3.2 Textinterne und -externe Kriterien 17
     - 1.3.3 Merkmale der Textualität 20
   - 1.4 Beispielanalysen 23
   - 1.5 Zusammenfassung 26
   - 1.6 Übungen 28

2. **Kohäsion** 31
   - 2.1 Grammatische Kohäsion 32
     - 2.1.1 Pro-Formen 32
     - 2.1.2 Syntaktische Konstruktionen 38
     - 2.1.3 Konjunktionen und *conjunction* 42
     - 2.1.4 Tempus und Aspekt 44
   - 2.2 Lexikalische Kohäsion 45
     - 2.2.1 Repetition 45
     - 2.2.2 Semantische Relationen 47
     - 2.2.3 Paraphrase 50
     - 2.2.4 Begriffliche Nähe 51
   - 2.3 Beispielanalyse 54
   - 2.4 Zusammenfassung 57
   - 2.5 Übungen 58

3. **Kohärenz** 61
   - 3.1 Die Beziehung zwischen Kohäsion und Kohärenz 62
   - 3.2 Konfigurationen von Konzepten und Relationen 65
   - 3.3 Relationale Propositionen 68
   - 3.4 Wissensrepräsentation durch globale Muster 71
   - 3.5 Das Textthema und seine Entwicklung 75

		3.5.1	Thematische Progression und kommunikative Dynamik	75
		3.5.2	Makrostrukturen	80
	3.6	Beispielanalysen		83
	3.7	Zusammenfassung		85
	3.8	Übungen		86

4. Textklassifikation 89

	4.1	Intertextualität		90
	4.2	Texttypen		90
		4.2.1	Sequenzierung und Textstruktur	91
		4.2.2	Sprechaktfunktionen	96
		4.2.3	Merkmalscluster und Dimensionen sprachlicher Variation	99
		4.2.4	Beispielanalysen	103
	4.3	Genres		106
		4.3.1	Methodik	107
		4.3.2	Exemplarische Genrebeschreibung	109
		4.3.3	Genres in der Korpuslinguistik	112
		4.3.4	Beispielanalysen	115
	4.4	Hypertext und elektronische Interaktion		117
		4.4.1	Eigenschaften von Hypertexten	117
		4.4.2	Hypertext im gedruckten und digitalen Medium	119
		4.4.3	Hypertext, Hypertextnetze und E-Texte	121
		4.4.4	Kohäsion und Kohärenz im Hypertext	121
		4.4.5	Neue elektronische Interaktionsformen	125
	4.5	Zusammenfassung		128
	4.6	Übungen		129

5. Konversationsanalyse 133

	5.1	Unterschiede zwischen geschriebenen und gesprochenen Texten		134
	5.2	Sequenzielle Organisation		136
		5.2.1	Paarsequenzen	136
		5.2.2	Präferenzorganisation	139
		5.2.3	Gesprächseröffnung und -beendigung	144
	5.3	Sprecherwechsel		146
		5.3.1	Eine Systematik des Sprecherwechsels	146
		5.3.2	Zuweisung des Rederechts	149
		5.3.3	Vermeidung des Sprecherwechsels	152
	5.4	Reparatur		154
		5.4.1	Typen von Reparaturen	155
		5.4.2	Reparaturpositionen und die Präferenz der Selbstreparatur	157
	5.5	Beispielanalysen		159

5.6	Zusammenfassung	161
5.7	Übungen	162

6. Angewandte Textlinguistik 165

6.1	Analyse literarischer Texte	165
6.2	Textkompetenz im Englischunterricht	171
6.3	Kontrastive Diskursanalyse	176
	6.3.1 Interkulturelle Kommunikation	176
	6.3.2 Übersetzungswissenschaft	178
6.4	Zusammenfassung	181

7. Zusammenfassung 183

Lösungsvorschläge für die Übungen 187

Glossar 199

Bibliografie 205

Sachregister 217

Vorwort

Der vorliegende Band fasst einschlägige Konzepte und Modelle der anglistischen Textlinguistik zusammen und bereitet sie mit Hilfe illustrierender Beispiele auf. Dabei ist es freilich unumgänglich, dass eine Einführung in diesen komplexen Bereich Schwerpunkte setzen und sich auf zentrale Fragen konzentrieren muss. Besonderer Wert wird allerdings darauf gelegt, dass die Erläuterung der textlinguistischen Terminologie keineswegs zum bloßen Memorieren animieren, sondern der Schärfung textanalytischer Fähigkeiten und Fertigkeiten dienen soll. Exemplarische Analysen und Übungsaufgaben am Kapitelende, die durch Lösungsvorschläge ergänzt sind, haben die Funktion, das Verständnis zu sichern und die Selbstkontrolle des Lernerfolgs zu ermöglichen.

Die Zielgruppe sind vorrangig Studierende wie auch Lehrende der englischen Sprachwissenschaft, die sich in dieses zentrale linguistische Thema einarbeiten möchten. Die Konzeption der Monografie ist in verschiedenen universitären Lehrveranstaltungen entwickelt und erprobt worden, sodass der Band nicht nur in Seminaren des Grund- und Hauptstudiums, sondern auch bei der Vorbereitung auf Examina einsetzbar ist. Das Glossar und das Sachregister ermöglichen darüber hinaus auch seine Verwendung als Nachschlagewerk. Da die Textlinguistik eine Schlüsseldisziplin für das Studium von Texten im Allgemeinen ist und zahlreiche Anwendungsmöglichkeiten bietet, die hier ebenfalls diskutiert werden, richtet sich der Band ebenso an interessierte Lehrer der Sekundarstufe.

Mein herzlicher Dank gebührt einer Reihe von Personen, ohne die der Band nicht in der vorliegenden Form existieren würde. Zunächst schulde ich Carina Lehnen vom Erich Schmidt Verlag Dank für ihre geduldige Betreuung während der Erstellung des Manuskripts. Den Herausgebern Rüdiger Ahrens und Edgar Schneider danke ich nicht nur für ihre Bereitschaft, den Titel in die Reihe aufzunehmen, sondern auch für hilfreiche konzeptionelle Hinweise und Verbesserungsvorschläge. Des Weiteren habe ich wertvolle inhaltliche Anregungen von Wolfram Bublitz, Ernst Burgschmidt und Christina Sanchez erhalten. Beim Korrekturlesen haben mich insbesondere Elisabeth Fritz und Maximilian Nietzschmann unterstützt. Schließlich danke ich Birgit Däwes für ihre Hilfsbereitschaft und ihr geduldiges Verständnis, das sie mir während meiner Arbeit an dem Buch entgegengebracht hat.

Würzburg, im Januar 2008   Christoph Schubert

1. Grundlagen

1.1 Fragestellungen der Textlinguistik

Der folgende kurze Text 1.1 erschien am 10. Oktober 2004 in der Rubrik „Soulmates" der britischen Zeitung *The Observer*. Er ist auf der betreffenden Seite in eine große Anzahl ähnlicher Texte eingereiht, die unter der Überschrift „Women seeking men" auf vier Spalten verteilt sind.[1]

(1.1) •**Classy bird**, 41, with Elizabeth Bennet sensibilities seeks tall, dark, rich Mr Darcy or failing that someone with wit & humor, 35-45. S Wales. Call 1234 567 8910 Voicebox 54321 Txt RE12345

Wie unschwer zu erkennen ist, handelt es sich hierbei um eine Kontaktanzeige, an deren Beispiel bereits einige Kennzeichen von Texten und zentrale Anliegen der englischen Textlinguistik verdeutlicht werden können. Erstens lässt der Text klar die **Funktion** erkennen, dass die Verfasserin Kontakt zu ihrem zukünftigen Wunschpartner aufnehmen möchte. Indizien dafür sind nicht nur die beiden genannten Überschriften, die den Kontext konstituieren, sondern auch entsprechende Verben wie „seeks" und „[c]all". Die Intention wird unterstrichen durch die Angabe einer Telefonnummer und andere Informationen, welche die Kontaktaufnahme ermöglichen sollen. Gleichzeitig wird die Gruppe der Adressaten in der Anzeige durch bestimmte charakterliche Eigenschaften und eine Altersangabe definiert. Auch die Verfasserin selbst beschreibt sich durch ihr Alter und bestimmte vorteilhafte Merkmale, die handlungsaktivierend wirken sollen, wenn sie auch sehr vage formuliert sind.

Zweitens weist der Text neben der offensichtlichen satzinternen syntaktischen Struktur auch einen satzübergreifenden **Zusammenhalt** auf. Der erste Satz, der den größten Teil der Anzeige ausmacht, charakterisiert die Textproduzentin und beinhaltet ihr Anliegen. Danach folgt mit „S Wales" eine Ortsangabe, die verdeutlicht, dass sie in Südwales beheimatet ist und dort ebenfalls einen Partner sucht. Es handelt sich also um eine weitere Spezifikation der bereits mitgeteilten Intention. Schließlich folgt mit dem Verb „[c]all" ein direkter Imperativ, der eine logische Konsequenz aus den bisherigen Informationen darstellt: Alle Männer, die das gewünschte Profil erfüllen, möchten sich bei der Inserentin unter den angegebenen Nummern melden.

---

[1] Aus Gründen der Diskretion und des Datenschutzes wurden die Telefonnummer und die anderen personalisierten Ziffern in der Anzeige abgeändert.

1. Grundlagen

Wie bereits angedeutet, ist der Text drittens zweifelsfrei der **Textsorte** Kontaktanzeige zuzuordnen, wofür zunächst rein formal das kontextuelle Layout der Zeitung spricht, das dem Text den Status einer Kleinanzeige zuweist. Textinterne formale Kennzeichen sind der Fettdruck der ersten beiden Wörter sowie platzsparende Mittel wie das Symbol „&" und die Abkürzung „S" für *South*. In syntaktischer Hinsicht verweist auch das Fehlen des unbestimmten Artikels zu Beginn des Textes auf eine Kleinanzeige. Inhaltlich korrespondiert mit der Kontaktanzeige die klar erkennbare Intention des Textes, die sich in den bereits genannten sprachlichen Mitteln manifestiert.

Viertens nimmt dieser Text spielerisch Bezug auf bereits existente Texte, was in der Fachterminologie als **Intertextualität** bezeichnet wird. So sind die beiden genannten Personen „Elizabeth Bennet" und „Mr Darcy" fiktionale Charaktere aus Jane Austens *Pride and Prejudice*. Die Verfasserin erhofft sich also offensichtlich eine ähnliche Liebesgeschichte mit Happy End, wie sie in diesem Roman – und seiner Verfilmung – geschildert wird. Zudem zeigt sich die Vorliebe der Verfasserin für romantische Verwicklungen im Nomen „sensibilities", das auf den Austen-Roman *Sense and Sensibility* anspielt. Die intertextuelle Bezugnahme auf die beiden literarischen Werke unterstützt somit die Intention der Anzeige, wobei deren Wirkung natürlich davon abhängt, ob die Zielgruppe die Anspielungen auch erkennt.

Wie schon diese verschiedenen Fragestellungen zeigen, bezeichnet der Begriff 'Textlinguistik' keineswegs ein einheitliches und in sich geschlossenes theoretisches Gebäude, sondern weist eine Vielzahl von Ansätzen auf, die sich in den vergangenen Jahrzehnten etabliert haben. Dennoch soll als Ausgangspunkt versucht werden, einige Leitfragen zu formulieren, welche die zentralen Anliegen der Disziplin zusammenfassen. Zum Teil sind sie in den Ausführungen zu Textbeispiel 1.1 bereits angeklungen.

1) Was ist ein Text? Am Anfang jeglicher textlinguistischer Überlegung steht grundsätzlich die Frage nach der Definition des Untersuchungsgegenstandes. Zur Beantwortung dieser Frage haben verschiedene Autoren unterschiedliche Kriterien entwickelt, die in Kapitel 1.3 „Textdefinitionen" behandelt werden. Gleichzeitig wird dort ein Textbegriff vorgeschlagen, der verschiedene Ansätze integrativ miteinander verbindet.

2) Wie hängen die Bestandteile von Texten sprachlich zusammen? Es ist eine Grundannahme der Textlinguistik, dass die Sätze eines Textes nicht willkürlich aneinander gereiht, sondern bestimmten Ordnungsprinzipien unterworfen sind. Vertauscht man die Reihenfolge seiner Sätze, wird ein Text in der Regel unverständlich und inakzeptabel. Beispielsweise benötigen Pronomina ein Bezugswort, um im Kontext verständlich zu sein, und elliptische, d.h. syntaktisch unvollständige Antworten verweisen auf die zuvor gestellte Frage zurück. Den Problemen des sprachlichen Zusammenhalts von Texten geht schwerpunktmäßig das Kapitel 2 „Kohäsion" nach.

1.1 Fragestellungen der Textlinguistik

3) Wie lässt sich das Verstehen von Texten beschreiben? Bei der Rezeption von Texten nimmt der Leser bzw. Hörer[2] einerseits die sprachlichen Einheiten wahr, doch ergänzt er sie andererseits auch durch eigene Schlussfolgerungen, die auf seinem zuvor erworbenen Text- und Weltwissen beruhen. Wie bereits am Beispieltext 1.1 aufgezeigt, kann beispielsweise eine logische Folgerung auch ohne das explizite Adverb *therefore* gezogen werden. Kapitel 3 „Kohärenz" widmet sich der textuellen Sinnkonstruktion durch den Rezipienten und der Themenentwicklung im Text.

4) Wie kann man Texte klassifizieren? Ein zentrales Anliegen der Textlinguistik ist es, die unüberschaubar große Menge existierender Texte anhand bestimmter Kriterien in Klassen einzuteilen. Entsprechend können für eine Texttypologie zum Beispiel die Struktur oder die kommunikative Funktion von Texten als Unterscheidungsparameter dienen. So hat die Beschreibung des Textbeispiels 1.1 bereits gezeigt, dass die Textsorte Kontaktanzeige bestimmte Eigenschaften aufweist. Eine besondere Rolle spielen neue Textsorten, wie sie durch das Internet und die elektronische Kommunikation im Allgemeinen entstanden sind. Derartige Fragen behandelt das Kapitel 4 „Textklassifikation".

5) Welche besonderen Eigenschaften besitzen gesprochene Texte? Die Textlinguistik beschränkt sich nicht auf geschriebene Texte, sondern bezieht auch gesprochene Texte ein, die meist in Form von Dialogen realisiert sind. Indem bei Konversationen zwei oder mehr Gesprächspartner beteiligt sind, ergeben sich spezielle Regularitäten, die beispielsweise auf dem Sprecherwechsel beruhen. Auch die Abfolge von Gesprächsbeiträgen zeigt bestimmte Regelmäßigkeiten, wenn beispielsweise eine Antwort auf eine Frage folgt und nicht umgekehrt. Die speziellen Eigenschaften von mündlichen Dialogen beschreibt das Kapitel 5 „Konversationsanalyse".

6) Wie kann man die Ergebnisse der Textlinguistik praktisch umsetzen? Zu den Gebieten, in denen die Textlinguistik als Hilfsdisziplin fungiert, gehören beispielsweise die literarische Textanalyse und die Textarbeit im Fremdsprachenunterricht. Zudem können auf Basis der kontrastiven Textlinguistik, die Konventionen in verschiedenen Sprachen vergleicht, auch textbezogene Probleme der interkulturellen Kommunikation und der Übersetzungswissenschaft behandelt werden. Durch diese Aspekte tritt der interdisziplinäre Charakter der Textlinguistik deutlich hervor, der darauf beruht, dass Texte in vielen Bereichen des alltäglichen Lebens eine zentrale Rolle spielen. Genaueres zu diesen Thematiken findet sich im Kapitel 6 „Angewandte Textlinguistik".

---

[2] Zum Zwecke einer leichteren Lesbarkeit werden Begriffe wie *Leser* und *Hörer* als generische, geschlechtsneutrale Termini verwendet, d.h. sie bedeuten gleichermaßen *Leserin* bzw. *Hörerin*.

1. Grundlagen

Wie dem bibliografischen Anhang zu entnehmen ist, dient als Grundlage für die Diskussion dieser Themengebiete ein Textkorpus, das sich aus einer Vielzahl unterschiedlicher Genres zusammensetzt. Einerseits enthält es Transkriptionen authentischer gesprochener Konversationen (Svartvik/Quirk 1980), schriftlich formulierte, aber mündlich vorgetragene politische Reden (z.B. Blair 2001 und Bush 2003) sowie Dramen, in denen gesprochene Dialoge imitiert werden (z.B. Miller 1984, Osborne 1960 und Williams 1984). Andererseits befindet sich im Korpus eine breit gefächerte Auswahl schriftsprachlicher Sach- und literarischer Texte. Dazu gehören die Genres Gedicht (z.B. Brooke 1993), Märchen (z.B. Rackham 1978), Kurzgeschichte (z.B. Hemingway 1980), Roman (z.B. Lodge 1979), Literaturlexikon (Ousby 1992), Gebet (z.B. Ellis 1999), Reiseführer (z.B. Else et al. 2001), Ratgeberliteratur (z.B. Graber 2000 und Vickery/Fries 1997), Leserbrief (Hafner 2005), Wettervorhersage („Outlook" 2005), Bedienungsanleitung (z.B. *TV User Manual* 2000), wissenschaftliche Abhandlung (z.B. Rodieck 1998), Enzyklopädie (z.B. *The Bloomsbury Pocket Encyclopedia of the World* 1993), Fußballtabelle (z.B. „Top Scorers" 2004) und Kleinanzeige (z.B. „The Better Parts of Greece!" 2004).

1.2 Textlinguistik und Diskursanalyse

Die anglistische **Textlinguistik** (*text linguistics*) ist innerhalb der Sprachwissenschaft eine relativ junge Forschungsrichtung, deren Ursprünge in den späten 1960er und den 1970er Jahren liegen. Im angloamerikanischen Raum wird sie in der Regel als Teilbereich der umfassenden **Diskursanalyse** (*discourse analysis, DA*) gesehen (vgl. Thiele 2000: 132). Dies ist beispielsweise zu beobachten in den Monografien *Discourse Analysis* von Johnstone (2002) und *Introduction to Discourse Studies* von Renkema (2004). In dieser weiten Bedeutung beschäftigt sich die Diskursanalyse mit gesprochenen und geschriebenen Texten, wobei der Fokus zunächst auf kontextbezogenen Fragen des kommunikativen Sprachgebrauchs liegt. Sie ist stark beeinflusst von pragmatischen Ansätzen wie der Sprechakttheorie (vgl. Austin 1975 und Searle 1969) sowie der Theorie des Kooperationsprinzips und der Konversationsmaximen (vgl. Grice 1975).[3] Folglich werden von der Diskursanalyse typischerweise Analysemodelle der gesprochenen Kommunikation auch auf geschriebene Texte übertragen.

Beispiele für Monografien, die gesprochene Texte in den Mittelpunkt stellen und auf dieser Grundlage auch geschriebene Texte vor einem pragmatischen Hintergrund betrachten, sind *Discourse Analysis* von Brown/Yule (1983) und *An Introduction to Discourse Analysis* von Coulthard (1985). Eine zusätzliche Betonung

---

[3] Eine zusammenfassende Darstellung dieser pragmatischen Ansätze liefert Bublitz (vgl. 2001: 65-202).

1.2 Textlinguistik und Diskursanalyse

des soziolinguistischen Aspekts findet sich in *Discourse Analysis: The Sociolinguistic Analysis of Natural Language* von Stubbs (1983). Der jüngere Überblicksband *The Handbook of Discourse Analysis* von Schiffrin/Tannen/Hamilton (2001) zeigt zudem, dass das Etikett der Diskursanalyse und der Begriff des 'Diskurses' inzwischen für ein äußerst breites Spektrum an Disziplinen herangezogen wird. Das Handbuch geht im ersten Abschnitt von satzübergreifenden linguistischen Ansätzen aus, um sich dann Fragen aus der Soziolinguistik sowie der Medien-, Kommunikations- und Kulturwissenschaft sowie benachbarten Disziplinen zuzuwenden.

Ein Teilbereich der Diskursanalyse ist die **Konversationsanalyse (*conversation analysis, CA*)**, die sich speziell mit den Regularitäten gesprochener Dialoge beschäftigt. Sie entwickelte sich aus der soziologischen Ethnomethodologie, welche die soziokulturelle Interaktion in verschiedenen Gesellschaften unter anderem auch in sprachlicher Hinsicht untersucht. Das maßgebliche Werk für diesen Ansatz ist der Artikel von Sacks/Schegloff/Jefferson (1974), der in neueren Überblickswerken wie *Conversation Analysis* von Hutchby/Wooffitt (1998), *The Language of Conversation* von Pridham (2001) und *Conversation Analysis and Discourse Analysis: A Comparative and Critical Introduction* von Wooffitt (2005) als richtungsweisend zitiert wird.

Die Textlinguistik beschäftigt sich als Teilgebiet der Diskursanalyse mit den bereits in Kapitel 1.1 genannten Fragen, die im Gegensatz zur vorherigen linguistischen Forschung Phänomene oberhalb der Satzgrenze betreffen. So findet sich eine Darstellung der grammatischen und semantischen Struktur von Texten beispielsweise in Werken wie *Cohesion in English* von Halliday/Hasan (1976) und *Macrostructures: An Interdisciplinary Study of Global Structures in Discourse, Interaction, and Cognition* von van Dijk (1980a). Die Kennzeichen verschiedener Textsorten und -typen erläutern zum Beispiel die Werke *Investigating English Style* von Crystal/Davy (1969), *A Text Grammar of English* von Werlich (1983) und *Variation across Speech and Writing* von Biber (1988). Neben der Form werden stärker auch situative und kontextuelle Fragen behandelt im Buch *Introduction to Text Linguistics* von de Beaugrande/Dressler (1981), das im selben Jahr auch in deutscher Sprache veröffentlicht wurde. Die kognitive Textverarbeitung durch den Rezipienten wird thematisiert in *Scripts, Plans, Goals and Understanding: An Inquiry into Human Knowledge Structures* von Schank/Abelson (1977) und *Strategies of Discourse Comprehension* von van Dijk/Kintsch (1983). Darüber hinaus bezieht die Textlinguistik zur Beschreibung von Texten pragmatische und kommunikationstheoretische Ansätze ein, wie sie bereits im Rahmen der Diskursanalyse kurz genannt wurden.

Im vorliegenden Buch werden auch Ergebnisse der Konversationsanalyse vorgestellt, da erstens die englische Textlinguistik aus der Forschung zur gesprochenen Sprache erwachsen ist und zweitens Dialoge eine wichtige Erscheinungsform von gesprochenen Texten im alltäglichen Leben verkörpern. Textlinguistik wird hier im integrativen Sinne einer Linguistik oberhalb der Satzgrenze gesehen, wie sie in der Einführung von de Beaugrande/Dressler (1981) und in Thieles Überblicksartikel (2000) dargestellt wird.

1.3 Textdefinitionen

1.3.1 Der Begriff „Text" in einem englischen Lernerwörterbuch

Um zu einem sprachwissenschaftlichen Verständnis des Begriffs „Text" zu gelangen, empfiehlt es sich, zunächst einen Blick auf alltagssprachliche Definitionen des Wortes im Englischen zu werfen. Zu diesem Zweck bietet sich der Eintrag zum Nomen *text* in der vierten Auflage des *Longman Dictionary of Contemporary English* (*DCE4*) (Summers et al. 2005) an. In diesem bekannten englischen Lernerwörterbuch werden verschiedene Bedeutungsschattierungen des Wortes samt Verwendungsbeispielen aufgelistet.

> 1 [U] any written material: *One disk can store the equivalent of 500 pages of text.*
> 2 [U] the writing that forms the main part of a book, magazine etc, rather than the pictures or notes: *There should not be too much text in children's books.*
> 3 [C] a book or other piece of writing that is connected with learning or intended for study: *Some of the original text has survived.* [...]
> 4 [C] AmE a textbook: *a chemistry text*
> 5 **the text of sth** the exact words of a speech, article etc: *Only 'The Times' printed the full text of the President's speech.*
> 6 [C] a short piece from the Bible that someone reads and talks about during a religious service. (Summers et al. 2005: 1714, Hervorhebungen im Original)

Die erste und zentrale Beobachtung besteht hier darin, dass *text* in aller Regel mit der Schriftsprache in Verbindung gebracht wird. In diesem Sinne wird hier auf typische Erscheinungsformen wie Bücher, Zeitschriften und Zeitungen verwiesen. Definition 5, die dem deutschen 'Wortlaut' entspricht, bezieht zwar auch die gesprochene Sprache ein, verweist im illustrierenden Beispiel aber auf eine Zeitung. In Definition 6, die sich auf die Spezialbedeutung einer Lesung während eines Gottesdienstes bezieht, wird zumindest die Möglichkeit angesprochen, dass ein geschriebener Text mündlich realisiert sein kann.

Zweitens wird zwar nicht explizit ausgeführt, aber doch stets vorausgesetzt, dass ein Text aus einer großen Anzahl von Sätzen besteht. Dies wird besonders durch die Erwähnung von „*500 pages*" in Definition 1 und „textbook" in Definition 4 suggeriert. Drittens wird der Terminus *text* in Definition 2 auf Sprache beschränkt und dadurch von Abbildungen abgegrenzt. Bilder haben zwar ebenso wie Wörter Zeichencharakter, denn beide verweisen auf bestimmte Objekte oder Sachverhalte in der Realität. Jedoch ist die Darstellungsfunktion der Sprache (vgl. Bühler 1999: 28-30) weniger offensichtlich als die von Abbildungen, da sie auf arbiträren Konventionen beruht, sodass eine Unterscheidung sinnvoll ist.

1.3 Textdefinitionen

Neben dem zitierten Eintrag zum Nomen *text* findet sich im *DCE4* auch ein Eintrag zum Verb *text*. Dieses wird paraphrasiert mit „to send someone a written message on a MOBILE PHONE" (Summers et al. 2005: 1714), d.h. es bezeichnet das Versenden einer Kurznachricht per SMS. In diesem Eintrag wird gleichzeitig das von dem Verb abgeleitete Nomen *texting* mit entsprechender Bedeutung angegeben. Es handelt sich bei dieser Verwendung von *text* als Verb um einen Neologismus, was daran zu erkennen ist, dass es in der dritten Auflage des Wörterbuchs (*DCE3*) von 1995 noch nicht aufgenommen ist.[4] Dass diese Verwendung im Sinne von Kurzmitteilungen per Mobiltelefon heute durchaus gebräuchlich ist, zeigt wiederum ein Blick auf das Textbeispiel 1.1, in dem die Abkürzung „txt" für genau diese Form der Kontaktaufnahme steht.

Es ist deutlich geworden, dass es sich beim Wort *text* in der Alltagssprache um einen schillernden Begriff handelt, der zahlreiche verschiedene Bedeutungsnuancen besitzt und darüber hinaus noch neue Verwendungsmöglichkeiten entwickelt. Im Folgenden wird nun die Perspektive der anglistischen Textlinguistik auf das Phänomen des „Textes" erläutert.

1.3.2 Textinterne und -externe Kriterien

Aus linguistischer Sicht ist zunächst festzuhalten, dass das Wort *text* auf das lateinische *textus* zurückgeht, das 'Gewebe, Geflecht' bedeutet und vom Verb *texere* 'weben, flechten' abgeleitet ist.[5] Dadurch wird bereits eine Parallele zwischen der Struktur von Textilien und den Bestandteilen längerer sprachlicher Gebilde suggeriert. Allerdings existiert bisher keine Textdefinition, die von der anglistischen Linguistik generell akzeptiert ist. Als Ausgangspunkt für die Diskussion bietet sich daher ein Blick auf die Definitionen zweier Standardwerke an. Die erste stammt von Halliday/Hasan (1976), die sich vorrangig dem sprachlichen Zusammenhalt in Texten widmen. Die zweite ist der weit verbreiteten Grammatik *A Comprehensive Grammar of the English Language* (*CGEL*) von Quirk et al. (1985) entnommen, in welcher der Textkonstitution ein ausführliches Kapitel gewidmet ist.

> A text is a passage of discourse which is coherent in these two regards: it is coherent with respect to the context of situation, and therefore consistent in register; and it is coherent with respect to itself, and therefore cohesive. (Halliday/Hasan 1976: 23)

---

[4] Auch David Crystal verweist in seiner Monografie *Language and the Internet* auf diese neue Wortverwendung: „During the 1990s, the mobile phone industry developed its *short message service* (SMS), often referred to as *texting*" (2006: 262).

[5] Das Wort *discourse* leitet sich hingegen etymologisch vom lateinischen Nomen *discursus* 'Auseinanderlaufen, Hin- und Herlaufen' ab.

1. Grundlagen

[...] [A] text – unlike a sentence – is not a grammatical unit but rather a semantic and even a pragmatic one. A text is a stretch of language which seems appropriately coherent in actual use. That is, the text 'coheres' in its real-world context, semantically and pragmatically, and it is also internally or linguistically coherent. For this latter facet, the term 'cohesive' has been applied, referring to the actual forms of linguistic linkage. (Quirk et al. 1985: 1423)

Beiden Definitionen ist gemein, dass sie zwischen zwei Arten von Kriterien unterscheiden. Einerseits werden **textinterne** Kriterien angeführt, die sich auf die inhärente grammatische und semantische Struktur eines Textes beziehen. In beiden Fällen wird für diesen textuellen Zusammenhalt das Adjektiv „cohesive" ('kohäsiv') verwendet.

Andererseits betonen beide Zitate die Notwendigkeit, dass Texte mit ihrem konkreten situativen Kontext im Einklang sind. Dies gehört zu den **textexternen** Kriterien, die die kommunikativen und pragmatischen Eigenschaften von Texten betreffen. Halliday/Hasan benutzen mit Bezug auf die Phrase „context of situation" den Begriff „register", der hier die Sprachverwendung bezeichnet, die mit einer bestimmten Kommunikationssituation korrespondiert. Ein Register wird also determiniert durch die beteiligten Gesprächspartner und ihre spezifischen Intentionen und sozialen Rollen sowie vom Textthema, der Textfunktion und dem Medium, also der schriftlichen oder mündlichen Realisationsform (vgl. Kap. 4). Beispiele für verschiedene Register sind die Sprache einer informellen Konversation, einer wissenschaftlichen Abhandlung oder eines Gottesdienstes. Es würde also beispielsweise den Textcharakter eines linguistischen Artikels zur Phonetik unterminieren, wenn unvermittelt umgangssprachliche Wendungen auftauchten.

Quirk et al. betonen, dass Texte in ihrem „real-world context", also in ihrer tatsächlichen Verwendungssituation, konsistent sind und einen angemessenen Zusammenhang aufweisen. Als Beispiel dafür geben sie den Dialog *I wish I had a drink – Me, too* an, während die Abfolge *Would you like a drink? – *Me, too* hinsichtlich ihrer Kohärenz inakzeptabel ist.[6] Als Oberbegriff für den textuellen Zusammenhalt schlechthin setzen Halliday/Hasan und Quirk et al. das Adjektiv „coherent" ('kohärent') ein, doch werden zwischen den Termini 'Kohäsion' und 'Kohärenz' speziellere Unterscheidungen getroffen, die an späterer Stelle erläutert werden (vgl. Kap. 2 und 3).

Wenn auch Halliday/Hasan und Quirk et al. in ihren Textdefinitionen beide Seiten einbeziehen, widmen sie sich bei ihren Analysen doch vorrangig dem textinternen Aspekt. Eine stärkere Betonung des externen Gesichtspunkts findet man dagegen bei Brown/Yule, die einen Text als „verbal record of a communicative act" (1983: 6) definieren. Sie heben damit hervor, dass eine Äußerung in ihrer jeweiligen Situ-

---

[6] Der Asterisk '*' signalisiert, dass eine bestimmte Sprachverwendung ungrammatisch bzw. in textueller Hinsicht inakzeptabel ist.

1.3 Textdefinitionen

ation eine kommunikative Funktion erfüllt, die aus der Interaktion zwischen Sprecher und Hörer bzw. Schreiber und Leser erwächst. Eine gegenteilige Position nimmt allerdings Werlich mit folgender Definition ein:

> A *text* is an extended structure of syntactic units such as words, groups, and clauses and textual units that is marked by both *coherence* among the elements and *completion* [...]. (Werlich 1983: 23, Hervorhebungen im Original)

Wie es von einer Textgrammatik zu erwarten ist, werden hier die textinternen Merkmale in den Fokus des Interesses gerückt und mit dem Terminus *coherence* benannt. Dazu kommt mit dem Kriterium der **Kompletion** (*completion*) ein weiteres textinternes Merkmal, das in anderen Textdefinitionen fehlt. Gemäß Werlich weisen Texte **Initiatoren** (*initiators*) und **Terminatoren** (*terminators*) auf, die deren Anfang und Ende explizit signalisieren und dadurch für Kompletion, also die Abgeschlossenheit eines Textes sorgen. So kann der Textanfang durch Initiatoren wie *to begin with, firstly* oder – speziell bei Märchen – *once upon a time* angezeigt werden, während am Textende Phrasen wie *to conclude* oder *finally* auftreten können. Diese Markierungen kommen zwar relativ häufig vor und tragen sicherlich zur Texthaftigkeit einer Äußerung bei, doch ist einzuschränken, dass sie nicht als notwendige Bedingungen für Texte anzusehen sind, da viele Texte auch ohne sie als abgeschlossenes Ganzes erscheinen.

Einigkeit besteht bei allen genannten Autoren darüber, dass Texte schriftlich oder mündlich realisiert sein können, sodass in dieser Hinsicht eine Abweichung vom alltagssprachlichen Textbegriff vorliegt. Darüber hinaus unterscheidet sich das linguistische Textverständnis auch hinsichtlich des Textumfangs von der zitierten Definition des *DCE4*. Indem die kommunikative Funktion einer Äußerung als zentral angesehen wird, können auch einzelne Sätze oder gar Wörter in einem entsprechenden Kontext als Texte gelten, wie zum Beispiel in den folgenden Fällen (vgl. Halliday/Hasan 1976: 294):

(1.2) a) National Westminster Bank
 b) For sale
 c) Mind the gap
 d) No smoking
 e) Help!

Durch die Kürze dieser Äußerungen können natürlich keine textinternen satzübergreifenden Zusammenhänge existieren, doch erfüllen sie die externe pragmatische Funktion von Texten. So informiert der Text a) den Leser über die Lokalisierung eines Kreditinstituts, während b) ein Verkaufsangebot darstellt. Der Text c), der in der Londoner U-Bahn ununterbrochen per Lautsprecherdurchsage wiederholt wird, warnt die Passagiere vor dem Spalt zwischen dem Bahnsteig und den Wagen. Des Weiteren stellt d) ein Verbot dar, und e) verbalisiert eine dringende Bitte um Unterstützung.

1. Grundlagen

1.3.3 Merkmale der Textualität

Eine sehr häufig zitierte Textdefinition, die interne und externe Kriterien integriert und umfassend spezifiziert, stammt von de Beaugrande/Dressler (1981).

> A TEXT will be defined as a COMMUNICATIVE OCCURRENCE which meets seven standards of TEXTUALITY. If any of these standards is not considered to have been satisfied, the text will not be communicative. Hence, non-communicative texts are treated as non-texts [...]. (de Beaugrande/Dressler 1981: 3, Hervorhebungen im Original)

Deutlich steht hier die kommunikative Qualität von Texten im Mittelpunkt, die als unerlässliche Bedingung der Texthaftigkeit gesehen wird. Dabei werden sieben detaillierte Merkmale der Textualität entwickelt, die als Maßstäbe an konkrete Texte angelegt werden können (vgl. de Beaugrande/Dressler 1981: 3-11 und de Beaugrande 1997: 15).

1) Kohäsion (*cohesion*): Bei der Kohäsion handelt es sich um den sprachlichen Zusammenhalt des konkret gehörten oder gelesenen Oberflächentextes. Da zwischen den Komponenten eines Textes bestimmte grammatische Abhängigkeiten und lexikalische Beziehungen bestehen, ist es nicht möglich, die Reihenfolge der Wörter beliebig zu verändern. So verwenden de Beaugrande/Dressler zur Illustration die Aufschrift *SLOW CHILDREN AT PLAY* auf einem Verkehrsschild, wobei das erste Wort optisch abgesetzt ist (1981: 4). Dieser Text, der zur Drosselung der Geschwindigkeit mahnt, büßt seine Kohäsion bei einer Umstellung in *CHILDREN PLAY SLOW AT* ein, sodass er kaum noch verständlich ist (vgl. Kap. 2).

2) Kohärenz (*coherence*): Mit der Kohärenz ist der inhaltliche Zusammenhang, die Sinnkontinuität in der „textual world" (de Beaugrande/Dressler 1981: 4) gemeint, die den Bestandteilen des Oberflächentextes zugrunde liegt und auf dieser Basis vom Rezipienten herzustellen ist. Sie ergibt sich gemäß de Beaugrande/Dressler (vgl. 1981: 84-112) aus Konzepten und Relationen, d.h. aus Begriffen und den Beziehungen zwischen ihnen. So ist im genannten Text des Verkehrsschildes *children* ein „object" concept", während *play* ein „*action* concept" darstellt. Folglich besteht zwischen den beiden Konzepten die Relation „agent-of", da die Kinder die Handlung des Spielens ausführen. Die verschiedenen Relationen der Kohärenz, wie zum Beispiel Lokalisierung oder Kausalität, werden in Kapitel 3 genauer erläutert.

3) Intentionalität (*intentionality*): Mit der Intentionalität wird die Einstellung des Sprechers oder Schreibers, also des Textproduzenten thematisiert, der einen zusammenhängenden Text formuliert, um bestimmte kommunikative Ziele zu erreichen. Der Sinn eines Werbeslogans wie *Probably the best beer in the world* ist beispielsweise, die Zielgruppe zum Kauf eines bestimmten Produkts zu bewegen, wobei diese Absicht je nach Werbeanzeige mehr oder weniger explizit formuliert sein kann. Dabei sind die beteiligten Kommunikanten typischerweise tolerant gegenüber Formulierungsschwierigkeiten, wie sie oft in der gesprochenen Sprache

1.3 Textdefinitionen

auftreten, denn in der Regel ist die Intention des Sprechers trotz gelegentlicher Satzabbrüche oder Reformulierungen zu erkennen.

4) Akzeptabilität (*acceptability*): Die Akzeptabilität betrifft die Erwartung des Hörers oder Lesers, also des Textrezipienten, dass ein Text zusammenhängend und für ihn in irgendeiner Weise nützlich ist. In speziellen Fällen, wie zum Beispiel experimentellen Gedichten, kann ein Text allerdings für einen Rezipienten mit dem nötigen Vorwissen akzeptabel sein, für einen anderen hingegen nicht. Eine große Rolle spielen also das Weltwissen und die Fähigkeit, beim Verstehen eines Textes Sinn zu stiften. De Beaugrande/Dressler führen als Beispiel folgende Warnung einer Telefongesellschaft an: *Call us before you dig. You may not be able to afterwards* (1981: 8). Der Leser dieser Nachricht muss selbst erschließen, dass ein Aufgraben der Erde auf eigene Faust zu einem tödlichen Stromschlag führen kann. Zudem hängt die Akzeptabilität stark von der Situation ab. Einen gestammelten Text wird man beispielsweise von einer Person kurz nach einem Verkehrsunfall eher akzeptieren als von einem Referenten bei einer wissenschaftlichen Tagung.

5) Informativität (*informativity*): Die Informativität bezieht sich darauf, in welchem Ausmaß die Inhalte eines Textes für den Rezipienten erwartet oder unerwartet bzw. bekannt oder unbekannt sind. Je weniger die Inhalte bekannt oder erwartet sind, desto höher ist der Grad an Informativität, wobei für Textualität ein Mindestmaß an neuer Information nötig ist. Beispielsweise kann ein Kinderbuch für erwachsene Leser nur wenig Neues beinhalten und daher uninteressant sein. Andererseits kann sich eine wissenschaftliche Abhandlung derart komplex gestalten, dass dies möglicherweise ebenfalls zur Ablehnung aufgrund eines *information overload* führt. So ist festzuhalten, dass das richtige Maß an neuer Information wichtig dafür ist, die Aufmerksamkeit des Rezipienten zu erregen und aufrechtzuerhalten.

6) Situationalität (*situationality*): Mit der Situationalität werden die Faktoren angesprochen, durch die ein Text in einer bestimmten Kommunikationssituation eine Relevanz erlangt. So erhält das Verkehrsschild mit der Aufschrift SLOW CHILDREN AT PLAY eine Relevanz, wenn man es als Aufforderung zum vorsichtigen Fahren versteht. Eine Interpretation in dem Sinne, dass die betreffenden Kinder in irgendeiner Weise physisch oder psychisch träge sind, wäre in dieser Situation dagegen nicht angebracht. Zudem ist ein Verkehrsschild mit dem kurzen Text SPEED LIMIT 60 situationsadäquat, da der Rezipient im fahrenden Auto nur wenig Zeit hat, den Text zu lesen. Im Gegensatz dazu haben Verträge oder Versicherungspolicen einen wesentlich längeren Umfang, der auf ihrer juristischen Relevanz beruht.

7) Intertextualität (*intertextuality*): Wie schon das Präfix *inter-* andeutet, geht es bei der Intertextualität um Beziehungen zwischen Texten (vgl. Kap. 4.1). Genauer gesagt, betrifft sie die Elemente, die den Gebrauch eines Textes von der Vorkenntnis anderer Texte abhängig machen. Dies ist zum einen relevant für die Klassifikation in Textsorten, wie bereits an Textbeispiel 1.1 zu sehen war. So haben Kleinanzeigen, Geschäftsbriefe, Bedienungsanleitungen, Sonette und andere Textsorten bestimmte formale und inhaltliche Merkmale. Zum anderen betrifft die Intertextualität speziell Textsorten wie Parodien und Buchbesprechungen, bei denen das Verstehen stark von der Kenntnis der Texte abhängt, auf die Bezug genommen wird. Auch die literarischen Anspielungen in Beispiel 1.1 sind in diesem Zusammenhang zu sehen.

De Beaugrande/Dressler teilen ihre sieben Kriterien in zwei Gruppen auf, die deren textinternen bzw. -externen Charakter betreffen.[7] Kohäsion und Kohärenz werden als „**text**-centred notions" gesehen, während die Intentionalität, Akzeptabilität, Informativität, Situationalität und Intertextualität als „**user**-centred notions" gelten (1981: 7, Hervorhebungen im Original). Einzuschränken ist hierbei allerdings, dass die Kohäsion wesentlich stärker textzentriert ist als die Kohärenz, da bei der Erzeugung letzterer eine ausgeprägte Rezipientenaktivität erforderlich ist.

Wenn auch diese Kriterien von vielen Autoren aufgegriffen werden, heißt dies keineswegs, dass sie allgemein akzeptiert sind. Überzeugende **Kritikpunkte** führen vor allem Bublitz (vgl. 1994: 213-217), Vater (vgl. 2001: 28-54) und Renkema (vgl. 2004: 48-51) an. Zunächst hebt Bublitz (vgl. 1994: 216) zu Recht hervor, dass Kohäsion im Oberflächentext für die Textualität weder notwendig noch hinreichend ist (vgl. Kap 3.1). Unverzichtbar ist allerdings die Kohärenz, die sich auf die Sinnkontinuität eines Textes bezieht, sodass Vater sie als das zentrale Kriterium betrachtet (vgl. 2001: 54). Ebenso bildet die Intentionalität die Basis für jegliche erfolgreiche Kommunikation. Die Akzeptabilität ist hingegen ein sehr subjektives Merkmal, das je nach Einstellung und Vorkenntnissen von verschiedenen Rezipienten völlig unterschiedlich bewertet werden kann.

Auch der Grad an Informativität hängt ausschließlich vom Vorwissen des individuellen Rezipienten ab, sodass sie ein zweifelhaftes Merkmal der Textualität darstellt (vgl. Renkema 2004: 51). Dabei trifft es nicht grundsätzlich zu, dass ein Text, der nur Unerwartetes und Unbekanntes enthält, die größte Informativität besitzt, wie beispielsweise an einem Text in einer Fremdsprache zu sehen ist, die der Leser nicht beherrscht. Die Situationalität ist als Kriterium ebenfalls angreifbar, denn es ist fragwürdig, ob jede nicht situationsadäquate Äußerung als Text völlig zu verwerfen ist. Dies trifft beispielsweise auf einen Vortrag zu, bei dem der Redner über die Köpfe seines Publikums hinweg spricht (vgl. Vater 2001: 53). Auch die Intertextualität ist ein Merkmal, das eine große Bandbreite an Abstufungen aufweist und daher als absolutes Kriterium, das entweder erfüllt ist oder nicht, nicht anwendbar ist.

---

[7] De Beaugrande (vgl. 1997: 13-15) wendet die sieben Merkmale auf das US-amerikanische Telefonbuch an, um dessen Textualität nachzuweisen.

Vorläufig ist also festzuhalten, dass die strikte Unterscheidung zwischen 'kommunikativen' und 'nicht-kommunikativen' Äußerungen nicht praktikabel ist, da eine **Skala** zwischen diesen beiden Polen existiert. Unter den Kriterien der Textualität ist die Kohärenz zweifelsohne zentral, wobei auch hier zwischen verschiedenen Graden differenziert werden kann. Als ein weiteres notwendiges Merkmal erscheint zudem die Intentionalität, die unter den externen Kriterien im Mittelpunkt steht. Sie betrifft die Funktion einer Äußerung, die der Beweggrund für jegliche soziale Interaktion durch Sprache ist. Indem auch einzelne Wörter und Sätze mit kommunikativer Intention als Text gelten, wird deutlich, dass Kommunikation grundsätzlich nur in Texten stattfindet (vgl. Hartmann 1968), sei sie geschrieben oder gesprochen. Die übrigen fünf Merkmale sind für die Textualität folglich nicht grundsätzlich obligatorisch, bilden aber ein nützliches Instrumentarium zur Beschreibung von Texten bzw. Textsorten. Einige exemplarische Analysen verschiedener Erscheinungsformen von Texten sollen diesen Ansatz im Folgenden verdeutlichen.

1.4   Beispielanalysen

Das erste Textbeispiel 1.3, auf das die verschiedenen Kriterien angewandt werden sollen, stammt aus einem Nachschlagewerk zu den Ländern der Erde und ist nachfolgend komplett zitiert.

(1.3) **United Kingdom**

Area 244,100 sq km (94,247 sq miles); population 57,240,000; capital London; other major cities Birmingham, Manchester, Glasgow, Liverpool; form of government Constitutional Monarchy; religion Anglicanism, RC, Presbyterianism, Methodism; currency Pound sterling

Situated in Northwest Europe, the United Kingdom comprises the island of Great Britain and the northeast of Ireland, plus many smaller islands, especially off the west coast of Scotland (1). The south and east is low-lying and fertile, while the rest is hilly, with large areas of rugged mountains in northern Scotland (2). The climate is cool temperate, with mild conditions and an even annual rainfall (3). Mixed farming is highly mechanized (4). Fishing is important off the east coast (5). It is primarily an industrial country, although the recent recession has led to the decline of some of the older industries, such as coal, textiles and heavy engineering (6). (*The Bloomsbury Pocket Encyclopedia of the World* 1993: 242)

Bei diesem Text handelt es sich offensichtlich um einen **enzyklopädischen Eintrag**, der geografische Informationen zu Großbritannien gibt. Während die Überschrift als Initiator dient, ist kein expliziter Terminator vorhanden, wodurch die Textualität jedoch nicht beeinträchtigt wird. Kohäsion entsteht beispielsweise

1. Grundlagen

durch das Pronomen „[i]t" (Satz 6), das auf „the United Kingdom" (Satz 1) zurückverweist. Auch die Lexeme des Wortfelds der Geografie, wie etwa die Himmelsrichtungen, tragen zum kohäsiven Zusammenhalt bei. Kohärenz ergibt sich beispielsweise durch Eigenschaftsrelationen zwischen dem Objektkonzept „the United Kingdom" (Satz 1) und Qualitäten wie „low-lying" (Satz 2), „cool" (Satz 3) und „industrial" (Satz 6).

Die Intentionalität besteht hier darin, die Rezipienten über grundlegende Eigenschaften Großbritanniens in Kenntnis zu setzen. Akzeptabilität ist zweifellos gegeben, da der Text formal wie inhaltlich mit den Konventionen der Textsorte im Einklang ist und den entsprechenden Zweck erfüllt. Bezüglich seiner Informativität ist der Text sehr dicht, da zahlreiche Details aufgezählt werden, wobei der Grad an Neuigkeit vom Vorwissen des Lesers abhängt. Auch die Situationalität ist erfüllt, da der Text im Buch in eine lange Reihe von ähnlichen Beschreibungen anderer Länder eingeordnet ist, die alphabetisch geordnet sind. Was die Intertextualität betrifft, so nimmt der Text keinen Bezug auf andere Texte, ist aber ein typischer Vertreter der vorliegenden Textsorte.

Beispiel 1.4 stammt wie Text 1.1 aus *The Observer* vom 10. Oktober 2004, ist aber dem Sportteil der Zeitung entnommen, der mit „ObserverResults" übertitelt ist. Der Text stellt eine **tabellarische Übersicht** über die erfolgreichsten Torschützen in der ersten Liga des englischen Fußballs dar.

(1.4)

TOP SCORERS		
Premiership		
	League goals	Total
Henry (Arsenal)	7	7
Reyes (Arsenal)	6	7
Anelka (Man City)	5	5
Johnson (Crystal Palace)	5	5
Pederson (Bolton)	4	5
Cole (Fulham)	4	4
Pires (Arsenal)	4	4
Yakubu (Portsmouth)	4	4
Shearer (Newcastle)	3	6
Smith (Man Utd)	3	6

Da keine Sätze vorhanden sind, liegt keine grammatische Kohäsion vor, doch besteht sie in lexikalischer Hinsicht. Die Überschrift „top scorers" bildet einen Oberbegriff, dem die Personennamen von Fußballern untergeordnet sind. Zudem existiert ein inhaltlicher Zusammenhang zwischen den Namen der Fußballvereine, und auch die Numeralia, welche die erzielten Tore angeben, bilden ein Wortfeld. Bezüglich der Kohärenz ist zum einen eine Sinnkontinuität darin zu erkennen, dass die Anzahl der in der Liga geschossenen Tore von oben nach unten abnimmt. Zum anderen besteht eine Relation des Enthaltenseins zwischen den Torschützen und ihren Vereinen, und die „goals" sind das Resultat der Tätigkeit der „top scorers".

Die Intentionalität zeigt sich in der Absicht, Fußballinteressierte über statistische Ergebnisse zu unterrichten. Für die Akzeptabilität ist ein gewisses Maß an Weltwissen über den englischen Fußball und seine Organisationsstrukturen nötig. Der Grad an Informativität ist hoch, da in der Tabellenform alle entbehrlichen Formulierungen wegfallen. Die Situationalität ist erfüllt für den Leser, der den Sportteil der Zeitung aufschlägt und erwartungsgemäß eine große Anzahl an Tabellen vorfindet. Hinsichtlich der Intertextualität liegt ein typisches Exemplar der Textsorte Fußballtabelle vor, wobei der Vergleich mit weiteren Tabellen anderer Ligen die Aussagekraft dieser Angaben steigert.

Eine völlig andere Textsorte zeigt sich im Gedicht „Jabberwocky", das aus dem Roman *Through the Looking-Glass* (1871) von Lewis Carroll stammt. Im Folgenden sind die ersten beiden der insgesamt sieben Strophen zitiert, die den Charakter des Textes bereits verdeutlichen.

(1.5) *Jabberwocky*

'Twas brillig, and the slithy toves
Did gyre and gimble in the wabe;
All mimsy were the borogoves,
And the mome raths outgrabe.

"Beware the Jabberwock, my son!
The jaws that bite, the claws that catch!
Beware the Jubjub bird, and shun
The frumious Bandersnatch!" (Carroll 1993: 1558)

Dieser Text ist dem Genre der **Nonsens-Lyrik** zuzuordnen, was damit korrespondiert, dass er in einen Roman eingebettet ist, der sich besonders durch seine fantastischen Züge auszeichnet. Eine spezielle Form der Kompletion ist dadurch gegeben, dass die siebte Strophe eine wörtliche Wiederholung der ersten darstellt. Grammatische Kohäsion zwischen Hauptsätzen wird hier dreimalig durch die Konjunktion „[a]nd" erzeugt (Verse 1, 4 und 7). Kohäsion durch den Wortschatz resultiert aus der Wiederholung des Verbs „[b]eware" (Verse 5 und 7) sowie „Jabberwock[y]", wobei durch letzteres der Zusammenhang zwischen dem Titel und dem Textkörper (Vers 5) gestärkt wird.

Die Kohärenz des Textes wird allerdings massiv durch zahlreiche Neologismen, also Wortneuschöpfungen gestört, die erst im Romantext durch Humpty Dumpty erklärt werden (vgl. Carroll 1993: 1559). So ist beispielsweise „slithy" (Vers 1) eine Wortmischung aus *slimy* und *lithe*, während sich „mimsy" (Vers 3) aus Bestandteilen von *miserable* und *flimsy* zusammensetzt und „gyre" (Vers 2) die Bedeutung 'to go round and round like a gyroscope' besitzt. Mit den Neologismen

1. Grundlagen

korrespondiert zudem das Verb *jabber* 'plappern, quasseln', das im Titel zu erkennen ist. Aus der Beschreibung in Strophe zwei lässt sich allerdings immerhin erschließen, dass es sich bei dem im Titel genannten Protagonisten um ein Fabelwesen handeln muss, dem die Handlungskonzepte „bite" (Vers 6) und „catch" (Vers 6) zugeordnet werden.

Da das Gedicht erst in Verbindung mit dem Rahmentext des Romans verständlich wird, liegt hier eine ausgeprägte Form der Intertextualität vor. Hinsichtlich der formalen Kennzeichen von Metrum, Reimschema und Strophen sowie der direkten Redewiedergabe ist das Gedicht intertextuell dem Genre Ballade zuzuordnen. Die Intentionalität kann hier darin gesehen werden, dass dem Leser zu Unterhaltungszwecken ein ästhetisches Vergnügen bereitet werden soll. Allerdings ist die Akzeptabilität aufgrund der Verstehensprobleme stark eingeschränkt, sodass der Rezipient ein großes Maß an Toleranz aufbringen muss. Die Situationalität jedoch unterstützt die Akzeptabilität, da in dem unkonventionellen Roman ein derartiges Gedicht nicht völlig unvermittelt erscheint. Es zeigt sich hier zudem, dass die unbekannten Fantasiewörter die Informativität keineswegs steigern, sondern vielmehr vermindern, solange sie nicht verstanden werden.

1.5 Zusammenfassung

Wie die bisherigen Ausführungen gezeigt haben, kann sich die Kategorie „Text" in vielfältiger Weise manifestieren, sodass eine **weite Definition** nötig ist, mit der alle Exemplare abgedeckt sind. Dabei sind sowohl interne wie auch externe Kriterien sowie das Medium der sprachlichen Realisierung zu berücksichtigen.

Definition „Text"

Ein Text ist eine mündlich, schriftlich oder elektronisch realisierte sprachliche Äußerung, die sich durch Kohärenz auszeichnet und eine kommunikative Funktion erfüllt.

Aus linguistischer Perspektive beschränkt sich die Definition hier ausdrücklich auf **sprachliche Zeichen**, wodurch Bildzeichen wie Illustrationen und Fotografien ausgeschlossen werden. Die Länge des Textes kann sich zwischen einem einzelnen Wort und einem umfangreichen Buch bewegen, wobei sich das Kriterium der Kohärenz im ersten Fall erübrigt. Daneben gibt es eine Reihe weiterer Kriterien, die für die Textdefinition zwar weder hinreichend noch notwendig sind, aber zur näheren Charakterisierung von Texten und Textsorten beitragen können. Dies sind die Kompletion durch Initiatoren und Terminatoren, die Kohäsion, die Akzeptabilität, die Informativität, die Situationalität sowie die Intertextualität.[8]

Bei dieser weiten Definition, die fast jegliche reale Erscheinungsform von Sprache einschließt, stellt sich die Frage, welche Äußerungen **keine Texte** sind. Als tatsächliche Nicht-Texte können zum Teil sprachliche Äußerungen von Kleinkindern oder Menschen mit psychischen Erkrankungen sowie extrem schlechte Übersetzungen gewertet werden (vgl. Halliday/Hasan 1976: 24), die nicht als kohärent zu verstehen sind. Auch das Reden im Schlaf kann unzusammenhängend sein und entbehrt einer bewussten Intention, sodass es einen gesprochenen Nicht-Text bildet. Die als Beispiel 1.6 zitierte schriftliche Äußerung ist von Werlich konstruiert, um zu demonstrieren, dass willkürlich aneinander gereihte Sätze kaum als zusammenhängend verstanden werden können.

(1.6) The report quotes as an example the fact that there are only two inspectors to cover all the factories. 6.50 Songs of Praise from Ampleforth Abbey. It is not a work to rule. He looked stunned. Acronymania. No. (Werlich 1983: 23)

Bei diesem künstlichen Beispiel ist es auch mit großer Mühe nur schwer möglich, eine Sinnkontinuität zu erschließen. Lediglich durch die Konstruktion eines umfangreichen sprachlichen Kontextes wäre es wohl möglich, Beispiel 1.6 als kohärent zu begreifen (vgl. Kap. 3.1).

Es ist weiterhin zu beachten, dass in Konversationen Elemente auftreten können, die zwar von den Gesprächspartnern physisch erzeugt werden, aber dennoch nicht zum linguistischen Text im engeren Sinne gehören. Dazu zählen nonverbale Äußerungen wie ein Husten, Niesen, Rülpsen, Schnäuzen oder ein Schluckauf. Ein Grenzfall ist ein Räuspern, das als kommunikative Funktion ein Missfallen signalisieren kann, wenn es auch kein sprachliches Zeichen ist. Auf der Basis dieser Annäherung an das Phänomen „Text" ist es nun möglich, auch eine Definition der „Textlinguistik" zu formulieren.

Definition „Textlinguistik"

Die Textlinguistik (*text linguistics*) ist eine sprachwissenschaftliche Disziplin, die sich mit den formalen und funktionalen Eigenschaften von Texten beschäftigt, wobei der Fokus auf satzübergreifenden Merkmalen liegt. Zentrale Ansatzpunkte sind neben der Textdefinition der sprachliche Zusammenhang, die kommunikative Intention, die Klassifikation sowie das Verstehen von Texten.

---

[8] Vgl. zur Integration verschiedener linguistischer Ansätze bei der Textdefinition aus germanistischer Perspektive insbesondere Brinker (2005: 17-20).

1. Grundlagen

1.6 Übungen

1) Das Beispiel 1.7 beinhaltet den Anfang des Textes „A Nosty Fright", der von May Swenson im Jahr 1984 verfasst wurde. Inwiefern sind die Kriterien der Kohärenz, Akzeptabilität und Intertextualität darauf anzuwenden?

(1.7) *A Nosty Fright*

The roldengod and the soneyhuckle,
the sack eyed blusan and the wistle theed
are all tangled with the oison pivy,
the fallen nine peedles and the wumbleteed.

A mipchunk caught in a wobceb tried
to hip and skide in a dandy sune
but a stobler put up a EEP KOFF sign.
Then the unfucky lellow met a phytoon

and was sept out to swea. [...] (Swenson 1990: 605)

2) Der als Beispiel 1.8 zitierte Dialog stammt aus Samuel Becketts Theaterstück *Waiting for Godot*, das als typisch für das Absurde Theater gilt. Inwieweit erfüllt der Text die Merkmale der Kohäsion, Informativität und Intentionalität?

(1.8) VLADIMIR. You must be happy, too, deep down, if you only knew it.
ESTRAGON. Happy about what?
VLADIMIR. To be back with me again.
ESTRAGON. Would you say so?
VLADIMIR. Say you are, even if it's not true.
ESTRAGON. What am I to say?
VLADIMIR. Say, I am happy.
ESTRAGON. I am happy.
VLADIMIR. So am I.
ESTRAGON. So am I.
VLADIMIR. We are happy.
ESTRAGON. We are happy. (*Silence.*) What do we do now, now that we are happy?
VLADIMIR. Wait for Godot. (*Estragon groans. Silence.*)
(Beckett 1987: 68-69)

3) Das Textbeispiel 1.9 wurde 1958 von dem Dichter E. E. Cummings verfasst. Wie beurteilen Sie den Text hinsichtlich seiner Kohäsion, Akzeptabilität und Kompletion? Inwiefern trägt die grafische Anordnung der Buchstaben auf der Seite zur Kohärenz des Textes bei?

1.6 Übungen

(1.9) l(a

  le
  af
  fa

  ll

  s)
  one
  l

  iness (Cummings 1990: 505)

Weiterführende Literatur: Für eine Übersicht über die Geschichte der Textlinguistik und Diskursanalyse in den angelsächsischen Ländern vgl. Watts (1994), Fries (1996) und Ventola (2001). Die Monografie von Titscher et al. (2000) stellt ausführlich internationale theoretische Ansätze der Diskursanalyse dar. Aufgrund neuer medienbezogener und kulturwissenschaftlicher Ansätze widmet sich eine germanistische Aufsatzsammlung der Frage *Brauchen wir einen neuen Textbegriff?* (Fix et al. 2002).

2. Kohäsion

Der Begriff **Kohäsion** (*cohesion*) (< lat. *cohaerere* 'zusammenhängen') bezieht sich – im Gegensatz zur Kohärenz (vgl. Kap. 3) – auf den Textzusammenhang, der durch Elemente an der les- bzw. hörbaren Textoberfläche signalisiert wird (vgl. de Beaugrande/Dressler 1981: 48).[9] Halliday/Hasan untersuchen in ihrem Standardwerk *Cohesion in English* ebenfalls konkrete sprachliche Ausdrücke, betonen aber, dass Kohäsion letztlich auf semantischen Beziehungen innerhalb eines Textes beruht: „The concept of cohesion is a semantic one; it refers to relations of meaning that exist within the text, and that define it as a text" (1976: 4). Fälle von derartigen Relationen werden als „cohesive ties", also kohäsive Verknüpfungen bezeichnet. Im Gegensatz zu einzelnen Sätzen, die eine syntaktische **Struktur** (*structure*) besitzen, sind Texte durch eine **Textur** (*texture*) gekennzeichnet, die aus den Kohäsionsbeziehungen resultiert (vgl. Halliday/Hasan 1976: 2). Zwar können kohäsive Verknüpfungen auch *innerhalb* einzelner Sätze bestehen, doch überwiegt hier die Struktur, sodass die Wirkung der Kohäsion vor allem – aber nicht ausschließlich – oberhalb der Satzgrenze zum Tragen kommt.[10]

Grundsätzlich ist zwischen grammatischer und lexikalischer Kohäsion zu unterscheiden. Zu den grammatischen Mitteln gehören zentral die Funktionswörter, insbesondere Pro-Formen wie die Pronomina *she* und *he* oder Konjunktionen wie *and* und *but*. Auch bestimmte syntaktische Konstruktionen wie die Ellipse und die Abfolge von Tempus- und Aspektformen sind dazu zu rechnen. Die lexikalische Kohäsion beruht dagegen auf dem Inhaltswortschatz und kann durch Wortwiederholungen, semantische Relationen – z.B. die Synonymie oder Hyponymie – oder das Auftreten verschiedener Mitglieder eines Wortfeldes realisiert sein.

---

[9] Dass die Unterscheidung von Kohäsion und Kohärenz in der anglistischen Textlinguistik weit verbreitet ist, beweisen beispielsweise auch die Monografien von Brown/Yule (vgl. 1983: 190-270), Renkema (vgl. 2004: 103-111) und Tanskanen (vgl. 2006: 7). Bublitz (vgl. 1994: 213-218) erweitert die begriffliche Dichotomie zusätzlich um den Terminus der „connectivity". In diesem Sinne meint Kohäsion grammatisch-formale, Konnektivität dagegen lexikalisch-semantische Beziehungen im Text, während Kohärenz vom Rezipienten herzustellen ist.

[10] Während sich Halliday/Hasan (1976) ausschließlich auf Verknüpfungen oberhalb der Satzgrenze konzentrieren, beziehen de Beaugrande/Dressler (1981) auch satzinterne Kohäsionsmittel wie unterordnende Konjunktionen mit ein. Wenn sich die Kohäsionskonzepte der Autoren also auch partiell unterscheiden, soll hier doch ein integratives Modell entwickelt werden, das sich auf Gemeinsamkeiten stützt, aber auch auf Unterschiede aufmerksam macht.

2. Kohäsion

Definition „Kohäsion"

Mit Kohäsion (*cohesion*) werden die grammatischen und lexikalischen Verknüpfungen an der Textoberfläche bezeichnet, durch die ein semantischer Zusammenhang innerhalb eines Textes signalisiert wird.

In den folgenden Ausführungen werden die verschiedenen Realisationsformen der grammatischen und der lexikalischen Kohäsion dargestellt.

2.1 Grammatische Kohäsion
2.1.1 Pro-Formen

Pro-Formen (*pro-forms*) bilden in Texten einen sehr häufigen und dadurch zentralen Typ der grammatischen Kohäsion, indem sie für ihre inhaltliche Interpretation auf andere Elemente des Textes verweisen. Es handelt sich um kurze Stellvertreterwörter, die zudem in sprachökonomischer Weise dazu beitragen, den Text zu verkürzen (vgl. de Beaugrande/Dressler 1981: 60). Halliday/Hasan wählen für die Funktion der Personal- und Demonstrativpronomina den Begriff **Referenz** (*reference*), weil es bei der Wiederaufnahme durch die betreffenden Pro-Formen um die referenzielle Bedeutung geht (vgl. 1976: 31).[11] Mit anderen Worten, es besteht Koreferenz zwischen der Pro-Form und ihrem Bezugselement, d.h. es wird zwei- oder mehrmals auf denselben außersprachlichen Gegenstand oder Sachverhalt Bezug genommen (vgl. Renkema 2004: 106). Derartige Pro-Formen oder *reference items* bilden aufgrund ihrer semantischen Leere somit Suchanweisungen im Text. Was die Verweisrichtung der *reference* angeht, so existieren drei Möglichkeiten, die in Abbildung 2.1 dargestellt sind (vgl. Halliday/Hasan 1976: 33).

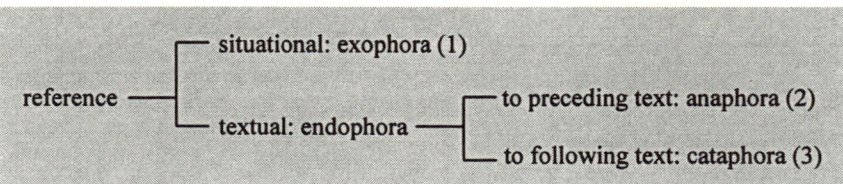

Abb. 2.1: Verweisrichtungen der *reference*

---

[11] Es liegt hier eine spezielle Definition des Terminus *reference* vor, die nicht mit anderen Verwendungen zu verwechseln ist. Ogden/Richards (vgl. 1949: 9) beispielsweise verstehen unter Referenz die Bedeutung eines sprachlichen Zeichens im Sinne des entsprechenden gedanklichen Konzeptes.

2.1 Grammatische Kohäsion

Die erste Möglichkeit ist der **exophorische** (*exophoric*) Verweis (1) von Pronomina wie *we* oder *you* auf die Kommunikationssituation. Indem hier auf Sprecher oder Hörer Bezug genommen wird, kommt keine Kohäsion im Text zustande. Im Gegensatz dazu trägt der **endophorische** (*endophoric*) Verweis zur Kohäsion bei, da er innerhalb des Textes angesiedelt ist. Der Normalfall ist der **anaphorische** (*anaphoric*), also zurückverweisende Bezug (2) von Pronomina, die sich auf ein Element im vorausgehenden Text beziehen, wie es bereits das Pronomen „it" im Textbeispiel 1.3 mit seiner Bezugsphrase „the United Kingdom" gezeigt hat. Zuerst wird also der Gegenstand mit einem Inhaltswort oder Eigennamen eingeführt, danach wird dieser mit einer kurzen Pro-Form im Gedächtnis des Rezipienten aufrechterhalten.

In manchen Fällen ist das Bezugselement allerdings auch im nachfolgenden Text zu finden, wobei man von einem **kataphorischen** (*cataphoric*), also vorausverweisenden Bezug spricht (3). Das Beispiel 2.1, das den Anfang eines Gedichts bildet, illustriert diesen Fall.

(2.1) This I beheld, or dreamed it in a dream:
    There spread a cloud of dust along a plain: [...]. (Sill 1960: 479)

Sowohl das Demonstrativpronomen „[t]his" wie auch das Personalpronomen „it" verweisen hier auf die nachfolgende Schilderung, wodurch sie Neugierde und Spannung erwecken.

Innerhalb der Referenz unterscheiden Halliday/Hasan auf semantischer Basis wiederum die drei Typen der *personal*, *demonstrative* und *comparative reference*, unter denen letztere formal herausfällt, da sie nicht nur durch Pro-Formen realisiert wird.

a) Personale Referenz (*personal reference*) äußert sich in Personalpronomina wie *I, you, she* und *they* sowie in Possessivpronomina wie *mine, your* und *his*. Während die Pronomina der ersten und zweiten Person sich typischerweise exophorisch auf die Gesprächspartner der Kommunikation beziehen, sind es vor allem die der dritten Person, die endophorisch zur Kohäsion beitragen. Dies zeigt das Beispiel 2.2, in dem die Pro-Form „[h]e" zweimalig das Nomen „Nick" aus dem Vorgängersatz anaphorisch wieder aufnimmt. Es ist hierdurch bereits angedeutet, dass *reference items* durch ihre Koreferenz über mehrere Sätze hinweg kohäsive Ketten (*cohesive chains*) bilden können.

(2.2) Nick was hungry. He did not believe he had ever been hungrier. (Hemingway 1980: 459)

Bei einer Sequenz von Ausdrücken, die einen bestimmten Referenten wieder aufnehmen, ist typischerweise eine Progression von einer speziellen zu einer allgemeinen Bezeichnung festzustellen, da dies das Textverständnis erleichtert (vgl. de Beaugrande/Dressler 1981: 64). So wird eine Person oft mit einem Eigennamen eingeführt (z.B. *George W. Bush*), auf den eine spezifische Beschreibung folgt

2. Kohäsion

(z.B. *the President of the United States*). Daran kann sich eine sehr allgemeine Benennung anschließen (z.B. *this man*), und ein Pronomen (z.B. *he*), das den geringsten Bedeutungsinhalt besitzt, bildet letztlich das Ende der koreferenziellen Kohäsionskette.

b) Demonstrative Referenz (*demonstrative reference*) wird zum einen durch den bestimmten Artikel *the* realisiert, der signalisiert, dass das in der betreffenden Nominalphrase genannte Objekt im Kontext eindeutig identifizierbar ist. Des Weiteren fallen in diese Kategorie die Demonstrativpronomina der Ferne (*that, those*) und der Nähe (*this, these*). Auch gehören dazu die Lokaladverbien *here* und *there* sowie die Temporaladverbien *now* und *then*, die ebenfalls eine Unterscheidung zwischen räumlicher bzw. zeitlicher Distanz oder Nähe aufweisen. Das Lokaladverb *there* ist nicht mit dem „existential *there*" zu verwechseln, das in Sätzen wie *There must be something wrong* lediglich das Zutreffen eines Sachverhalts ausdrückt (vgl. Quirk et al. 1985: 1403-1405). In Beispiel 2.3, das einer Beschreibung der Londoner St. Paul's Cathedral entstammt, nimmt das Demonstrativum „this" die Nominalphrase „the crypt" im Vorgängersatz anaphorisch wieder auf.

(2.3) Access to the crypt – reputedly the largest in Europe – is immediately on your left as you leave the south choir-aisle. The whitewashed walls and bright lighting, however, make this one of the least atmospheric mausoleums you could imagine [...]. (Humphreys 2003: 188)

Da der bestimmte Artikel *the* eines der häufigsten Wörter in der englischen Sprache ist, ist es sinnvoll, seine kohäsionsstiftende Funktion genauer zu beleuchten (vgl. Halliday/Hasan 1976: 70-74). Die Bestimmtheit, die er – im Gegensatz zum unbestimmten Artikel *a(n)* – signalisiert, kann durch unterschiedliche Informationen im Text oder Kontext bedingt sein. Die wichtigsten Verwendungsmöglichkeiten werden in den Beispielen 2.4 bis 2.7 (vgl. Quirk et al. 1985: 265-271) demonstriert.

(2.4) The roses are very beautiful. [Äußerung in einem Garten]
(2.5) The sun is shining.
(2.6) The President of Mexico is to visit China.
(2.7) John bought a new bicycle. Later he found that one of the wheels was defective.

Das Beispiel 2.4 verkörpert die exophorische Referenz, durch die keine Kohäsion bewirkt wird. Die Bestimmtheit, die der Artikel ausdrückt, ergibt sich aus der sinnlich wahrnehmbaren unmittelbaren Umgebungssituation, in der sich Sprecher und Hörer befinden. Fälle wie in 2.5 bilden einen Sonderfall der Exophorik, der als **homophorische (*homophoric*)** Referenz bezeichnet wird. Der Referent, also das benannte Objekt, ist eindeutig identifizierbar, da es nur ein Exemplar gibt, wie auch im Falle von *the North Pole* oder *the Equator*. Homophorische Referenz liegt auch dann vor, wenn alle Mitglieder einer Kategorie inbegriffen sind, wie im Satz *The snail is considered a great delicacy in this region*. Beispiel 2.6 zeigt den kataphorischen Verweis des Artikels auf die Postmodifikation „of Mexico", die eindeutig festlegt, welcher Präsident gemeint ist. Da die Referenz hier innerhalb einer Nominalphrase operiert, ist der strukturelle Zusammenhang bedeutender als die Kohäsion. Nur in Beispiel 2.7 hat der bestimmte Artikel tatsächlich seine kohäsive Funktion durch anaphorische Referenz. Die Bestimmtheit in der Phrase „the wheels" ist nur möglich durch das vorerwähnte „a bicycle", zu dem die Räder gehören. Wie dieses Beispiel zeigt, werden die Textgegenstände meist zunächst mit dem unbestimmten Artikel eingeführt und später mit dem bestimmten wieder aufgegriffen. Diese Faustregel trifft allerdings nicht immer zu, wie das Beispiel 2.8 verdeutlicht, das den Anfang einer Kurzgeschichte bildet.

(2.8)   The train went on up the track out of sight, around one of the hills of burnt timber. Nick sat down on the bundle of canvas and bedding the baggage man had pitched out of the door of the baggage car. (Hemingway 1980: 454)

Da hier alle Nomina mit dem bestimmten Artikel eingeführt werden, wird der Leser in die Perspektive des Protagonisten versetzt, dem die genannten Objekte in der Situation bereits vertraut sind. Diese Verwendung der exophorischen Referenz bewirkt also, dass der Rezipient direkt und unmittelbar in die fiktionale Welt integriert wird.

c) Komparative Referenz (*comparative reference*) zeichnet sich dadurch aus, dass die *reference items* einen Vergleich zum Ausdruck bringen und daher auf ein Vergleichsobjekt im umgebenden Text verweisen. Dazu gehören zunächst einige Indefinitpronomina und Adjektive, die eine Identität (z.B. *same* und *equal*), Ähnlichkeit (z.B. *such* und *similar*) oder einen Unterschied (z.B. *other* und *different*) ausdrücken. Dabei ist *such* als „pro-modifier" (de Beaugrande/Dressler 1981: 63) zu bezeichnen, da es auf vorausgehende Beschreibungen durch Adjektive verweisen kann. Daneben kann *comparative reference* auch durch Komparativformen von Adjektiven (z.B. *better* oder *easier*) und durch Adverbien wie *so* und *as* ausgedrückt werden, die Adjektive oder Adverbien modifizieren (z.B. *so/as good*). In Beispiel 2.9, welches das Entfernen eines Fremdkörpers aus dem Auge beschreibt, schafft die Komparativform „better" eine anaphorische Verknüpfung zum vorerwähnten Wasser, das lediglich als „good" bezeichnet wird.

(2.9)   Wash the eye out. Water is good; a weak solution of boric acid is better, if available [...]. (Vickery/Fries 1997: 126)

Einen Spezialfall bildet die *extended reference*, die durch ein Element der personalen Referenz (*it*) und zwei der demonstrativen Referenz (*this* und *that*) ausgedrückt werden kann (vgl. Halliday/Hasan 1976: 52 und 66). Sie bezeichnet das Faktum, dass diese Pronomina nicht nur auf einzelne Nomina oder Nominalphrasen, sondern auch auf ganze Sätze oder Abfolgen von Sätzen verweisen können. So bezieht sich etwa in Beispiel 2.10 das Demonstrativum „that" in Happys Äußerung anaphorisch auf die beiden vorausgehenden Sätze von Linda, wodurch eine umfassendere Form der Kohäsion entsteht.

2. Kohäsion

(2.10) LINDA. The insurance inspector came. He said that they have evidence. That all these accidents in the last year – weren't – weren't – accidents.
HAPPY. How can they tell that? That's a lie. (Miller 1984: 62)

Kritik an einer simplifizierten Sicht von Wiederaufnahme und Koreferenz findet sich bei Brown/Yule (vgl. 1983: 201-204). Pro-Formen haben zwar die typische Funktion, vorerwähnte Referenten wieder aufzugreifen, doch das bedeutet keineswegs, dass deren Zustand im Verlauf des Textes unverändert bleibt. Vielmehr kann sich die Lokalisierung oder die Form eines wieder aufgenommenen Gegenstandes stark verändern, wie zum Beispiel in der Vorgangsbeschreibung im konstruierten Beispiel 2.11.

(2.11) Kill an active, plump chicken. Prepare it for the oven, cut it into four pieces and roast it with thyme for 1 hour. (Brown/Yule 1983: 202)

Es ist offensichtlich, dass das Huhn während der Zubereitung einer massiven Zustandsveränderung unterzogen wird. Dies hat zur Folge, dass für das letzte „it" des Textes nicht die ursprüngliche Nominalphrase „an active, plump chicken" eingesetzt werden kann, sodass das Verständnis von Koreferenz dementsprechend zu modifizieren ist.

Neben dem Begriff der Referenz verwenden Halliday/Hasan für die kohäsive Funktion verschiedener Pro-Formen den Terminus **Substitution** (*substitution*) (vgl. 1976: 88-141). Während die Referenz allerdings eine Bedeutungsbeziehung ist, betrifft die Substitution die grammatische Form. Deswegen muss bei der Substitution im Gegensatz zur Referenz das ersetzende Substituens stets dieselbe grammatische Funktion erfüllen wie das vorausgehende Substituendum. Die Pro-Form kann dadurch auch stets durch das vorausgehende Element ersetzt werden. Zudem ist die Substitution stets endophorisch und meist anaphorisch, und die Pro-Form bezieht sich hier in der Regel auf ein anderes außersprachliches Objekt als der vorausgehende Ausdruck, sodass oft keine Koreferenz vorliegt. Es wird unterschieden zwischen den drei Typen der nominalen, verbalen und satzbezogenen Substitution.

a) **Nominale Substitution** (*nominal substitution*) umfasst die Pro-Formen *one(s)* und *same*, die stets den Kern (*head*) einer wieder aufnehmenden Nominalphrase bilden, während *same* im Rahmen der *comparative reference* lediglich ein Nomen näher bestimmt. Die Pro-Form *one* ist nicht mit dem Numerale *one* wie in *He made one very good point* zu verwechseln, das keine kohäsive Funktion ausübt. Auch kann *one* in Sätzen wie *One never knows* eine generelle exophorische Bedeutung im Sinne von 'man' haben, ohne zur Kohäsion beizutragen. In Beispiel 2.12 liegt jedoch das kohäsive *one* vor, welches das Nomen „name" formal ersetzt und mit diesem nicht koreferenziell ist, da es lediglich den angenommenen Namen bezeichnet.

(2.12) ASTON. What did you say your name was?
DAVIES. Bernard Jenkins is my assumed one. (Pinter 1960: 25)

Wie an 2.12 deutlich wird, erhält die Substitution die semantische Kategorienzugehörigkeit der Referenten häufig aufrecht, weist aber umgekehrt obligatorisch eine wichtige Eigenschaft zurück und ersetzt sie durch eine andere (z.B. *not a green apple but a red one* oder *an interesting book and a boring one*).

b) **Verbale Substitution (*verbal substitution*)** bezieht sich auf die Funktion des Pro-Verbs *do*, komplette vorausgehende Verbphrasen mit ihren Ergänzungen zu ersetzen und sie dadurch im Gedächtnis des Rezipienten aufrecht zu erhalten (vgl. de Beaugrande/Dressler 1981: 62). Davon zu unterscheiden sind Verwendungen von *do* in nicht-kohäsiver Funktion als Vollverb (z.B. *She does a good job*) oder als Hilfsverb (z.B. *Do you like it?* oder *He does like chocolate!*). In Beispiel 2.13 steht das Substituens „did" für „take my children in any direction with a criminal like that aloose in it", also für das Vollverb sowie weitere Satzglieder aus dem Vorgängersatz.

(2.13) I wouldn't take my children in any direction with a criminal like that aloose in it. I couldn't answer to my conscience if I did. (O'Connor 1980: 580)

c) **Satzbezogene Substitution (*clausal substitution*)** wird durch die Adverbien *so* und *not* ausgedrückt, die ganze (Neben-)Sätze ersetzen können. Ersteres tritt häufig für einen Objektsatz nach einem Verb des Sagens oder Denkens ein, wie in Beispiel 2.14, wo *so* nach dem Verb *say* für den Nebensatz „that he is the one Tom used to know in high school" steht.

(2.14) LAURA. Is he the one that Tom used to know in high school?
AMANDA. He didn't say so. I think he just got to know him at the warehouse. (Williams 1984: 80)

Die satzbezogene Substitutionsfunktion des Adverbs *so* zeigt sich deutlich auch in seinem Vorkommen mit modalen Satzadverbialen (z.B. *They say opposites attract. – Perhaps so, but ...* oder *Possibly so*). Das Adverb *not* hat eine ähnliche Funktion, bringt dabei aber einen negierten Inhalt zum Ausdruck (z.B. *Is he still angry? – I hope not* oder *Of course not*). Wie bereits ausgeführt, kann *so* auch *comparative reference* ausdrücken, wenn es ein Adjektiv modifiziert (z.B. *He smiles all the time. I've never been so happy*), und wenn *so* in der Bedeutung 'folglich, also' Sätze verbindet, gehört es zum Kohäsionstyp der *conjunction* (vgl. Bsp. 2.24).

Zusammenfassend bietet Abbildung 2.2 eine Übersicht über die Pro-Formen, die in Texten kohäsive Wirkung haben können. Bei der Referenz wird hier nur eine Auswahl an Wortbeispielen präsentiert, wohingegen im Falle der Substitution alle Elemente genannt sind.

2. Kohäsion

```
Pro-Formen ─┬─ Referenz ─────┬─ personal (he, she, it, they etc.)
            │                ├─ demonstrativ (this, those, there etc.)
            │                └─ komparativ (such, so etc.)
            │
            └─ Substitution ─┬─ nominal (one(s) und same)
                             ├─ verbal (do)
                             └─ satzbezogen (so und not)
```

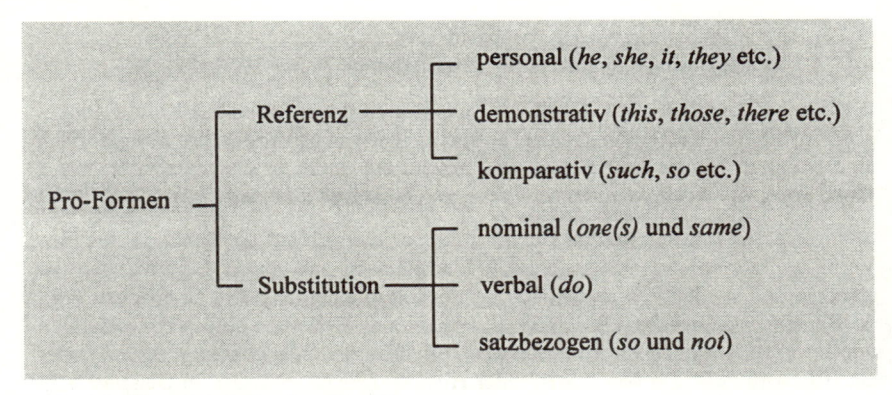

Abb. 2.2: Übersicht kohäsiver Pro-Formen

Während die Vertextung durch Pro-Formen auf dem Einsatz verschiedener Funktionswörter beruht, können auch bestimmte syntaktische Konstruktionen zur grammatischen Kohäsion beitragen.

2.1.2 Syntaktische Konstruktionen

Mit der Substitution eng verwandt ist die **Ellipse** (*ellipsis*), also die Auslassung von Satzgliedern, die folglich als „substitution by zero" (Halliday/Hasan 1976: 142) bezeichnet werden kann.[12] Wie auch die Pro-Formen hat sie neben der Erzeugung von Kohäsion die Funktion, den Oberflächentext zu verkürzen und zu verdichten (vgl. de Beaugrande/Dressler 1981: 80). Ist eine syntaktische Struktur elliptisch, also grammatisch unvollständig, so stellt sich die Frage, wo die fehlende Information zu finden ist. Auf Basis dieser Frage der „recoverability", also der Ersetz- bzw. Ergänzbarkeit, lassen sich drei Typen der Ellipse unterscheiden (vgl. Quirk et al. 1985: 861-862).

Bei der **textuellen Ersetzbarkeit** (*textual recoverability*) ist die unvollständige Konstruktion durch Informationen aus dem umgebenden Text zu ergänzen. Es entsteht damit grammatische Kohäsion zwischen der Ellipse und dem Textbestandteil, der die fehlende Information enthält. Wie bei den Pro-Formen herrscht auch bei der Ellipse die anaphorische Verweisrichtung vor, da sie dem Textverständnis eher

---

[12] Grundsätzlich konkurrieren die verschiedenen Kohäsionstypen miteinander. So können auf die Aussage *This is a fine hall you have here* unterschiedliche Anknüpfungen folgen, wie zum Beispiel *I'm proud to be lecturing in it* (Referenz), *I've never lectured in a finer one* (Substitution) oder *I've never lectured in a finer* (Ellipse) (vgl. Halliday/Hasan 1976: 146).

2.1 Grammatische Kohäsion

zuträglich ist als die kataphorische. Folgt beispielsweise auf die Frage *What's he doing?* die Antwort *Lying on the bed* (Osborne 1960: 27), so fehlen in der Antwort das Subjekt *he* sowie das Hilfsverb *be*, die beide anaphorisch aus der vorherigen Frage zu ergänzen sind. Der Fall der **situationellen Ersetzbarkeit** (*situational recoverability*) liegt vor, wenn die fehlende Information nicht im Text, sondern in der außersprachlichen Umgebungssituation zu finden ist, woraus keine Kohäsion resultiert. In der umgangssprachlichen Frage *Remember I wrote you that he smashed up the car again?* (Miller 1984: 62) sind beispielsweise das Hilfsverb *do* und das Personalpronomen *you* am Satzanfang weggelassen. Dennoch ist die Frage im Kontext verständlich, da aus ihr hervorgeht, dass ein Gegenüber angesprochen wird. Schließlich existiert auch die Möglichkeit der nicht-kohäsiven **strukturellen Ersetzbarkeit** (*structural recoverability*), bei der das fehlende Element durch bloßes grammatisches Wissen zu ergänzen ist. Dies ist zum Beispiel der Fall, wenn bei *that*-Objektsätzen die einleitende Konjunktion ausgelassen ist, wie etwa in *He knew [that] it could not be more than a mile* (Hemingway 1980: 458).

Als weiteres Kriterium für die Beschreibung der Ellipse kann die grammatische Funktion des Elements herangezogen werden, das ausgelassen ist. In Anlehnung an die Substitution ist hier zu unterscheiden zwischen *nominal*, *verbal* und *clausal ellipsis* (vgl. Halliday/Hasan 1976: 142-225).

a) Nominale Ellipse (*nominal ellipsis*) zeigt sich darin, dass der Kern einer Nominalphrase fehlt, sodass ein anderes Element der Phrase dessen Funktion übernimmt. Dieses Element ist typischerweise ein Adjektiv, ein Numerale oder ein anderer *determiner*, wie in Beispiel 2.15. Hier bildet „own" die gesamte Nominalphrase, da das Nomen „language" elidiert ist, und verweist dadurch anaphorisch auf eben dieses Nomen zurück. Ein wichtiges Kriterium ist, dass das Nomen an der Stelle eingesetzt werden könnte, an der es ausgelassen ist.

(2.15) LIZA. [...] You told me, you know, that when a child is brought to a foreign country, it picks up the language in a few weeks, and forgets its own. (Shaw 1990: 153)

b) Verbale Ellipse (*verbal ellipsis*) betrifft Auslassungen in der Verbphrase und manifestiert sich in zwei Typen. Bei der *operator ellipsis* wird das erste Hilfsverb (*operator*) weggelassen, wobei es sich um verbale Ellipse 'von links' handelt, da Hilfsverben stets vor den Vollverben erscheinen. Dieser Typ zeigt sich in der bereits zitierten Antwort *Lying on the bed* auf die Frage *What's he doing?*. Es ist daran zu erkennen, dass neben dem Hilfsverb auch weitere Satzglieder, wie hier das Subjekt, elidiert werden können, ohne dass jedoch die gesamte Verbphrase oder ein ganzer Satz fehlt. Vom zweiten Typ, der *lexical ellipsis*, sind dagegen Vollverben betroffen, sodass dieser auch Ellipse 'von rechts' genannt wird. Diesen Fall repräsentiert das Beispiel 2.16, denn in Alisons Erwiderung sind das Vollverb „prepared", das Objekt „most of the meals" sowie das Adverbiale „in the last week" ausgelassen.

2. Kohäsion

(2.16) HELENA. [...] I've prepared most of the meals in the last week, you know.
ALISON. Yes, you have. (Osborne 1960: 40)

c) **Satzbezogene Ellipse (*clausal ellipsis*)** liegt dann vor, wenn ein kompletter (Neben-)Satz ausgelassen wird. Besonders häufig ist dieser Typ in Frage-Antwort-Sequenzen anzutreffen, wie etwa in Beispiel 2.17, in dem die *Ja/nein*-Frage mit der Partikel „[y]es" beantwortet wird, wodurch auf den gesamten Frageinhalt des vorherigen Hauptsatzes zurückverwiesen wird.

(2.17) LAURA. Are you sure his name is Jim O'Connor?
AMANDA. Yes. Why? (Williams 1984: 80)

(2.18) LINDA. Are you home to stay now?
BIFF. I don't know. (Miller 1984: 58)

Die Ellipse eines Nebensatzes zeigt der Dialog 2.18, da in der Antwort der indirekte Fragesatz „whether I am home to stay now" fehlt und in anaphorischer Richtung zu ermitteln ist. Im Übrigen ist die Frage „[w]hy?" in 2.17 ein Beispiel für eine nicht-kohäsive situationelle Ellipse, weil die fehlenden Elemente, die für den Satz 'why are you asking' nötig sind, aus der Situation zu erschließen sind.

Abschließend liefert die Abbildung 2.3 eine Zusammenfassung der verschiedenen Typen der Ellipse. Die situationelle und strukturelle Ersetzbarkeit werden nicht näher subklassifiziert, da sie nicht zur Kohäsion beitragen. Wie die Beispiele demonstriert haben, zeigt die Ellipse fast ausnahmslos die anaphorische Verweisrichtung. Eine kataphorische Ausnahme bildet der Satz *If you want me to, I'll buy the tickets* (Quirk et al. 1985: 862), denn hier ist der unvollständige Konditionalsatz durch den nachfolgenden Hauptsatz zu ergänzen.

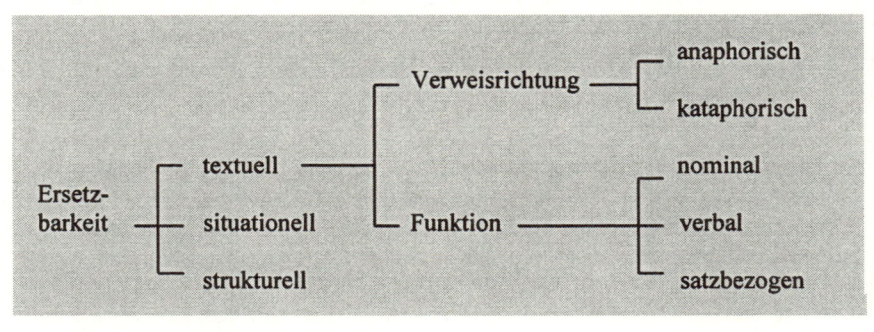

```
                        ┌─ Verweisrichtung ─┬─ anaphorisch
                        │                   └─ kataphorisch
              ┌─ textuell ─┤
Ersetz-       │            
barkeit ──────┼─ situationell ─┬─ Funktion ─┬─ nominal
              │                             ├─ verbal
              └─ strukturell                └─ satzbezogen
```

Abb. 2.3: Typen der Ellipse

Innerhalb der syntaktischen Konstruktionen, die zur Kohäsion beitragen, ist neben der Ellipse der strukturelle **Parallelismus (*parallelism*)** anzuführen. Zwar bilden parallel konstruierte Sätze keine Suchaufforderung im Text, doch erwecken sie stark den Eindruck, miteinander auch inhaltlich verbunden zu sein (vgl. de Beaugrande/Dressler 1981: 58 und Bublitz 1994: 221), zumal zwischen ihnen oft auch lexikalische Ähnlichkeiten bestehen (vgl. Quirk et al. 1985: 1427).[13] Da der Parallelismus auch eine **rhetorische Figur** bildet, ist er besonders oft in stilistisch ausgefeilter Sprache zu finden, die auf einen persuasiven Effekt beim Adressaten abzielt. Das Textbeispiel 2.19 stammt aus George W. Bushs Rede vor dem US-amerikanischen Kongress vom 20. September 2001.

(2.19) We will rally the world to this cause by our efforts, by our courage. We will not tire, we will not falter, and we will not fail. (Bush 2003: 313)

Viermalig beginnen Sätze mit „[w]e will", wodurch schon kraft der Wortwiederholung ein Zusammenhang kreiert wird. Die letzten drei Sätze sind zudem alle negiert und beinhalten ein intransitives Verb, wodurch sie strukturell ähnlich sind, und sie drücken verwandte Inhalte aus, welche die Zuhörer ermutigen sollen. Der Parallelismus kann auch sprecherübergreifend seine kohäsive Wirkung entfalten, wie das Beispiel 2.20 demonstriert.

(2.20) VLADIMIR. A running sore!
ESTRAGON. It's the rope.
VLADIMIR. It's the rubbing.
ESTRAGON. It's inevitable.
VLADIMIR. It's the knot.
ESTRAGON. It's the chafing. (Beckett 1987: 27)

In diesem Dialog aus *Waiting for Godot* verwenden die beiden Protagonisten abwechselnd Sätze, die aus einem Subjekt, dem Verb *be* und einem Subjekt-Komplement bestehen. Sie betrachten die Wunde am Hals der Figur Lucky, die ein Seil um den Hals trägt, und zählen Gründe für die Verletzung auf. Kohäsion kommt zwischen den Gesprächsbeiträgen also auf formaler wie auch inhaltlicher Ebene zustande. Besonders auffällig ist die kohäsive Wirkung des Parallelismus, wenn die Wortstellung vom unmarkierten Normalfall abweicht. In Beispiel 2.21, das Walt Whitmans Gedicht „Song of Myself" entnommen ist, sticht eine derartige Inversion ins Auge.

(2.21) Immense have been the preparations for me,
Faithful and friendly the arms that have helped me. (Whitman 1994: 2084)

Die beiden Verse beginnen mit einem bzw. zwei Adjektiven, die als Subjekt-Komplemente fungieren und daher am Satzanfang in deutlich markierter Position stehen. Auch sind dadurch beide Male Qualitäten angegeben, die als positiv gewertet werden, wodurch inhaltlich ebenfalls eine Äquivalenz vorliegt.

---

[13] Da der syntaktische Parallelismus jedoch keine unmittelbare inhaltliche Verknüpfung erzeugt, wird er von Halliday/Hasan (1976) nicht als kohäsives Mittel betrachtet.

2. Kohäsion

Ellipse und Parallelismus tragen somit auf unterschiedliche Weise zur Kohäsion bei. Erstere ist mit der Substitution zu vergleichen, da sie ebenso für ihre Interpretation auf einen Satz im umgebenden Kontext verweist. Letzterer dagegen hat keinen Verweischarakter, da parallel strukturierte Sätze auch alleine vollständig und verständlich sind. Die Kohäsion resultiert hier daraus, dass eine formale Äquivalenz zwischen Sätzen in einem Text deutlich hervorsticht und eine Einheitlichkeit – auch in inhaltlicher Hinsicht – suggeriert.

2.1.3 Konjunktionen und *conjunction*

Das kohäsive Mittel der *conjunction* stellt keine Suchanweisung dar und verweist nicht auf einen bestimmten Teil eines vorherigen Satzes (vgl. Halliday/Hasan 1976: 226-73). Statt dessen spezifiziert sie die logische Beziehung zwischen dem vorausgegangenen und dem folgenden Satz. Da sie nicht nur durch den Funktions-, sondern auch den Inhaltswortschatz verbalisiert wird, gehört sie nicht eindeutig zur grammatischen Kohäsion, sondern besitzt auch einen lexikalischen Anteil. Es gibt drei syntaktische Realisationsformen der *conjunction*, die meist, aber nicht ausschließlich, am Satzanfang auftreten.

Erstens gehören dazu koordinierende **Konjunktionen (*coordinators*)** wie *and*, *but* und *or*, die der Nebenordnung von syntaktischen Einheiten derselben Ordnung dienen. Bei ihrer Anwesenheit spricht man von syndetischer, bei ihrer Abwesenheit von asyndetischer Koordination (vgl. Quirk et al. 1985: 918). Letzterer Fall gehört zur Kohärenz, da hier der Rezipient selbst die logische Relation zwischen den Sätzen herstellen muss (vgl. Kap. 3.3). Natürlich können die Konjunktionen *and* und *or* nicht nur Sätze, sondern auch Phrasen und Wörter koordinieren (z.B. *fun and games*), doch sind für die Kohäsion vor allem satzübergreifende Phänomene relevant.

Die Wortart Konjunktion bildet somit die erste Möglichkeit, den Kohäsionstyp *conjunction* zu verbalisieren. Zweitens äußert sich *conjunction* in **Adverbien (*adverbs*)** wie *then, however, besides* oder *therefore*. Diese drücken ein breiteres Bedeutungsspektrum aus als die relativ kleine Gruppe der Konjunktionen und können im Satz nicht nur in Spitzenstellung vorkommen. Drittens kann *conjunction* durch **Präpositionalphrasen (*prepositional phrases*)** wie *as a result, in addition* und *in spite of that* realisiert sein, die eine entsprechende Beziehung zwischen Sätzen ausdrücken. Auch wenn hier Pronomina enthalten sind, werden diese Fälle nicht zur Referenz gerechnet, da die logische Relation, nicht die koreferenzielle Wiederaufnahme im Mittelpunkt steht.

Die Mitglieder der *conjunction* können nicht nur bezüglich ihrer Form, sondern auch ihrer Bedeutung klassifiziert werden. Als prototypische Vertreter der vier semantischen Typen gelten *and* (additiv), *yet* (adversativ), *so* (kausal) und *then* (temporal), die in den Beispielen 2.22 bis 2.25 dargestellt werden.

2.1 Grammatische Kohäsion

(2.22) We want to pass a health-care bill that will make drug treatment available for everyone. *And* we also have to do it [...]. (Clinton 2003: 289)

(2.23) In recent years, it has been quite widely held to be morally wrong for the individual to choose to make his own provision for the education of his children or the health of his family. *Yet if the State usurps or denies the right of the individual* [...], *then he is demeaned and diminished as a moral being.* (Thatcher 2001: 94-95)

(2.24) We have a system of unemployment benefit that asks first not how to get people into work but how to get them onto benefit. *So* when we announce today our long-term reforms of the gateway into unemployment benefits, support us. (Blair 2001: 140-141)

(2.25) He threaded the hopper on the hook and spat on him for luck. *Then* he pulled several yards of line from the heel [...]. (Hemingway 1980: 465)

Beispiel 2.22 zeigt den **additiven** (*additive*) Typ, der das Hinzufügen einer weiteren Information bezeichnet. In diesem speziellen Fall führt Clinton mit „[a]nd" aus, dass ein neues Gesetz nicht nur gewollt, sondern auch unbedingt nötig ist. Die Negation von *and* bildet *nor*, während *or* innerhalb dieser Kategorie eine Alternative ausdrückt, weswegen seine Bedeutung auch mit „[d]isjunction" (de Beaugrande/Dressler 1981: 72) umschrieben werden kann.[14] Weitere typische additive Elemente sind *furthermore, besides, in addition* und *for example*. In Beispiel 2.23 ist die **adversative** (*adversative*) *conjunction* zu erkennen, welche die generelle Bedeutung „contrary to expectation" (Halliday/Hasan 1976: 250) und damit einen Kontrast ausdrückt. Thatcher argumentiert hier mit „[y]et", dass der Staat dem Individuum – im Gegensatz zum bisherigen Verständnis – mehr Freiheiten einräumen sollte. Weitere kohäsive Elemente mit adversativer Bedeutung sind *though, but, however* und *on the contrary*.

Der dritte semantische Typ ist die **kausale** (*causal*) Relation, die eine Ursache, eine Folge oder einen Zweck zum Ausdruck bringt. So entwirft Blair in Beispiel 2.24 durch „[s]o" eine Ursache-Folge-Relation zwischen zwei Sätzen, um die Adressaten zur Unterstützung seiner Politik aufzurufen. Im Gegensatz zur Pro-Form *so*, die im Rahmen der Substitution einen Satz ersetzt (vgl. Bsp. 2.14), hat *so* am Satzanfang also die Funktion der *conjunction*. Zum kausalen Typ gehören auch die Ausdrucksmittel *hence, therefore, consequently, as a result* und *because of this*. Die **temporale** (*temporal*) *conjunction* schließlich bezieht sich auf Einordnungen bezüglich einer zeitlichen Abfolge, Simultaneität oder Vorzeitigkeit. Im Auszug 2.25 werden Vorbereitungen für das Angeln beschrieben, wobei „[t]hen" eindeutig eine zeitliche Sukzession zweier Handlungen verbalisiert.

---

[14] Eine genauere Spezifikation der Bedeutungen, die von den Konjunktionen *and* und *or* ausgedrückt werden können, liefern Quirk et al. (vgl. 1985: 930-934).

2. Kohäsion

Weitere Elemente innerhalb der temporalen Semantik sind *previously, secondly, subsequently, finally* und *at last*. Abbildung 2.4 fasst die wichtigsten Mitglieder der *conjunction* schließlich tabellarisch zusammen (vgl. auch Halliday/Hasan 1976: 242-243).

	Konjunktion	Adverb	Präpositionalphrase
1. additiv	*and, nor, or*	*furthermore, besides, similarly*	*in addition, for example*
2. adversativ	*but*	*yet, though, however, nevertheless*	*on the contrary, in fact, on the other hand*
3. kausal	–	*so, hence, therefore, consequently*	*as a result, because of this, for this purpose, to this end*
4. temporal	–	*then, next, previously, secondly, subsequently, finally, thereupon, soon*	*at last, after that, in conclusion, in short, after a time, at this moment*

Abb. 2.4: Semantische Typen der *conjunction* und ihre Realisation

Weiterhin existieren innerhalb der *conjunction* einige Elemente (*now, of course, well, anyway, surely* und *after all*), die sich keinem der vier semantischen Typen zuordnen lassen und daher eine gemischte Gruppe mit dem Titel **continuatives** bilden (vgl. Halliday/Hasan 1976: 267-271). So eröffnet zum Beispiel *well* oft einen Gesprächsbeitrag in Dialogen und signalisiert einen Zusammenhang zum zuvor Gesagten, weswegen es auch als Diskursmarker bezeichnet wird (vgl. Kap. 5.3.2). Die Adverbien *now* und *anyway* dagegen können am Satzanfang angeben, dass ein neues Gesprächsthema eingeführt wird bzw. dass die vorherigen Äußerungen für das Nachfolgende irrelevant sind.

Subordinierende Konjunktionen wie *because, since* und *while* haben die Funktion, logische Relationen zwischen Haupt- und Nebensatz zu verdeutlichen (vgl. de Beaugrande/Dressler 1981: 73). Allerdings tragen sie nur *innerhalb* von komplexen Sätzen zum Zusammenhalt bei, sodass hier der syntaktisch-strukturelle Aspekt stärker ist als der kohäsive.

2.1.4 Tempus und Aspekt

Zur Kohäsion sind weiterhin die grammatischen Kategorien des **Tempus (*tense*)** und **Aspekts (*aspect*)** zu rechnen, die satzübergreifende Zusammenhänge im zeitlichen Verlauf ausdrücken (vgl. de Beaugrande/Dressler 1981: 69-71).[15] Beispielsweise legen *past tense*-Formen in aufeinander folgenden Sätzen nahe, dass die beschriebenen Handlungen in der Vergangenheit in einer Sequenz stattfanden (vgl. Quirk et al. 1985: 1455). Dies trifft auf die ersten beiden Sätze in Beispiel 2.26 zu, bei denen neben einer unmittelbaren zeitlichen Sukzession auch eine Ursache-Folge-Relation zu erkennen ist.

(2.26) Nick tucked two chips of pine under the grill. The fire flared up. He had forgotten to get water for the coffee. (Hemingway 1980: 460)

Zudem wird an Text 2.26 deutlich, wie sich Tempus- und Aspektformen aufeinander beziehen können. Die Verbphrase „had forgotten" bildet die periphrastische Form des *past perfective* und drückt hinsichtlich der vorausgehenden Verbform „flared up" die Vorvergangenheit aus. Die Zeitebene, die im zweiten Satz etabliert wird, dient somit als Bezugsgröße für den nachfolgenden Satz. Auch die Aspektunterscheidung von *progressive* und *simple* kann zur Kohäsion beitragen, wie das Beispiel 2.27 beweist.

(2.27) Red Sammy was lying on the bare ground outside The Tower with his head under a truck while a gray monkey about a foot high, chained to a small chinaberry tree, chattered nearby. The monkey sprang back into the tree and got on the highest limb [...]. (O'Connor 1980: 583)

Die erste Verbform „was lying" mit dem progressiven Aspekt eröffnet die Szene durch die Darstellung eines andauernden Zustandes. Vor diesem Hintergrund ereignen sich einige Handlungen, die mit dem *simple aspect* ausgedrückt werden und von kürzerer Dauer sind. So verbalisieren die Verbphrasen „chattered", „sprang" und „got" Tätigkeiten, die simultan mit dem Zustand des Liegens ablaufen. Tempus und Aspekt bilden zwar keine Suchaufforderung wie Pro-Formen, doch tragen sie stark zur Konsistenz des textuellen Gewebes bei, indem sie verschiedene Ereignisse zeitlich miteinander in Beziehung setzen.

2.2 Lexikalische Kohäsion

2.2.1 Repetition

Die lexikalische Kohäsion beruht auf Beziehungen zwischen Lexemen aus den offenen Wortklassen, zu denen Nomina, Verben, Adjektive und Adverbien gehören. Das offensichtlichste Mittel ist hierbei die einfache wörtliche **Repetition** (*repetition*) (vgl. Halliday/Hasan 1976: 278), die auch als „recurrence" bezeichnet wird (de Beaugrande/Dressler 1981: 54). Diese trägt nicht nur zur Eindeutigkeit,

---

[15] Halliday/Hasan (vgl. 1976: 184-192) dagegen behandeln Tempus und Aspekt als Kohäsionsmittel lediglich im Zusammenhang mit der verbalen Ellipse.

2. Kohäsion

sondern auch zur inhaltlichen Kontinuität und damit zur Kohäsion bei. Wenn sie in einem Text sehr häufig ist, verringert sie allerdings dessen Informativität, da sie durch die Wiederholung von Informationen Redundanz erzeugt. Tritt ein Lexem in einer anderen Flexionsform erneut auf, etwa im Plural oder im *past tense*, so zählt dies ebenso zur Repetition (vgl Hoey 1991a: 52-55). Als Ausgangspunkt für die Erläuterung der lexikalischen Kohäsion dient Text 2.28, der einem Wanderführer für Großbritannien entnommen ist.

(2.28) *The British Love of Animals*

The British, and especially the English, are widely believed to love their animals – mainly pets – more than their children (1). The Royal Society for the Prevention of Cruelty to Animals (note the regal status) was established before the National Society for the Prevention of Cruelty to Children – and still rakes in more donations (2). As an outsider you'll notice that although striking up conversation with a stranger is very unusual, many British people are quite happy talking to another person's dog (3). This special affection for dogs means these particular pets can get away with anything (4). On city streets pet dogs on leads obstruct pedestrians and crap all over the parks and pavements (5). [...] Dog owners are convinced that 'Keep Dogs on Lead' signs don't apply to their dogs and often let them run around, and think it especially cute when they approach other people (6). If, while out walking, you're terrified by the unwanted attentions of a giant muddy hound, be prepared for the usual response from the owner – 'Don't worry, he's only being friendly' (7). (Else 2001: 43)

Das Phänomen der Repetition findet sich hier bei den Nomina „dog[s]" (Sätze 3, 4 und 6), „[a]nimals" (Sätze 1 und 2), „[c]hildren" (Sätze 1 und 2), „[s]ociety" (zweimal Satz 2) und „pets" (Sätze 1 und 4). Es ist daran bereits abzulesen, dass zentrale Textgegenstände, die von verschiedenen Seiten beleuchtet werden, typischerweise wiederholt werden. Bezüglich ihres Wiederaufnahmecharakters ist die **Repetition** mit den **Pro-Formen** verwandt, doch ist sie expliziter und stellt keine Suchaufforderung dar.

Die Wiederholung eines Wortes hat allerdings nicht zwingend zur Folge, dass die Inhaltsseite völlig identisch bleibt. Zum einen können Wörter, wie schon am Beispiel *text* gesehen (vgl. Kap. 1.3.1), verschiedene Bedeutungsschattierungen haben, und zum anderen ist ihre Bedeutung stark **kontextsensitiv** (vgl. Schneider 1988: 90-100), d.h. die Sätze und Texte, in denen Wörter auftreten, beeinflussen deren Inhalt. In Dialogen können Wörter zudem von verschiedenen Sprechern mit unterschiedlichen Konnotationen verwendet werden.

Eine wichtige Rolle spielt das referenzielle Verhältnis zwischen einem Wort und seiner Wiederholung. Es stellt sich stets die Frage, ob sich die beiden Realisationen des Wortes im Sinne der Koreferenz auf genau dasselbe Objekt in der Realität beziehen oder ob es Unterschiede gibt. Beispielsweise hat „[s]ociety" in

Text 2.28 beide Male den begrifflichen Inhalt einer 'Gesellschaft', bezieht sich aber eindeutig auf zwei verschiedene Organisationen, weswegen von einem exklusiven (*exclusive*) referenziellen Verhältnis zu sprechen ist (vgl. Halliday/Hasan 1976: 283). Verweist das wiederholte Wort wie ein Pronomen auf genau dasselbe Objekt oder Lebewesen, liegt eine identische (*identical*) Referenzrelation vor. Dieser Fall ist in Beispiel 2.27 zu erkennen, in dem zuerst „a gray monkey" eingeführt und später als „[t]he monkey" wieder aufgenommen wird. Des Weiteren besteht die Möglichkeit eines inklusiven (*inclusive*) Verhältnisses, wie es sich in Text 2.28 in „pets" zeigt. Im ersten Satz bezieht sich das Nomen nämlich auf alle Sorten von Haustieren, im vierten Satz dagegen speziell auf den Hund als Haustier. Schließlich kann es auch sein, dass aus dem Text kein bestimmtes referenzielles Verhältnis zwischen einem Wort und seiner Wiederholung hervorgeht, weswegen ihre Referenten als *unrelated* zu bezeichnen sind. Dies wäre etwa der Fall, wenn auf den zweiten Satz in Beispiel 2.28 die Äußerung *Some societies in England have thousands of members* folgen würde, denn hier wäre keine klare Beziehung zwischen „societies" und dem zweimalig vorausgehenden Nomen „Society" zu erkennen. Besteht eine identische Referenzrelation, so ist die lexikalische Kohäsion besonders stark und konsistent, doch auch in den anderen Fällen resultiert Kohäsion bereits aus der bloßen formalen Repetition.

Wird kein komplettes Wort, sondern nur ein lexikalisches Morphem in verschiedenen Lexemen wiederholt, spricht man von **partieller Rekurrenz (*partial recurrence*)** (vgl. de Beaugrande/Dressler 1981: 56). Im Gegensatz zur einfachen lexikalischen Repetition wird dieser Fall auch als „complex lexical repetition" (Hoey 1991a: 55) bezeichnet. In Text 2.28 tauchen beispielsweise die beiden lexikalischen Morpheme des Kompositums „pet dogs" (Satz 5) auch selbstständig auf, wie bereits ausgeführt wurde. In Beispiel 2.23 kommt das Adjektiv „moral" auch in suffigierter Form als das Adverb „morally" vor. Außerdem gehören zur partiellen Rekurrenz Fälle, bei denen dieselbe Wortform in verschiedenen Wortklassen auftritt. Dies zeigt sich in Text 2.28 am Adjektiv „British" (Satz 3), das im ersten Satz auch in nominalisierter Funktion zu entdecken ist.

2.2.2 Semantische Relationen

Im Gegensatz zu referenziellen Relationen zwischen Wörtern betreffen paradigmatische **semantische Relationen (*sense relations*)** deren begrifflichen Inhalt (vgl. Lyons 1977: 270-317). Eine wichtige Rolle für die lexikalische Kohäsion spielen die Synonymie, Antonymie, Hyponymie und Meronymie, da sie inhaltliche Verflechtungen bewirken (vgl. Halliday/Hasan 1985: 80-81). Die letzten beiden dieser Typen haben im Gegensatz zu den ersten beiden hierarchische Strukturen, wodurch auch die lexikalische Kohäsion beeinflusst wird.

Bei der **Synonymie (*synonymy*)** besitzen zwei verschiedene Lexeme im Text einen ähnlichen begrifflichen Inhalt, woraus eine kohäsive Beziehung zwischen ihnen resultiert. Dies lässt sich beispielsweise in Text 2.28 über das Verhältnis von „*[l]ove*" (Überschrift) und „affection" (Satz 4) aussagen, die beide die britische Tierliebe bezeichnen. Weitere Beispiele aus diesem Text sind die Adjektive „[r]oyal" und „regal" (beide Satz 2) sowie die Nomina „outsider" und „stranger" (beide Satz 3). An diesem letzten Wortpaar wird zudem deutlich, dass Synonyme – ebenso wie Repetitionen – im konkreten Kontext keineswegs immer Koreferenz aufweisen müssen. Während sich „outsider" speziell auf den Leser des Textes bezieht, der sich als Tourist in Großbritannien aufhält, wird mit „stranger" jeder beliebige Fremde aus Sicht der Briten bezeichnet. Wie auch die Repetition können zahlreiche Synonyme in einem Text aufgrund ihrer Redundanz dessen Informativität mindern, aber dabei auch das Verständnis erleichtern.

Durch die **Antonymie (*antonymy*)** wird ein Bedeutungsgegensatz ausgedrückt (vgl. Cruse 1986: 197-243), woraus ebenso satzübergreifende lexikalische Beziehungen resultieren können. Die Beispiele 2.29 bis 2.32 exemplifizieren die verschiedenen Typen der Antonymie.

(2.29) There are changes we can make from the outside in; […] And then there's some changes we're going to have to make from the inside out, or the others won't matter. (Clinton 2003: 289)

(2.30) There are too few good state schools. Too much tolerance of mediocrity. Too little pursuit of excellence. (Blair 2001: 139)

(2.31) In the sections that follow, we've listed shops according to what they sell. […] Marylebone High Street is a similar story in the middle of town: a pretty village oasis where you can get all your labels […]. (Humphreys 2003: 530-31)

(2.32) Morris went down to the sixth floor, crossed the landing and travelled up to the ninth. (Lodge 1979: 226)

Beispiel 2.29 demonstriert mit den Nomina „outside" und „inside" den Typ der **komplementären (*complementary*)** Antonymie, bei der nur die beiden verbalisierten Optionen ohne Zwischenpositionen existieren. Weitere Beispiele hierfür sind die Adjektivpaare *male/female* und *alive/dead*. Die **konträre (*gradable, polar*)** Antonymie zeigt sich im Beispiel 2.30 in den Gegensätzen von „few" sowie „little" einerseits und „much" andererseits. Die antonymischen Mengenangaben benennen hier die beiden Pole auf einer Skala, weswegen die Möglichkeit der Komparation besteht und Zwischenstufen vorhanden sind. Im Gegensatz zum komplementären Typ impliziert die Negation des einen Pols nicht automatisch das Zutreffen des anderen. Zu diesem Fall gehören sehr viele Adjektivpaare, wie etwa auch *hot/cold*, *high/low* und *big/small*.

Die Verben „sell" und „get" – hier in der Bedeutung 'buy' – in Text 2.31 repräsentieren die **konverse (*converse*)** Antonymie. Sie ist dadurch gekennzeichnet, dass ein bestimmtes Ereignis aus zwei verschiedenen Perspektiven gesehen wird,

2.2 Lexikalische Kohäsion

hier aus der Sicht des Verkäufers bzw. des Käufers. Neben weiteren Verbpaaren wie *lend/borrow* und *precede/follow* sind hierzu auch nominale Paare wie *husband/wife* zu rechnen (vgl. Cruse 1986: 231). In Beispiel 2.32 schließlich ist anhand der Adverbien „down" und „up" die **direktionale** (*directional*) Antonymie zu erkennen. Durch sie werden räumliche Bewegungen in verschiedene Richtungen verbalisiert, wie beispielsweise auch mittels der Adverbien *forwards/backwards* und *north/south*. Die Beispiele zeigen bereits, dass die Antonymie in Texten geeignet ist, eine argumentative Dynamik zu entfalten und die Textgegenstände zueinander in eine spannungsreiche Beziehung zu setzen.

Die **Hyponymie** (*hyponymy*) bezeichnet das semantische Verhältnis zwischen einem Oberbegriff (*superordinate, hyperonym*) mit weiter Bedeutung und einem zugehörigen Unterbegriff (*hyponym*) mit engerer Bedeutung. Verschiedene Unterbegriffe zum selben Hyperonym heißen Ko-Hyponyme. Wie bereits im Rahmen der personalen Referenz angedeutet (vgl. Kap. 2.1.1), tritt bei koreferenziellen Lexemen in Texten typischerweise ein Fortschreiten vom Speziellen zum Allgemeinen auf. In Beispiel 2.33 etwa wird mit dem Nomen „paternoster" ein spezieller Aufzug mit offenen Kabinen genannt und später durch sein Hyperonym „elevator" wieder aufgegriffen. In ähnlicher Weise wird die Person, die zunächst mit dem Eigennamen „Masters" bezeichnet wird, später mit dem allgemeineren Nomen „pursuer" benannt.

(2.33) [Morris] could hear Masters galloping up the staircase that spiralled round the shaft of the paternoster. [...] On the eleventh floor Morris, thinking to trick his pursuer, jumped out the elevator [...]. (Lodge 1979: 225)

Im Gegensatz zum Verweis durch Pro-Formen bilden die Lexeme allerdings keine Suchaufforderung. Dass auch bei der Hyponymie jedoch nicht immer Referenzidentität besteht und daher auch die Abfolge von Hyponym und Hyperonym nicht immer vorhersagbar ist, zeigen Beispiele aus Text 2.28. So ist dem Hyperonym „British" sein Hyponym „English" (beide Satz 1) zugeordnet, wobei ein inklusives referenzielles Verhältnis besteht, da die Engländer nur eine Teilmenge aller Briten bilden. Eine mehrstufige lexikalische Hierarchie der Spezifizierung zeigt sich in der Reihe der Nomina „animals" (Satz 1), „pets" (Satz 1) und „dogs" (Satz 4), das seinerseits wiederum als Hyperonym zu „pet dogs" (Satz 5) und „hound" (Satz 7) fungiert.

Die allgemeinsten möglichen Hyperonyme sind „general nouns" (Halliday/Hasan 1976: 274), also Nomina wie *people, person, thing, object* oder *matter*, die eine sehr vage Bedeutung besitzen und sich dadurch der Semantik von Pronomina annähern. In Text 2.28 findet man die Beispiele „person" (Satz 3) und „people" (Satz 6), die eine kohäsive Verbindung mit anderen Personenbezeichnungen wie „pedestrians" (Satz 5) und „[d]og owners" (Satz 6) eingehen. Insgesamt dient die Hyponymie also der Wiederaufnahme von Textgegenständen mit verschiedenen Spezifikationsgraden.

2. Kohäsion

Mit dem Terminus der **Meronymie** (*meronymy*) werden Teil-Ganzes-Beziehungen zwischen verschiedenen Lexemen benannt (vgl. Cruse 1986: 157-179). Das Wort, welches das Ganze bezeichnet, ist das Holonym (*holonym*), während das Wort für ein entsprechendes Teil das Meronym (*meronym*) genannt wird. Wie bei der Hyponymie existieren hier ebenso hierarchische Stufen, die sich über mehrere Ebenen erstrecken können, und verschiedene Meronyme desselben Holonyms heißen Ko-Meronyme. Beispielsweise ist in Auszug 2.3 das Nomen „walls" ein Meronym zum Nomen „crypt" im vorausgehenden Satz. In ähnlicher Weise besteht in Auszug 2.27 ein meronymisches Verhältnis zwischen „chinaberry tree" und „limb", sodass die metaphorische 'Verästelung' in der Meronymie hier wörtlich zu nehmen ist. Da die Meronymie also in der Regel bei Wörtern anzutreffen ist, die konkrete Objekte bezeichnen, hat sie bei Raumbeschreibungen in Texten – ähnlich wie im Film – Einfluss darauf, ob ein Gegenstand vom Detail zur Gesamtansicht oder umgekehrt eingeführt wird. So zeigt das Beispiel 2.34 aus Bram Stokers *Dracula* schließlich einen höheren Grad an meronymischer Verschachtelung.

(2.34) The Count himself came forward and took off the cover of a dish, [...]. His face was a strong – a very strong – aquiline, with high bridge of the thin nose and peculiarly arched nostrils; [...] The mouth, so far as I could see it under the heavy moustache, was fixed and rather cruel-looking, with peculiarly sharp white teeth. (Stoker 1979: 28)

Dem ersten Holonym „Count", das die ganze Person bezeichnet, ist das Meronym „face" zugeordnet, welches das Interesse auf einen zentralen Teil der Gestalt fokussiert. Gleichzeitig fungiert „face" wiederum als Holonym für seine Meronyme „nose", „mouth" und „moustache", die Details des Gesichts benennen und zueinander die Beziehung von Ko-Meronymen haben. Auf einer weiteren untergeordneten Ebene sind „bridge" und „nostrils" Ko-Meronyme zum Holonym „nose", und „teeth" ist ein Meronym zu „mouth". Es zeigt sich also, dass diese semantische Relation in Texten, die visuelle Wahrnehmungen beschreiben, eine äußerst dominante Rolle spielen kann.

2.2.3 Paraphrase

Bei einer lexikalischen **Paraphrase** (*paraphrase*) wird derselbe Inhalt zweimal ausgedrückt, und zwar zum einen durch eine einzelne Phrase, zum anderen durch mehrere Phrasen oder Sätze (vgl. de Beaugrande/Dressler 1981: 58). Dieses Prinzip ähnelt der Synonymie, doch existiert bei der Paraphrase eine längere Form, die eine ausführlichere Umschreibung einer kürzeren bildet. Es liegt also eine besondere Wiederaufnahmerelation vor, für die es zwei Richtungen geben kann, wie die beiden Beispiele 2.35 und 2.36 demonstrieren.

(2.35) And on behalf of the American people, I thank the world for its outpouring of support. America will never forget the Sounds of our National Anthem playing at Buckingham Palace, on the streets of Paris, and at Berlin's Brandenburg Gate. (Bush 2003: 308)

(2.36) The floorboards creaked, the plumbing whined and throbbed, doorhinges squeaked and windows rattled in their frames. The noise was deafening. (Lodge 1979: 200)

In 2.35 tritt mit „its outpouring of support" im ersten Satz eine Nominalphrase auf, die im zweiten Satz mit drei ausführlicheren Beispielen der weltweiten Unterstützung paraphrasiert wird. Es handelt sich in der linearen Abfolge der Sätze somit um eine inhaltliche **Expansion** (*expansion*), die eine informationelle Ausweitung und Vertiefung zur Folge hat (vgl. Wolf 1981: 207).

In umgekehrter Reihenfolge werden dagegen in 2.36 zunächst mehrere Beispiele für Lärmquellen aufgezählt, die im nachfolgenden Satz in der Nominalphrase „[t]he noise" zusammengefasst werden. Es liegt also eine inhaltliche Progression von der ausführlicheren Paraphrase zu einer verdichteten Bezeichnung vor, sodass hier der häufigere Fall der informationellen **Kondensation** (*condensation*) auftritt. Es ist hieran bereits zu erkennen, dass die Paraphrase als Mittel der lexikalischen Kohäsion dominante Auswirkungen nicht nur auf die Textur, sondern auch auf die thematische Progression in einem Text hat (vgl. Kap. 3.5.1).

2.2.4 Begriffliche Nähe

Unter dem umfassenden Terminus der 'begrifflichen Nähe' werden hier Phänomene subsumiert, die im weiteren Sinne zur lexikalischen Kohäsion beitragen. Halliday/Hasan verwenden hierfür den Terminus **collocation,** der von ihnen allgemein definiert wird als „the association of lexical items that regularly co-occur" (1976: 284). Der Begriff geht hier also von einer syntagmatischen Relation zwischen Wörtern aus, bezieht sich aber gleichzeitig auch auf textinterne semantische Äquivalenzen: „there is cohesion between any pair of lexical items that stand to each other in some recognizable lexicosemantic (word meaning) relation" (Halliday/Hasan 1976: 285). Es ist somit zu beachten, dass Halliday/Hasan den Begriff „collocation" in idiosynkratischer Weise verwenden, denn aus semantischer Perspektive bezeichnet dieser im Allgemeinen typische Kombinationen von Wörtern, wie etwa *a pretty woman* vs. *a handsome man* oder *a flock of sheep* vs. *a pack of wolves* (vgl. Lipka 2002: 181-186).[16]

---

[16] In diesem Sinne des gemeinsamen Auftretens von Wörtern wurde *collocation* ursprünglich von J. R. Firth (1957) in die linguistische Terminologie eingeführt.

2. Kohäsion

Für eine genauere Analyse der begrifflichen Nähe bietet sich zusätzlich eine Unterscheidung in „lexical fields" und „lexical sets" an (vgl. Lipka 2002: 167-174). Zur Illustration dient Text 2.37, eine **Inhaltszusammenfassung** von Thomas Hardys Roman *Tess of the d'Urbervilles* aus einem Literaturlexikon. Er besitzt somit eine besonders enge intertextuelle Beziehung zu diesem literarischen Werk.

(2.37) Unwisely, Parson Tringham tells John Durbeyfield, a haggler (local carrier) of Marlott, that he is descended from the ancient Norman family of d'Urbervilles (1). Fortified by this information, he and his wife Joan encourage their daughter Tess to seek the kinship of the parvenu Stoke-d'Urbervilles, themselves not entitled to the illustrious name (2). She is seduced by their son, the vulgar rake Alec, and bears a child that mercifully dies (3). To make a fresh start Tess goes to work in southern Wessex at the fertile Talbothays farm where she meets Angel Clare, younger son of a parson and, after a struggle within herself, accepts his offer of marriage (4). On their wedding night Tess confesses her unhappy past to Angel, who recoils in puritanical horror (5). He goes off to Brazil and Tess seeks employment at the grim upland farm, Flintcomb Ash, belonging to the tyrannical Farmer Groby (6). There she is again afflicted by the advances of Alec d'Urberville, now an itinerant preacher (7). He is insistent that Tess is more his wife than Angel's and relentless in his pursuit of her (8). Angel returns to England a wiser man and traces Tess to Sandbourne, where she is living as Alec's wife (9). She considers it too late for reconciliation and sends him away (10). In her despair and entrapment she kills Alec and, after a brief idyllic period with Angel, is arrested at Stonehenge, tried, and hanged in Wintoncester gaol (11). (Ousby 1992: 917-918)

Als *lexical fields* bzw. **Wortfelder** werden hier Gruppen von Wörtern verstanden, die derselben Wortklasse angehören und mindestens ein semantisches Merkmal gemeinsam haben (vgl. Lipka 2002: 166). Durch Wortfelder wird der Gesamtwortschatz einer Sprache in kleinere inhaltliche Einheiten gegliedert, innerhalb welcher paradigmatische Beziehungen wie die Hyponymie oder Synonymie herrschen können. In Text 2.37 sind folgende Wortfelder zu entdecken, deren Mitglieder – hier ausschließlich Nomina – über die Sätze verstreut sind und zum Teil im Sinne der Repetition mehrmals auftreten.

- FAMILIENVERHÄLTNISSE: „wife" (Sätze 2, 8 und 9), „daughter" (Satz 2), „son" (Sätze 3 und 4) und „child" (Satz 3)
- BERUFE: „haggler" (Satz 1), „carrier" (Satz 1), „[p]arson" (Sätze 1 und 4), „[f]armer" (Satz 6) und „preacher" (Satz 7)
- PERSONEN- und ORTSNAMEN: „Tringham" (Satz 1), „Groby" (Satz 6), „Tess" (Sätze 2, 4, 5, 6, 8 und 9), „Marlott" (Satz 1), „Wessex" (Satz 4), „Sandbourne" (Satz 9) und „Stonehenge" (Satz 11)

2.2 Lexikalische Kohäsion

Dabei ist einzuschränken, dass Eigennamen zwar keine lexikalisch-begriffliche Bedeutung besitzen, aber dennoch Kohäsion erzeugen, indem sie die Aktanten und deren Lokalisierung in der Textwelt benennen. Im weiter oben zitierten Text 2.28 schlägt sich das Wortfeld TIERE in den Nomina „[a]nimals" (Sätze 1 und 2), „pets" (Satz 1), „dog" (Sätze 3, 4 und 6), „pet dogs" (Satz 5) und „hound" (Satz 7) nieder. Wie bereits ausgeführt, zeigen die Mitglieder dieses Wortfeldes eine hierarchische Struktur, während in Text 2.37 bei den beiden Feldern Hyperonyme wie *relatives* oder *professions* fehlen. Wenn auch im Gegensatz zu den Pro-Formen nicht immer Referenzidentität vorliegt, resultieren aus den Wortfeldern doch kohäsive Ketten.

Im Gegensatz zu Wortfeldern müssen die Elemente in *lexical sets* nicht derselben Wortklasse angehören, und ihr begrifflicher Zusammenhang ist nicht vornehmlich innersprachlich bedingt. „*Lexical sets* are either based on association and intuition, or on objectively verifiable relationships captured by encyclopedic knowledge" (Lipka 2002: 173). In diesem Sinne können für *lexical sets* im Deutschen die Termini **assoziative Felder** oder **Sachgruppen** verwendet werden. Es handelt sich also um Beziehungen zwischen Wörtern, die im weitesten Sinne inhaltliche Berührungspunkte besitzen. Sie sind für die Analyse der lexikalischen Kohäsion bedeutsam, da sie in vielen Texten eine dominante Rolle spielen. So bestehen in 2.37 inhaltliche Beziehungen zwischen dem genannten Wortfeld BERUFE und „work" (Satz 4) sowie „employment" (Satz 6). Auch innerhalb der folgenden Wortgruppen bestehen assoziative bzw. sachliche Beziehungen, wobei die erste Gruppe mit dem Wortfeld FAMILIENVERHÄLTNISSE in Zusammenhang steht.

- *Verwandtschaft und Abstammung*: „family" (Satz 1), „descended" (Satz 1), „kinship" (Satz 2), „name" (Satz 2), „marriage" (Satz 4) und „wedding night" (Satz 5)
- *Tod und Verderben*: „dies" (Satz 3), „horror" (Satz 5), „kills" (Satz 11) und „hanged" (Satz 11)
- *Unglück*: „unhappy" (Satz 5), „afflicted" (Satz 7), „despair" (Satz 11), „entrapment" (Satz 11), „arrested" (Satz 11), „tried" (Satz 11) und „gaol" (Satz 11)
- *Boshaftigkeit*: „seduced" (Satz 3), „vulgar" (Satz 3), „rake" (Satz 3), „tyrannical" (Satz 6) und „relentless" (Satz 8)

Da die Mitglieder dieser *lexical sets* partiell verschiedenen Wortklassen angehören, ergibt sich bereits hieraus, dass innerhalb dieser kohäsiven Ketten kaum Referenzidentität bestehen kann. Die kohäsiven Beziehungen sind weniger offensichtlich als bei der Repetition (vgl. Kap. 2.2.1) und den semantischen Relationen (vgl. Kap. 2.2.2), erschließen sich aber bei statarischer Lektüre. Wie zum Beispiel das Verb „tried" (Satz 11) – mit der Bedeutung 'vor Gericht gestellt' – zeigt, kann die Zugehörigkeit polysemer, also mehrdeutiger Lexeme zu einem *lexical set* stark kontextbedingt sein.

2. Kohäsion

Ein auffälliges *lexical set* aus Text 2.28 mit dem Titel „The British Love of Animals" kann mit *Zuwendung* übertitelt werden und enthält die Mitglieder „love" (Titel und Satz 1), „donations" (Satz 2), „affection" (Satz 4), „attentions" (Satz 7) und „friendly" (Satz 7). Generell sind die kohäsiven Ketten nicht unabhängig voneinander, sondern interagieren inhaltlich, wodurch im Text eine **kohäsive Harmonie** (*cohesive harmony*) entsteht (vgl. Halliday/Hasan 1985: 94). Dabei ist zu beachten, dass es bis zu einem gewissen Grad von der subjektiven Interpretation des jeweiligen Rezipienten abhängt, inwieweit solche Ketten festgestellt und hinsichtlich ihrer Mitglieder definiert werden.

2.3 Beispielanalyse

Eine exemplarische Analyse soll nun zeigen, wie die vorgestellten Mittel der grammatischen und lexikalischen Kohäsion miteinander kooperieren, um die Textur eines Textes zu konstituieren. Text 2.38 ist einem **Ratgeber zur Selbsthilfe** bei medizinischen Notfällen entnommen und beschreibt Situationen, in denen Erstickungsanfälle auftreten.

(2.38) *Choking*
> Your dinner companion can't breathe, can't talk, and is turning blue (1). He's gasping for air and puts his hand to his throat (2). These signs tell you he's choking (3). Do you know what to do? (4) Choking on a foreign object, usually food, is all too common (5). The most frequent setting for choking in adults is the evening meal, often in a restaurant or at a party (6). This situation increases the risk of choking in several ways: First, the victim is likely to have been drinking alcoholic beverages, and this may slow the reflexes that normally keep food from going down the wrong way (7). Second, the victim is likely to be distracted from the business of eating by conversation or entertainment (8). Finally, this is the time that solid meats such as steak are most commonly eaten, and these meats are usually the culprits in adult choking (9). Children stick a much wider variety of objects into their mouths, are likely to do so at any time of the day or night, and are much less likely to complicate the situation with alcohol (10). Nevertheless, a child is still most likely to choke on food (11). The most likely foods are hot dogs, grapes, peanuts, and hard candy (12). (Vickery/Fries 1997: xii)

Innerhalb der grammatischen Kohäsion sind hier – wie in den meisten Texten – zunächst die Fälle der Referenz augenscheinlich. Der Adressat wird zu Beginn des Textes durch Pro-Formen der zweiten Person angesprochen, hier „[y]our" (Satz 1) sowie „you" (Sätze 3 und 4). Wie es für diese Typen von Pronomina üblich ist, existiert kein Bezugsnomen im Text, sodass nicht-kohäsive exophorische Refe-

2.3 Beispielanalyse

renz vorliegt. Daneben treten in dem Text jedoch auch zahlreiche Pro-Formen mit endophorischer Referenz auf, durch die Kohäsion entsteht.

- **Anaphorische personale Referenz:**
  - Das Pronomen „[h]e" (Sätze 2 und 3) und der Determinierer „his" (Satz 2) verweisen auf „[y]our dinner companion" (Satz 1)
  - Der Determinierer „their" (Satz 10) verweist auf „[c]hildren" (Satz 10)
- **Anaphorische demonstrative Referenz:**
  - Der Determinierer „[t]hese [signs]" (Satz 3) verweist im Sinne der *extended reference* auf die Sätze 1 und 2
  - Der Determinierer „[t]his [situation]" (Satz 7) verweist im Sinne der *extended reference* auf „the evening meal, often in a restaurant or at a party" (Satz 6)
  - Das Pronomen „this" (Satz 7) verweist im Sinne der *extended reference* auf „the victim is likely to have been drinking alcoholic beverages" (Satz 7)
  - Das Pronomen „this" (Satz 9) verweist auf „the evening meal" (Satz 6)
  - Der Determinierer „these [meats]" (Satz 9) verweist auf „solid meats such as steak" (Satz 9)
  - Der bestimmte Artikel „[t]he [most likely foods]" (Satz 12) verweist anaphorisch auf „food" (Satz 11)
- **Anaphorische komparative Referenz:**
  - Das komparierte Adjektiv „wider [variety of objects]" (Satz 10) verweist auf „solid meats such as steak" (Satz 9)
  - Die Adverbien „much less [likely to complicate the situation with alcohol]" (Satz 10) verweisen auf „the victim is likely to have been drinking alcoholic beverages" (Satz 7)

An diesen Beispielen ist die bedeutende Rolle der Referenz für die Erzeugung einer Textur bereits abzulesen. Vergleichsweise seltener sind Fälle der Substitution, die auf eine kleinere Gruppe von Pro-Formen eingeschränkt sind. Einen Fall der satzinternen verbalen Substitution bildet das Pro-Verb „do" (Satz 10), das sich anaphorisch auf „stick a much wider variety of objects into their mouths" zurückbezieht und im Gegensatz zum nachfolgenden „so" die Hauptbetonung trägt (vgl. Halliday/Hasan 1976: 116).

Nominale Ellipsen zeigen sich innerhalb der ersten beiden Sätze darin, dass das Subjekt jeweils nur einmal realisiert ist und bei den Verbphrasen „can't talk", „turning" und „puts" zu ergänzen ist. Parallele Satzstrukturen werden bewirkt durch das viermalige Auftreten der Konstruktion *be likely to* (Sätze 7, 8, 10 und 11), wobei diese Wiederholung auch zur lexikalischen Repetition zu rechnen ist. *Conjunction* erscheint in Text 2.38 in drei semantischen Variationen, die nachfolgend zusammengefasst sind.

- **Additiv:** die Konjunktion „and" (Sätze 1, 2, 7, 9 und 10)
- **Adversativ:** das Adverb „[n]evertheless" (Satz 11)
- **Temporal:** die Adverbien „[s]econd" (Satz 8) und „[f]inally" (Satz 9)

2. Kohäsion

Die Tatsache, dass hier die additive und temporale Satzanknüpfung dominieren, demonstriert den aufzählenden Charakter des Textes, in dem verschiedene Gründe und Situationen des Erstickens aneinander gereiht sind. Schließlich sind auch die Typen der lexikalischen Kohäsion im Text stark vertreten, wie die folgende Übersicht belegt.

- **Repetition:** „[c]hoking" (Titel sowie Sätze 5 und 6), „food[s]" (Sätze 5, 7, 11 und 12), „victim" (Sätze 7 und 8), „time" (Sätze 9 und 10), „child[ren]" (Sätze 10 und 11), „object[s]" (Sätze 5 und 10), „meats" (zweimal Satz 9), „situation" (Sätze 7 und 10)
- **Partielle Rekurrenz:** „eating" (Satz 8) und „eaten" (Satz 9), „alcoholic" (Satz 7) und „alcohol" (Satz 10), „choking" (siehe *Repetition*) und „choke" (Satz 11), „common" (Satz 5) und „commonly" (Satz 9)
- **Semantische Relation:**
  - Hyponymie: Hyperonym „food[s]" (siehe *Repetition*) zu den Hyponymen „meats" (zweimal Satz 9), „hot dogs" (Satz 12), „grapes" (Satz 12), „peanuts" (Satz 12) und „hard candy" (Satz 12); generelles Hyperonym „object" (Sätze 5 und 10) zum Hyponym „foods" (siehe *Repetition*); Hyperonym „meats" (zweimal Satz 9) zum Hyponym „steak" (Satz 9); generelles Hyperonym „situation" (Satz 7) zu „evening meal" (Satz 6)
  - Meronymie: Holonym „dinner companion" (Satz 1) zu den Meronymen „hand" (Satz 2) und „throat" (Satz 2); Holonym „child[ren]" (Sätze 10 und 11) zum Meronym „mouths" (Satz 10)
  - Synonymie: „can't breathe" (Satz 1) und „'s choking" (Satz 3), „usually" (Satz 5) und „commonly" (Satz 9)
  - Antonymie: „adults" (Satz 6) und „[c]hildren" (Satz 10), „day" (Satz 10) und „night" (Satz 10), „victim" (siehe *Repetition*) und „culprits" (Satz 9)
- **Paraphrase:**
  - Kondensation der Ereignisse aus den Sätzen 1 und 2 im generellen Nomen „signs" (Satz 3)
  - Expansion des Nomens „ways" (Satz 7) in den Sätzen 7, 8 und 9
- **Begriffliche Nähe:**
  - *Lexical fields*: Körperteile wie „hand" (Satz 2), „throat" (Satz 2) und „mouths" (Satz 10); Nahrungsmittel (siehe Hyponymie)
  - *Lexical sets*: Zeitangaben wie in „evening meal" (Satz 6), „time" (Satz 10) und „day or night" (Satz 10); Vergnügungen wie in „restaurant" (Satz 6), „party" (Satz 6), „alcoholic beverages" (Satz 7), „conversation" (Satz 8) und „entertainment" (Satz 8)

Wie die große Anzahl an lexikalischen Beziehungen zeigt, weist der Text eine besonders enge kohäsive Verflechtung auf. Die einzelnen Sätze widmen sich ohne Abschweifungen stringent dem in der Überschrift genannten Thema. Anhand der relativ häufigen Repetition und der geringen stilistischen Variation ist zu erkennen, dass dieser Sachtext keine ästhetische, sondern eine primär informative Funktion erfüllt. An der Repetition und der Hyponymie lässt sich zudem die Wichtigkeit verschiedener Textgegenstände ablesen, die mehrfach genannt werden. Die Analysen zeigen weiterhin, dass ein Lexem gleichzeitig in verschiedenen Typen der lexikalischen Kohäsion vertreten sein kann, wodurch die Textur besonders straff wird.

2.4 Zusammenfassung

Abschließend werden in den Abbildungen 2.5 und 2.6 die genannten Typen der grammatischen und lexikalischen Kohäsion zusammengefasst, sodass diese ein generelles Raster für Textanalysen bilden. Wenn auch diese Übersichten keinen uneingeschränkten Anspruch auf Vollständigkeit erheben, beinhalten sie doch die wesentlichen Kohäsionsmittel, die zu einer bestimmten Textur beitragen.

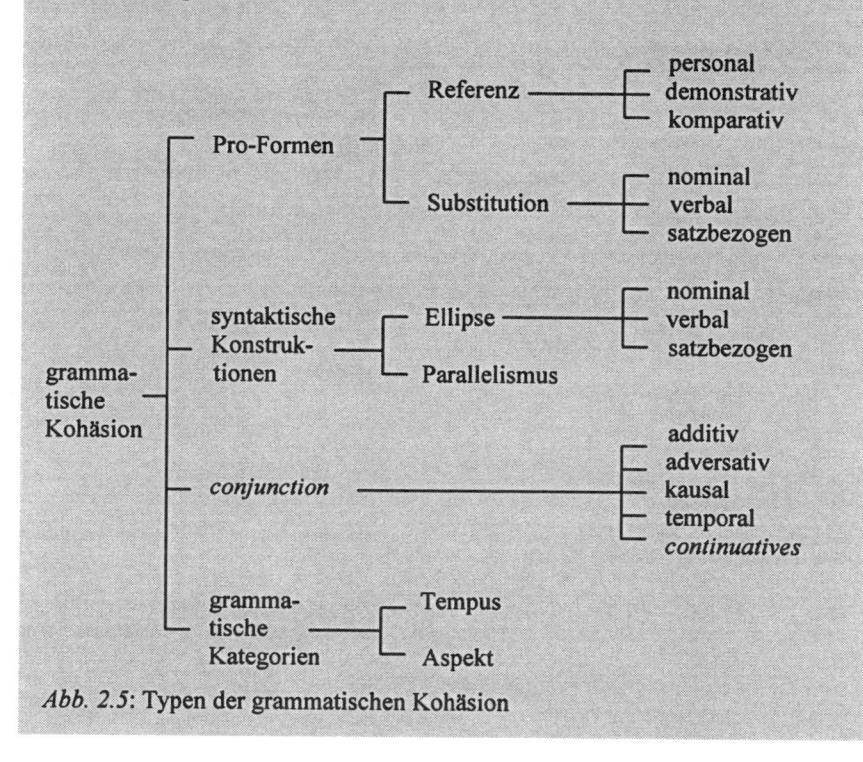

```
                                             ┌─ personal
                              ┌─ Referenz ───┼─ demonstrativ
              ┌─ Pro-Formen ──┤               └─ komparativ
              │               │               ┌─ nominal
              │               └─ Substitution ┼─ verbal
              │                               └─ satzbezogen
              │                               ┌─ nominal
              │  syntaktische  ┌─ Ellipse ────┼─ verbal
              ├─ Konstruk-  ──┤               └─ satzbezogen
gramma-       │   tionen       └─ Parallelismus
tische    ────┤
Kohäsion      │                               ┌─ additiv
              │                               ├─ adversativ
              ├─ conjunction ────────────────┼─ kausal
              │                               ├─ temporal
              │                               └─ continuatives
              │   gramma-      ┌─ Tempus
              └─  tische    ──┤
                  Kategorien   └─ Aspekt
```

Abb. 2.5: Typen der grammatischen Kohäsion

Zu ergänzen wären beispielsweise bei der Referenz zusätzlich die bereits dargestellten Verweisrichtungen im Text. Insgesamt können Kohäsionsanalysen nicht nur aufzeigen, ob ein Text eine straffe oder lose Textur besitzt, sondern lassen auch Rückschlüsse auf das realisierte Genre zu (vgl. Kap. 4). So ist etwa die wörtliche Repetition besonders häufig in juristischen Texten zu finden, in denen sie zur unmissverständlichen Eindeutigkeit beiträgt. Die Ellipse ist hingegen charakteristisch für informelle Konversationen, in denen sie die Funktion der Sprachökonomie erfüllt. Textsorten mit persuasivem Zweck, wie zum Beispiel politische Reden, zeigen relativ häufig Parallelismen und adversative *conjunction*. So kann die Kohäsion nicht nur um ihrer selbst willen untersucht werden, sondern auch im Hinblick auf ihre spezielle Funktion im jeweiligen Text.

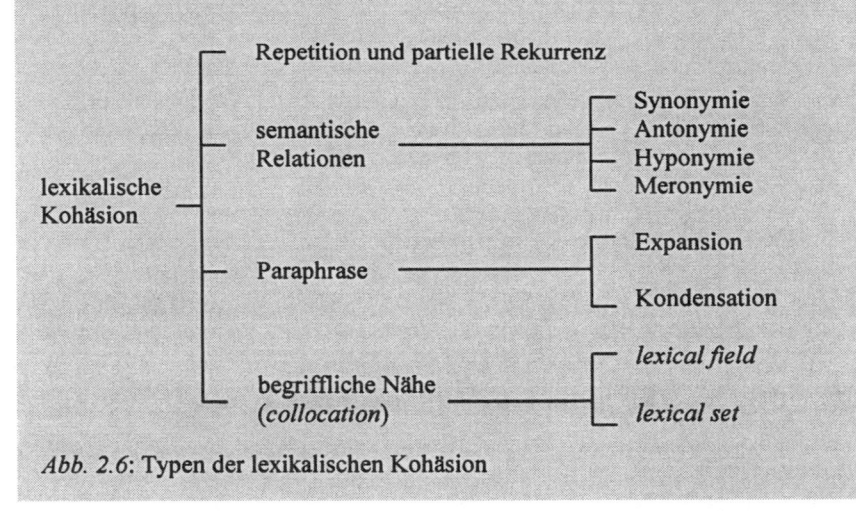

```
lexikalische ─┬─ Repetition und partielle Rekurrenz
Kohäsion      │
              ├─ semantische ─┬─ Synonymie
              │   Relationen  ├─ Antonymie
              │               ├─ Hyponymie
              │               └─ Meronymie
              │
              ├─ Paraphrase ──┬─ Expansion
              │               └─ Kondensation
              │
              └─ begriffliche Nähe ─┬─ lexical field
                  (collocation)     └─ lexical set
```

Abb. 2.6: Typen der lexikalischen Kohäsion

2.5 Übungen

1) Analysieren Sie die Ellipsen in den folgenden Beispielen!

(a) JIM. [...] The Wrigley Building is one of the sights of Chicago – I saw it when I went up to the Century of Progress. Did you take in the Century of Progress?
LAURA. No, I didn't. (Williams 1984: 99)

(b) JIM [...]. Your brother tells me you're shy. Is that right, Laura?
LAURA. I – don't know. (Williams 1984: 99)

(c)   DAVIES. You got an eye on him, did you?
        ASTON. Yes. (Pinter 1960: 10)

(d)   ALISON. Oh, Cliff looks after himself, more or less. In fact, he helps me quite a lot.
        HELENA. Can't say I'd noticed it. (Osborne 1960: 40)

2)   Explizieren Sie die Verwendung der hervorgehobenen Pro-Formen in den folgenden Beispielen!

(a)   ASTON. No . . . what happened was, someone had gone off with your bag.
        DAVIES (*rising*). *That's* what I said! (Pinter 1960: 41)

(b)   ASTON. Why do you want to get down to Sidcup?
        DAVIES. I got my papers *there*! (Pinter 1960: 20)

(c)   JIM. [...] It's unusual to meet a shy girl nowadays. I don't believe you ever mentioned you had a sister.
        TOM. Well, now you know. I have *one*. (Williams 1984: 84)

3)   Im Text 2.39, dem Beginn einer Kurzgeschichte, treten Fälle der *reference* in direkter Figurenrede auf. Wie würde sich deren Funktion ändern, wenn der Erzählerkommentar wegfiele und sich der Leser in die räumliche Situation der Figuren hineinversetzte?

(2.39)   The grandmother didn't want to go to Florida (1). She wanted to visit some of her connections in east Tennessee and she was seizing at every chance to change Bailey's mind (2). Bailey was the son she lived with, her only boy (3). He was sitting on the edge of his chair at the table, bent over the orange sports section of the *Journal* (4). "Now look here, Bailey," she said, "see here, read this," and she stood with one hand on her thin hip and the other rattling the newspaper at his bald head (5). "Here this fellow that calls himself The Misfit is aloose from the Federal Pen and headed toward Florida and you read what it says he did to these people. [...]" (6) (O'Connor 1980: 580)

4)   Was ist die besondere dramaturgische Funktion des Personalpronomens „it" im folgenden Anfang der Kurzgeschichte „Sonny's Blues"?

(2.40)   I read about it in the paper, in the subway, on my way to work (1). I read it, and I couldn't believe it, and I read it again (2). Then perhaps I just stared at it, at the newsprint spelling out his name, spelling out the story (3). (Baldwin 1980: 634)

2. Kohäsion

5) Welche Typen von *conjunction* finden sich im Textbeispiel 2.41, das Ratschläge für Vorstellungsgespräche gibt (*GPA* bedeutet *Grade Point Average*)? Klassifizieren Sie diese bezüglich ihrer Form und Semantik!

(2.41) *The GPA Question*

You're interviewing for the job of your dreams (1). Everything is going well: You've established a good rapport, the interviewer seems impressed with your qualifications, and you're almost positive the job is yours (2). Then you're asked about your GPA, which is pitifully low (3). Do you tell the truth and watch your dream job fly out the window? (4)

Never lie about your GPA (5). They may request your transcript, and no company will hire a liar (6). You can, however, explain if there is a reason you don't feel your grades reflect your abilities, and mention any other impressive statistics (7). For example, if you have a high GPA in your major or in the last few semesters (as opposed to your cumulative college career), you can use that fact to your advantage (8). (Graber 2000: 33)

6) Beschreiben Sie sämtliche Fälle der lexikalischen Kohäsion in Text 2.42, dem Anfang des Märchens *Cinderella*!

(2.42) There was once an honest gentleman who took for his second wife the proudest and most disagreeable lady in the whole country (1). She had two daughters exactly like herself (2). He himself had one little girl, who resembled her dead mother, the best woman in all the world (3). Scarcely had the second marriage taken place before the stepmother became jealous of the good qualities of the little girl, who was so great a contrast to her own two daughters (4). She gave her all the hard work of the house, compelling her to wash the floors and staircases, to dust the bedrooms, and clean the grates (5). While her sisters occupied carpeted chambers hung with mirrors, where they could see themselves from head to foot, this poor little girl was sent to sleep in an attic, on an old straw mattress, with only one chair and not a looking-glass in the room (6). (Rackham 1978: 209)

Weiterführende Literatur: Gutwinski (1976), Halliday/Hasan (1985), Hoey (1991b), Bublitz (1998), Johnstone (2002) und Renkema (2004). Zur lexikalischen Kohäsion vgl. insbesondere Hoey (1991a) und Tanskanen (2006). In letzterer Monografie findet sich ein tabellarischer Überblick über verschiedene Ansätze zur Kategorisierung der lexikalischen Kohäsion (vgl. 2006: 48).

3. Kohärenz

Während Kohäsion den Textzusammenhalt bezeichnet, der durch die ausdrucksseitigen Mittel signalisiert wird (vgl. Kap. 2), betrifft **Kohärenz** (*coherence*) eine Sinnkontinuität in der Textwelt, die vom Rezipienten durch kognitive Prozesse hergestellt wird (vgl. de Beaugrande/Dressler 1981: 84-85). Sie entsteht durch das Zusammenwirken von impliziter Information im Text und dem gespeicherten Weltwissen der Leser und Hörer, das unausgedrückte Schlussfolgerungen erlaubt (vgl. Brown/Yule 1983: 224).[17]

Ein Text ist also nicht aus sich heraus bereits kohärent, sondern wird vom jeweiligen Leser oder Hörer 'als kohärent verstanden' (vgl. Bublitz 1994: 220). Beim Textverständnis hat das Vorhandensein von Kohärenz im Normalfall gar den Status einer „default assumption" (Bublitz 1998: 12), d.h. sie wird von Rezipienten generell als selbstverständlich vorausgesetzt. Dies hat zur Folge, dass Leser und Hörer stets Anstrengungen unternehmen, Kohärenz zwischen Äußerungen herzustellen, auch wenn diese nicht einfach zu entdecken ist (vgl. Sinclair 2004: 94).

> **Definition „Kohärenz"**
>
> Die Kohärenz (*coherence*) ist die Sinnkontinuität eines Textes, die vom Leser oder Hörer während des Rezeptionsprozesses durch Interpretation und Inferenz konstruiert wird, wobei Kontext und Weltwissen zusammenwirken.

Die Kohäsion ist im Text grammatisch und lexikalisch verankert und dadurch vom individuellen Rezipienten weitgehend unabhängig. Dagegen besteht die Möglichkeit, dass die Kohärenz, die von unterschiedlichen Rezipienten hergestellt wird, bis zu einem gewissen Grad verschieden sein kann (vgl. Bublitz 1999: 2), wobei dies davon abhängt, wie viel Interpretationsspielraum ein Text bietet. Die Kohä-

---

[17] Im Gegensatz zu Autoren wie de Beaugrande/Dressler (1981), Brown/Yule (1983) und Renkema (2004) unterscheiden Halliday/Hasan (1976) nicht zwischen Kohäsion und Kohärenz, sondern verwenden ausschließlich ersteren Terminus. Dies hat insbesondere bei ihrer Darstellung der lexikalischen Kohäsion zur Folge, dass die Inferenzleistung des Rezipienten zu wenig berücksichtigt wird. Egon Werlich (1975 und 1983) verwendet dagegen ausschließlich den Terminus der Kohärenz, wodurch dasselbe Problem entsteht.

renzherstellung ist daher ein Prozess, der beim Textverstehen einer ständigen Überprüfung und Anpassung unterworfen ist.

3.1 Die Beziehung zwischen Kohäsion und Kohärenz

Wie bereits angedeutet wurde (vgl. Kap. 1.3.3), spielt die Kohärenz als Merkmal der Textualität eine bedeutendere Rolle als die Kohäsion. Im Folgenden wird daher der Frage nachgegangen, ob Kohäsion für das Zustandekommen von Kohärenz **a) notwendig** und **b) hinreichend** ist. Anhand der beiden Beispiele 3.1 und 3.2, die einer Kurzgeschichte bzw. einem Theaterstück entnommen sind, lassen sich zunächst Unterschiede zwischen Kohäsion und Kohärenz aufzeigen.

(3.1) Nick lay down again under the blanket (1). He turned on his side and shut his eyes (2). He was sleepy (3). He felt sleep coming (4). He curled up under the blanket and went to sleep (5). (Hemingway 1980: 461)

(3.2) HELENA. [...] Are you coming?
CLIFF. Well. . . . I—I haven't read the papers properly yet. (Osborne 1960: 48)

In 3.1 ist die Kohäsion äußerst auffällig in Form der Referenz realisiert, die sich in der Wiederaufnahme des Nomens „Nick" durch Pronomina zeigt. Viermalig am Satzanfang verweist „[h]e" anaphorisch auf den Personennamen zurück, sodass es eine deutliche koreferenzielle Kohäsionskette bildet. Unausgedrückt bleiben hingegen die logischen Beziehungen zwischen den verschiedenen Propositionen. So bilden die ersten beiden Sätze eine temporale Sequenz, und die Information in Satz 3 gibt den Grund für die Handlung in Satz 2 an, sodass es sich um ein Ursache-Folge-Verhältnis handelt. Satz 4 bildet eine Paraphrase des vorausgehenden Satzes und beinhaltet seinerseits die Ursache für den nachfolgenden Satz 5. Da diese Relationen nicht explizit ausgedrückt werden, sondern vom Leser zu ergänzen sind, gehören sie zur Kohärenz dieses Textes.

Text 3.2 zeigt zwar eine kohäsive Verbindung in der Koreferenz der Pronomina „you" und „I", die beide auf Cliff verweisen, doch kann diese nicht erklären, warum Cliffs Erwiderung eine relevante Antwort auf Helenas *Ja/nein*-Frage darstellt. Es wäre zu erwarten, dass auf eine derartige indirekte Aufforderung, die sich darauf bezieht, ob der Adressat die Fragestellerin in den Gottesdienst begleitet, eine entsprechende Antwort folgt. Helena muss folglich in einem Inferenzprozess ermitteln, welche Kohärenz zwischen Cliffs Aussage und ihrer Frage besteht.[18] Grundsätzlich erwarten Fragesteller Kohärenz, d.h. Helena geht davon aus,

---

[18] Da hier eine wörtliche Feststellung als Ablehnung eines Vorschlags fungiert, wird aus pragmatischer Sicht von einem indirekten Sprechakt gesprochen (vgl. Searle 1975: 59-64 und Bublitz 2001: 122-126).

dass Cliff mit ihr in der Konversation kooperiert und eine relevante Antwort gibt.[19] Aus dem Kontext und ihrem Weltwissen ist Helena zudem bewusst, dass das gründliche Lesen einer Zeitung viel Zeit in Anspruch nimmt, sodass es Cliff nicht möglich ist, sie zu begleiten. Das logische Bindeglied zwischen Frage und Antwort könnte satzförmig folgendermaßen formuliert werden: *Both going to church and reading the papers take time, so that only one of them is possible.* Der Diskursmarker „[w]ell" (vgl. Kap. 5.3.2) und die Verzögerungsphänomene signalisieren allerdings, dass es sich wohl nur um einen vorgeschobenen Grund handelt, den sich Cliff hat einfallen lassen.

Weiterhin wäre eine Antwort denkbar, in der auch die Koreferenz der Pronomina fehlt, wie zum Beispiel *The papers are really fascinating today.* Keine kohäsiven Mittel bezüglich der Frage würde auch die Erwiderung *It's raining* beinhalten. Dennoch wäre Helena auch hier in der Lage, eine Kohärenz herzustellen, dass Cliff nämlich aufgrund des schlechten Wetters nicht das Haus verlassen möchte und daher ihren Vorschlag ablehnt. Den Unterschied zwischen Kohäsion und Kohärenz verdeutlichen auch die beiden Antwortalternativen im Dialog 3.3 (vgl. Brown/Yule 1983: 227).

(3.3)   A: Can you go to Edinburgh tomorrow?
         B_1: No, I can't.
         B_2: B.E.A. pilots are on strike.

In der ersten Antwortmöglichkeit B_1 existiert grammatische Kohäsion in der Koreferenz der Pronomina „you" und „I" sowie in der verbalen Ellipse, wodurch auch die Kohärenz unmittelbar deutlich wird. In der zweiten Antwortalternative B_2 dagegen ist weder grammatische noch lexikalische Kohäsion festzustellen, doch kann trotzdem eine Kohärenz gefolgert werden, sodass die Erwiderung als relevante Antwort gelten kann. Mit größter Wahrscheinlichkeit wird sie implizieren, dass aufgrund des Streiks kein Flug nach Edinburgh möglich ist. Es lässt sich also feststellen, dass Kohäsion für die Herstellung von Kohärenz durch den Rezipienten zwar *hilfreich*, aber nicht unbedingt *notwendig* ist.

Ist die Kohärenz zwischen zwei nicht-kohäsiven Propositionen nicht zu erkennen, so kann sie durch die Schaffung eines entsprechenden **verbalen Kontextes** kreiert werden (vgl. Bublitz 1998: 5). Beispiel 3.4 etwa enthält eine konstruierte Abfolge zweier Sätze, zwischen denen zunächst kein Zusammenhang besteht. Im darauf folgenden Beispiel 3.5 wird durch das Hinzufügen weiterer vorausgehender und nachfolgender Sätze ein künstlicher Kontext geschaffen, der die Sukzession der Sätze sinnvoll erscheinen lässt.

(3.4)   We will have guests for lunch. Calderón was a great Spanish writer. (van Dijk 1972: 40)

---

[19] So ist Relevanz eine der Maximen innerhalb des Kooperationsprinzips, das von Paul Grice entwickelt wurde (vgl. 1975: 47).

3. Kohärenz

(3.5) Do you know Calderón died exactly 100 years ago today? – Good heavens! I'd forgotten. The occasion shall not pass unnoticed. We will have guests for lunch. Calderón was a great Spanish writer. I shall invite Professor Wilson and Senor Castellano right away. (Edmondson 1981: 13)

Wie in diesem Fall lassen sich wohl für alle beliebigen Satzabfolgen mit Geschick sprachliche Kontexte konstruieren, in denen diese das **Textualitätskriterium** der **Kohärenz** schließlich erfüllen. Je weiter die Inhalte der Sätze auseinander liegen, desto umfangreicher wird jedoch der nötige Kontext.

Nach der Feststellung, dass Kohäsion für die Kohärenz nicht notwendig ist, soll nun die Frage geprüft werden, ob sie für die Kohärenz hinreichend ist, d.h. ob das Vorhandensein von Kohäsion automatisch Kohärenz zur Folge hat. Zur Diskussion dieses Problems bietet sich ein Blick auf die konstruierten Beispiele 3.6 und 3.7 an.[20]

(3.6) John was late. The station clock had struck nine. It was time for Susan to start work. She took the first essay from the pile. It was by Mary Jones. Mary had not been well for weeks. The doctor told her to take a holiday. The problem was that she couldn't afford one. Living in London is now very expensive. (Blakemore 1988: 233)

(3.7) Rubinstein played two sonatas. A play by Synge is called Deirdre of the Sorrows. Play and work alternate in this school. Playboy of the Western World is seldom staged. (Oomen 1971: 213)

In Beispiel 3.6 sind mehrere leicht erkennbare kohäsive Verknüpfungen vorhanden. Neben der Referenz, die durch Pronomina wie „[s]he", „her" und „[i]t" ausgedrückt wird, existiert auch eine nominale Substitution in Form von „one". Innerhalb der lexikalischen Kohäsion ist die Repetition von „Mary" zu entdecken, und es gibt Beziehungen der begrifflichen Nähe zwischen „late", „clock" und „time", „work" und „essay" sowie „afford" und „expensive". Die Sätze in Beispiel 3.7 sind durch das Morphem „play" kohäsiv verknüpft, das gemäß der partiellen Rekurrenz in verschiedenen Wortarten und Wortbildungen auftritt. Trotz des Vorhandenseins von Kohäsionsmitteln sind diese Aneinanderreihungen von Sätzen jedoch nur sehr eingeschränkt als Texte zu bezeichnen, da sie nur mit beträchtlicher Anstrengung – etwa durch Einbettung in einen größeren Kontext – als kohärent verstanden werden können. Es ist hier keine konsistente thematische Entfaltung zu erkennen, da keine in sich geschlossene Handlungskette oder Beschreibung wiedergegeben wird, sondern nur lose verknüpfte Einzelaussagen getroffen werden.

---

[20] Derartige nicht-authentische Beispiele können zwar zur Illustration der Problemstellung herangezogen werden, doch müssen sich Text- und Kohärenzanalysen grundsätzlich auf empirische Daten stützen (vgl. Bublitz 1994: 219).

Es lässt sich also insgesamt erkennen, dass Kohäsion für die Konstruktion von Kohärenz in einem Text weder unbedingt *notwendig* noch immer *hinreichend* ist. Dennoch ist Kohäsion in authentischen Texten in der Regel in vielfacher Weise vorhanden und gibt dem Rezipienten bedeutende Hilfestellungen für die Konstruktion der Kohärenz. Aus diesem Grund benutzen Sprachverwender Kohäsionsmittel in der Regel gezielt, um eine erfolgreiche Kommunikation zu gewährleisten (vgl. Tanskanen 2006: 173).

Je nach Genre können allerdings große Unterschiede in der Realisation von Kohäsion bestehen. Beispielsweise zeigen Kinderbücher oder Märchen einen hohen Grad an Kohäsion, der die Kohärenzherstellung adressatengerecht vereinfacht (vgl. Bsp. 2.42), denn die Fähigkeit der Kohärenzkonstruktion durch Schlussfolgerung wird erst im Laufe des Heranwachsens erlernt. Am anderen Ende der Skala stehen Texte der hermetischen experimentellen Lyrik, die an den Leser bei der Interpretation hohe Ansprüche stellen. Ein Beispiel hierfür ist das bekannte imagistische Gedicht *In a Station of the Metro* (1913) von Ezra Pound, das nur aus zwei Versen besteht und in 3.8 komplett zitiert ist.

(3.8) *In a Station of the Metro*
The apparition of these faces in the crowd;
Petals on a wet, black bough. (Pound 1994: 1207)

Es handelt sich bei den beiden Versen um zwei ausgebaute Nominalphrasen, die durch ein Semikolon getrennt sind. Das Demonstrativum „these", das offensichtlich exophorische Referenz besitzt, versetzt den Leser durch den Verweis auf bestimmte Gesichter unmittelbar in die Pariser Metro, die im Titel als Setting genannt ist. Die Kohärenz zwischen den beiden Versen ist dem Leser überlassen, doch liegt es nahe, eine Vergleichsbeziehung zwischen den „faces" und den „[p]etals" zu ziehen, die beide im Plural stehen. Die hellen Gesichter der Menschen in der U-Bahn ähneln Blütenblättern und heben sich wie diese deutlich von der dunkleren Umgebung ab.

3.2 Konfigurationen von Konzepten und Relationen

Es wurde bereits erwähnt (vgl. Kap. 1.3.3), dass Kohärenz als eine Konfiguration aus **Konzepten** (*concepts*) und entsprechenden **Relationen** (*relations*) gesehen werden kann (vgl. de Beaugrande/Dressler 1981: 84-112). Diese liegen der Textwelt zugrunde, die mit der realen Welt übereinstimmen kann, aber nicht immer muss, wie etwa Science Fiction-Romane beweisen. Die wörtliche Definition für Konzepte und Relationen lautet folgendermaßen:

> A CONCEPT is definable as a configuration of knowledge (cognitive content) which can be recovered or activated with more or less unity and consistency in the mind [...]. RELATIONS are the LINKS between concepts which appear together in a textual world [...]. (de Beaugrande/Dressler 1981: 4, Hervorhebungen im Original)

3. Kohärenz

Konzepte sind also Begriffe im Sinne von Wissenseinheiten, die während der Textrezeption im Gedächtnis von Leser oder Hörer durch Reize an der Textoberfläche aufgerufen werden. Relationen, die als Beziehungen bzw. Bindeglieder zwischen den Konzepten fungieren, können im Oberflächentext durch entsprechende Ausdrücke signalisiert werden, doch ist dies keineswegs immer der Fall, sodass sie häufig vom Rezipienten konstruiert werden müssen. Die vier wichtigsten Primärkonzepte in Texten sind **Objekte, Situationen, Ereignisse** und **Handlungen** (vgl. de Beaugrande/Dressler 1981: 95).

    a) OBJECTS: conceptual entities with a stable identity and constitution
    b) SITUATIONS: configurations of mutually present objects in their current states
    c) EVENTS: occurrences which change a situation or a state within a situation
    d) ACTIONS: events intentionally brought about by an agent

Objektkonzepte sind also typischerweise konkrete Gegenstände (z.B. *table, car*) oder Personen (z.B. *woman, teacher*), die in einer bestimmten Beziehung zueinander stehen und dadurch größere Situationskonzepte bilden. Handlungskonzepte (z.B. *walk, work*), die den Willen eines Agens voraussetzen, stellen dagegen einen Spezialfall innerhalb eines generellen Ereigniskonzepts dar. Die vier Primärkonzepte werden ergänzt durch eine ganze Reihe von Sekundärkonzepten, zu denen beispielsweise Eigenschaft (*attribute*), Instrument (*instrument*) und Enthaltensein (*containment*) gehören (vgl. de Beaugrande/Dressler 1981: 95-97). Auf der Basis dieser Konzepte fußen zahlreiche Relationen, von denen nachfolgend die wichtigsten samt ihren Abkürzungen genannt werden.

    a) *Attribute of* (*at*): Eigenschaft von
    b) *Location of* (*lo*): Lokalisierung von
    c) *Time of* (*ti*): zeitliche Lage von
    d) *State of* (*st*): Zustand von
    e) *Affected entity of* (*ae*): Handlungsgegenstand von
    f) *Agent of* (*ag*): Agens von
    g) *Instrument of* (*is*): Instrument von

Auf der Basis von Konzepten und Relationen können Texte als Diagramme in Form konzeptueller Netzwerke dargestellt werden. Die Relationen werden dabei durch Linien repräsentiert, wodurch die Vorstellung von einem Text als Gewebe mit einer Textur besonders augenscheinlich wird. Zentrale Textgegenstände sind hierbei **Haupt-Topiks** (*main topics*), die als **Steuerungsmittelpunkte** (*control centres*) fungieren, da sie im Netzwerk als Knotenpunkte eine zentrale Position mit zahlreichen Querverbindungen einnehmen. Die vier Sätze in Beispieltext 3.9 können zur Verdeutlichung dieser Vorgehensweise dienen. Zum Verständnis des zweiten Satzes ist vorauszuschicken, dass dieser auf die bereits in Beispiel 2.2 zitierte Passage zurückverweist, d.h. Nick ist hungriger als jemals zuvor.

3.2 Konfigurationen von Konzepten und Relationen

(3.9) Nick put the frying pan on the grill over the flames (1). He was hungrier (2). The beans and spaghetti warmed (3). Nick stirred them and mixed them together (4). (Hemingway 1980: 459-460)

Das entsprechende **Netzwerk** zu diesem kurzen Ausschnitt findet sich in Abbildung 3.2. Es ist zunächst zu erkennen, dass die Pro-Form „[h]e" (Satz 2) und die Wiederholung des Eigennamens „Nick" (Satz 4) aufgrund ihrer Koreferenz im Diagramm unterdrückt werden. Gleichzeitig weisen diese Formen der Wiederaufnahme darauf hin, dass es sich hierbei um einen zentralen Textgegenstand handelt, der als Haupt-Topik einen bedeutenden Knotenpunkt im Netzwerk bildet. Im Gegensatz zur Kohäsion, bei der zwischen anaphorischer und kataphorischer Verweisrichtung unterschieden wird, ist bei einem Kohärenznetzwerk die Satzreihenfolge sekundär. Damit hängt auch zusammen, dass das Auftreten des unbestimmten oder bestimmten Artikels nicht von Bedeutung ist.

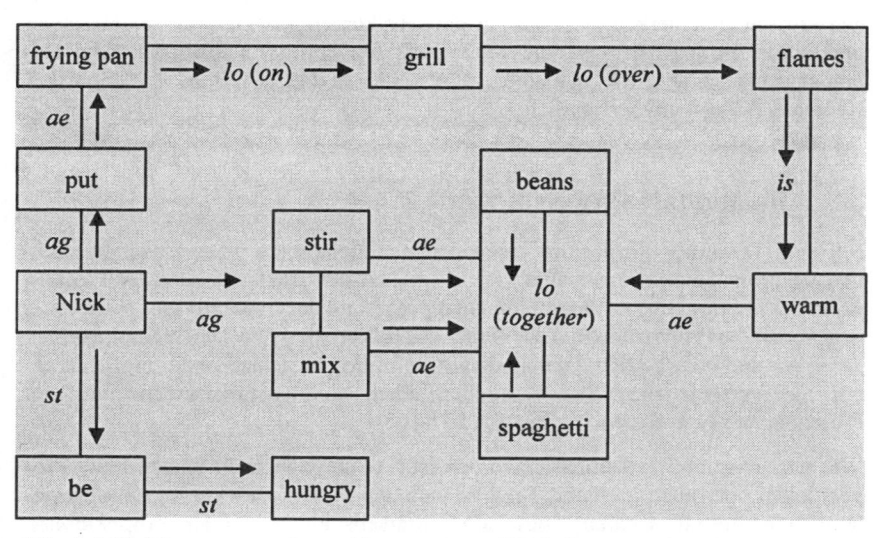

Abb. 3.1: Kohärenznetzwerk aus Konzepten und Relationen zu Text 3.9

Das Objektkonzept „Nick" bildet das Agens zum Handlungskonzept „put", zu dem wiederum das Objektkonzept „frying pan" den Handlungsgegenstand darstellt. Das Objektkonzept „frying pan" steht zu „grill" in einer Lokalisierungsrelation, die durch die Präposition „on" signalisiert wird. In analoger Weise zeigt die Präposition „over" eine Lokalisierungsrelation zwischen „grill" und „flames" an. Des Weiteren existiert eine Zustandsrelation zwischen dem Haupt-Topik „Nick" und dem Kopulaverb *be*, das als „was" realisiert ist und wiederum eine Zustandsbeziehung zu „hungrier" herstellt.

Außerdem besteht die Relation 'Agens von' zwischen „Nick" und den beiden verbalen Handlungskonzepten „stir" und „mix". Die Objektkonzepte „beans" und „spaghetti" stehen zusätzlich in der Relation 'Handlungsgegenstand von' zu den beiden Verben und sind durch die Lokalisierungsrelation des Adverbs „together" verbunden. Schließlich ist zu beachten, dass „warmed" hier als intransitives Verb verwendet wird. Wenn also „beans" und „spaghetti" auch das grammatische Subjekt dieses Verbs bilden, sind sie nicht das Agens, sondern die *affected entity*, die von der Bedeutung des Verbs „warm" betroffen ist. Andererseits existiert die Relation 'Instrument von' zwischen „flames" und „warm", da die Wärme mittels der Flammen erzeugt wird.

Die Netzwerkdarstellung hat den Vorteil, dass sie den Gewebecharakter von Texten klar hervortreten lässt, d.h. ein Text besteht nicht nur aus einem „roten Faden", sondern einem komplexen Geflecht (vgl. Vater 2001: 42). Allerdings ist zu einer derartigen Analyse der Kohärenz als Konfiguration von Konzepten und Relationen kritisch anzumerken, dass sie nur bei sehr kurzen Texten oder Textauszügen praktikabel ist (vgl. Brown/Yule 1983: 124). Im Falle von Romanen oder Gebrauchsanweisungen, die sich über viele Seiten erstrecken, wird ein derartiges Netzwerk äußerst unübersichtlich.

3.3 Relationale Propositionen

Mit dem Terminus 'Proposition' wird der inhaltliche Kern eines Satzes bezeichnet, der vom Satztyp unabhängig ist. So haben der Deklarativsatz *John eats a pear*, der Interrogativsatz *Does John eat a pear?* und der Imperativsatz *John, eat a pear!* dieselbe Proposition, die das semantische Verhältnis zwischen den Lexemen *John*, *eat* und *pear* betrifft. Gemäß dieser Definition bestehen Texte folglich nicht nur aus verschiedenen Sätzen, sondern auch aus entsprechenden einzelnen Propositionen (vgl. Brown/Yule 1983: 107-108).

Wie am Beispiel 3.1 deutlich geworden ist, können zwischen Sätzen bzw. Propositionen oder auch größeren Textbestandteilen unausgedrückte logische Beziehungen hergestellt werden. Diese sind ihrerseits als **relationale Propositionen** (*relational propositions*) (vgl. Mann/Thompson 1986: 58) zu betrachten, da sie eine übergeordnete Aussage über die Beziehung zweier Textteile treffen (vgl. Grimes 1975: 207). So können sie in Form von Sätzen paraphrasiert werden, wie zum Beispiel die Kategorie „solutionhood" als 'the following proposition provides a solution to the problem posed by the former one'. Eine relationale Proposition erwächst somit nur aus der Kombination verschiedener Sätze, die eine kommunikative Einheit bilden, ist also nicht an einem Einzelsatz abzulesen. Abbildung 3.1 fasst die zentralen relationalen Propositionen, die auch „discourse relations" (Renkema 2004: 109) genannt werden, aus Gründen der Übersichtlichkeit tabellarisch zusammen (vgl. Mann/Thompson 1986: 59-67).

3.3 Relationale Propositionen

Relationale Proposition	Beispiel
1. Solutionhood	*I'm hungry. Let's go to the Fuji Gardens.*
2. Evidence	*Smith seems to have a new girlfriend. He's been paying a lot of visits to New York lately.*
3. Justification	*I'm officer Krupke. You're under arrest.*
4. Motivation	*Take Bufferin. The buffering component prevents excess stomach acid.*
5. Reason	*I'm going to the corner. The walk will do me good.*
6. Sequence	*The huge rod was released at an altitude of about 6 miles. It struck with such force that it buried itself deep in the ground.*
7. Enablement	*Could you open the door? Here's the key.*
8. Elaboration	*Your performance distresses me. You come in drunk and you insult the busboy.*
9. Restatement	*He sure beat me up. I really took a thrashing from him.*
10. Condition	*Slowly stir the powder into the fluid. The mixture will be very thick.*
11. Circumstance	*I went hitchhiking in Norway. Nobody would pick me up.*
12. Cause	*There were landslides in Malibu last week. Four neighbourhoods lost their electricity.*
13. Concession	*I know you have great credentials. You don't fit the job description because this job requires someone with extensive experience.*
14. Background	*Hayes just resigned. He's our chancellor.*
15. Thesis-antithesis	*Players want the referee to balance a bad call benefitting one team with a bad call benefitting the other. As a referee, I just want to call each play as I see it.*

Abb. 3.2: Zusammenfassung relationaler Propositionen

Es fällt dabei auf, dass einige dieser Kategorien auch explizit durch neben- oder unterordnende Konjunktionen ausgedrückt werden können, wie zum Beispiel „sequence" durch *and*, „condition" durch *if* oder „concession" durch *although*.

3. Kohärenz

Die Beziehung „cause" kann realisiert werden durch Elemente wie *so, therefore, consequently, thus, as a result* oder *that means*. Andererseits gibt es eine Reihe von Relationen, für die keine eindeutigen Funktionswörter zur Verfügung stehen, wie beispielsweise „evidence" oder „background". Ist zwischen selbstständigen Hauptsätzen ein verbales Signal vorhanden, so wird dieses zum Kohäsionsmittel der *conjunction* gerechnet (vgl. Kap. 2.1.3), doch wenn keines auftritt, ist die Kohärenz allein aus den beiden betreffenden Propositionen zu ermitteln. Die relationale Proposition besteht allerdings unabhängig davon in beiden Fällen, wenn auch der Rezipient im letzteren Fall weit mehr interpretative Energie aufbringen muss, um im Text Sinn zu konstruieren.

Da einige der aufgeführten relationalen Propositionen ähnliche Beziehungen ausdrücken, ist es nötig, sie voneinander abzugrenzen. Insbesondere zwischen den vier Kategorien „evidence", „justification", „motivation" und „reason" ist inhaltlich zu differenzieren. Der Typ „evidence" unterscheidet sich von den anderen dreien dadurch, dass er als einziger Fall keine Handlung, sondern ein Ereignis oder einen Sachverhalt betrifft, der als Indiz für einen anderen Sachverhalt dient. „Justification" gibt als einzige der vier Kategorien eine Rechtfertigung für Sprechhandlungen wie Aufforderungen, Befehle, Verurteilungen oder Festnahmen. „Motivation" bezieht sich auf eine potenzielle zukünftige Handlung des Adressaten, wie sie oft in der Werbung suggeriert wird, während „reason" einen Zweck oder Grund für willentliche Handlungen betrifft, die nicht in die anderen genannten Kategorien fallen. Im Gegensatz dazu wird bei der mit „cause" benannten relationalen Proposition keine Ursache für eine willentliche Handlung, sondern für ein Ereignis oder einen Zustand angegeben.

„Solutionhood" bedeutet, dass eine Lösung für ein Problem gegeben wird, während bei „sequence" lediglich eine zeitliche Abfolge zweier Ereignisse vorhanden ist. Im Falle von „enablement" gibt ein Textteil eine Information, die es dem Rezipienten ermöglicht, einer Aufforderung nachzukommen. Durch die Kategorie „elaboration" wird eine Proposition durch einen anderen Textteil genauer ausgeführt und beschrieben, während „restatement" lediglich eine Umformulierung desselben Inhalts bedeutet. Bei „condition" ist das Erfüllen einer Proposition die Bedingung für eine andere Proposition, und „circumstance" meint, dass ein Textteil eine generelle Situation entwirft, auf deren Basis ein bestimmter Umstand zu interpretieren ist. Im Falle von „concession" wird die Wahrheit eines Sachverhaltes eingeräumt, der einem anderen Sachverhalt des Textes widerspricht, und „background" bedeutet, dass Hintergrundinformationen geliefert werden, ohne die ein anderer Aspekt des Textes nicht angemessen zu verstehen ist. Der Typ „thesisantithesis" schließlich liegt vor, wenn zwei gegensätzliche Auffassungen verbalisiert werden und sich der Textproduzent für eine von ihnen entscheidet.

Aus der Zusammenschau der verschiedenen relationalen Proposition in einem Text lässt sich dessen logisch-semantischer Aufbau charakterisieren. Auf dieser Basis sieht die von Mann/Thompson (1988) entwickelte **Rhetorical Structure**

Theory (*RST*) Texte als hierarchische Organisationen von Textsegmenten an (vgl. 1988: 271). So lässt sich beispielsweise im oben zitierten Text 3.1 zwischen den Sätzen 3 und 4 die relationale Proposition des „restatement" feststellen. Diese bildet somit eine untergeordnete Beziehung, da die beiden Sätze als Einheit wiederum durch die übergeordnete Proposition „reason" mit den Sätzen 2 und 5 verbunden sind. Zudem ist festzustellen, dass Korrespondenzen zwischen bestimmten relationalen Propositionen und Texttypen wie der Narration oder Argumentation bestehen, sodass diese Form der Vertextung auch für die Textklassifikation zu operationalisieren ist (vgl. Kap. 4.2).

Die Herstellung von unausgedrückten relationalen Propositionen lässt sich in den größeren Kontext des Herstellens von **Inferenzen (***inferences***)** einordnen (vgl. van Dijk/Kintsch 1983: 49-52). Eine Inferenz bildet hierbei ein „missing link" (Brown/Yule 1983: 259), das ausformuliert werden kann, um zwei Äußerungen logisch zu verbinden, wie bereits am Beispiel 3.2 deutlich geworden ist. Das Herstellen von Inferenzen erfordert Interpretationsarbeit, die Zeit zum Nachdenken in Anspruch nehmen kann. In der Satzfolge *Mary got some picnic supplies out of the car. The beer was warm* beispielsweise muss erschlossen werden, dass das Bier zu den Picknickutensilien gehört, was nicht als selbstverständlich anzusehen ist (vgl. Brown/Yule 1983: 256). Grundsätzlich gilt, dass sich die Zahl der kohäsiven Verknüpfungen zu den herzustellenden Inferenzen umgekehrt proportional verhält. Mit anderen Worten, bei zunehmendem Dichtegrad der Kohäsion müssen weniger Inferenzen erschlossen werden und umgekehrt.

Die Analyse von Texten anhand von relationalen Propositionen ist allerdings auch kritisiert worden (vgl. Renkema 2004: 113-115). So besteht zunächst keine Einigkeit über die genaue Anzahl der relationalen Propositionen, die zu unterscheiden sind. Außerdem ist zu bedenken, dass die Propositionen eines Textes oft eine hierarchische Ordnung aufweisen, da manche von ihnen auf einer höheren Abstraktionsstufe stehen als andere. Aus diesem Grund können relationale Propositionen nicht nur zwischen unmittelbar benachbarten Sätzen ermittelt werden. Darüber hinaus ist die Beschreibung der einzelnen Kategorien relativ vage, sodass es zu Überlappungen und im Einzelfall zu Schwierigkeiten bei der Zuweisung im Text kommt. Schließlich existiert bezüglich der beiden verbundenen Teile auch das Problem der Reihenfolge, d.h. es stellt sich die Frage, ob es eine unmarkierte und eine markierte Abfolge gibt und unter welchen Umständen diese auftreten.

3.4 Wissensrepräsentation durch globale Muster

Bei der Beschreibung der Kohärenz ist weiterhin einzubeziehen, welche mentalen Operationen Rezipienten bei der kognitiven Textverarbeitung durchführen, die das Verstehen und Behalten von Texten umfasst. Eine zentrale Rolle spielt hierbei die Art und Weise, wie Wissen im menschlichen Gehirn repräsentiert sein kann. So sind die meisten Informationen nicht als Einzelelemente gespeichert, sondern

3. Kohärenz

bilden Wissensbündel, durch welche die Interaktion mit der Umwelt ermöglicht wird. Diese Wissensbündel beziehen sich beispielsweise auf Handlungen wie das Einkaufen, Autofahren oder verschiedene Tätigkeiten im Haushalt. Es lassen sich in dieser Hinsicht mehrere globale Muster unterscheiden (vgl. de Beaugrande/Dressler 1981: 90-91 und Heinemann/Viehweger 1991: 70-72), unter denen die bedeutendsten Rahmen (*frames*) und Skripts (*scripts*) darstellen.[21] Diese beruhen auf Standardannahmen (*default knowledge*) bezüglich der generellen Konzepte und Relationen in der Welt.

> **Definition „globales Muster"**
>
> Globale Muster (*global patterns*) wie *frames* und Skripts sind typische generalisierte Formen der kognitiven Wissensrepräsentation, mit deren Hilfe die Weltwahrnehmung und -erfahrung organisiert und erleichtert wird.

So wurde eine frühe Definition des *frame*-Begriffs im Rahmen der Forschung zur Künstlichen Intelligenz von Marvin Minsky entwickelt.[22]

> A *frame* is a data-structure for representing a stereotyped situation, like being in a certain kind of living room, or going to a child's birthday party. Attached to each frame are several kinds of information. Some of this information is about how to use the frame. Some is about what one can expect to happen next. Some is about what to do if these expectations are not confirmed. (Minsky 1975: 212)

Ein *frame* bezieht sich also auf eine Datenstruktur im Sinne eines Wissensbündels, das mit alltäglichen Standardsituationen verbunden ist und in dem zusammengehörige Elemente vorhanden sind. Dabei existieren charakteristische *slots*, die mit *fillers* versehen werden. So umfasst zum Beispiel ein *house-frame* unter anderem die *slots* 'kitchen', 'bathroom' und 'address' (vgl. Brown/Yule 1983: 239). Während des Textverstehens werden die Worte und Satzglieder als *fillers* diesen *slots* zugeordnet, die im Weltwissen des Rezipienten vorhanden sind. Enthält der Text für bestimmte *slots* keine *fillers*, so werden diese vom Leser durch das oben genannte Mittel der Inferenz aus seiner Weltkenntnis ergänzt. Es ergibt sich

---

[21] Für ausführlichere Informationen zu verschiedenen globalen Mustern vgl. die Darstellungen in Ballstaedt et al. (1981: 22-30), Bublitz (2001: 155-162) und Ungerer/Schmid (2006: 207-230).

[22] In der Linguistik wurde der Begriff des *frame* erstmals von Charles Fillmore definiert als „any system of linguistic choices [...] that can get associated with prototypical instances of scenes" (1987: 82). In der Kasusgrammatik ist von einem *case frame* die Rede, der die verschiedenen grammatischen Mitspieler umfasst (vgl. Fillmore/Atkins 1992: 75).

3.4 Wissensrepräsentation durch globale Muster

daraus, dass Wissensrepräsentationen in Form globaler Muster Inferenzen sowohl hervorrufen wie auch erleichtern.

Die Bestandteile eines *frame* besitzen zwar eine hierarchische Anordnung, weisen aber keine bestimmte Reihenfolge auf (vgl. de Beaugrande/Dressler 1981: 90). Wenn der Rezipient also die *frames* kennt, die ein Text thematisiert, wird das Verstehen wesentlich erleichtert. Weitere Beispiele für *frames* sind etwa ein Auto mit seinen Einzelteilen, ein Museum oder die Londoner U-Bahn, wie sie im Beispiel 3.10 beschrieben wird.

(3.10) Except for very short journeys, **the Underground** – or tube, as it's known to Londoners – is by far the quickest way to get about. Eleven different lines cross much of the metropolis, although London south of the river is not very well covered. Each line has its own colour and name – all you need to know is which direction you're travelling in: northbound, eastbound, southbound or westbound (this gets tricky when taking the Circle Line). (Humphreys 2003: 24, Hervorhebung im Original)

Zu diesem *frame* gehören also *slots* wie verschiedene Bahnlinien und ihre Farben auf dem Plan sowie die vier Himmelsrichtungen, durch die eine Orientierung erst möglich wird. Diese *slots* werden im Text tatsächlich konkret mit Worten gefüllt, während andere – wie zum Beispiel die Wagen oder Haltestellen – nicht angeführt werden, aber im *frame* des erfahrenen Rezipienten vorhanden sind und dadurch mental ergänzt werden können. Gleichzeitig ist das U-Bahn-*frame* in ein Stadt-*frame* eingebettet, in diesem Fall das der englischen Hauptstadt. Es wird deutlich, dass hierbei Korrespondenzen zur lexikalischen Kohäsion, insbesondere der begrifflichen Nähe bestehen (vgl. Kap. 2.2.4).

Im Gegensatz zum eher statischen *frame* beinhaltet ein **Skript** nicht nur die beteiligten Elemente, sondern ordnet ihnen zusätzlich eine chronologische Reihenfolge zu, wodurch eine Art geistiges Drehbuch entsteht. Der Terminus geht auf Schank/Abelson zurück, die ihn wie Minsky im Bereich der Künstlichen Intelligenzforschung entwickelten.

> A script is a structure that describes appropriate sequences of events in a particular context. A script is made up of slots and requirements about what can fill these slots. The structure is an interconnected whole, and what is in one slot affects what can be in another. Scripts handle stylized everyday situations. They are not subject to much change, nor do they provide the apparatus for handling totally novel situations. Thus, a script is a predetermined stereotyped sequence of actions that defines a well-known situation. (Schank/Abelson 1977: 41)

Ein Skript beschreibt also einen typisierten Handlungsablauf inklusive der beteiligten Gegenstände und Aktanten, die wiederum als „slots" bezeichnet werden. Ein typisches Beispiel ist das Restaurant-Skript, das eine bestimmte Handlungsreihenfolge umfasst. So muss das Restaurant erst betreten werden, woraufhin ein Sitzplatz gewählt und ein Gericht bestellt wird. Anschließend nimmt man das

3. Kohärenz

Essen zu sich, bezahlt die Rechnung und verlässt das Lokal (vgl. Schank/Abelson 1977: 42-46). Es wird dabei unterschieden zwischen **Requisiten (*props*)**, **Rollen (*roles*)**, **Eingangsbedingungen (*entry conditions*)** sowie **Ergebnissen (*results*)**, die in Abbildung 3.3 aus der Sicht des Gastes angeführt werden. Requisiten sind die unbelebten Gegenstände, die von den Personen, d.h. den Rollen, im Zuge der Interaktion verwendet werden. Während die Eingangsbedingungen Voraussetzungen vor Beginn des Skripts darstellen, folgen die Ergebnisse erst nach dem Skript. Die Zufriedenheit des Gastes ist für das Skript nicht essenziell, sondern optional, wenn sie auch im Interesse aller Rollen sein dürfte.

Props	*Roles*	*Entry conditions*	*Results*
Tables	Customer	Customer is hungry	Customer has less money
Menu	Waiter	Customer has money	Owner has more money
Food	Cook		Customer is not hungry
Check	Cashier		Customer is pleased (optional)
Money	Owner		

Abb. 3.3: *Props, roles, entry conditions* und *results* im Restaurant-Skript

Innerhalb dieses Skripts gibt es eine gewisse Variabilität, die beispielsweise darauf beruht, ob es sich um ein teures Lokal oder ein Fastfood-Restaurant handelt. In ersterem Fall kann etwa ein Ober und das Zahlen mit Kreditkarte eine Rolle spielen, was im zweiten Fall unwahrscheinlich ist. Andere Beispiele für Skripts sind das Fahren mit einem Bus und die passive oder aktive Teilnahme an einem Fußballspiel, bei denen es ebenfalls geregelte Abläufe gibt. Skripts spielen also eine bedeutende Rolle bei der Textrezeption, denn durch sie sind einerseits bestimmte Ereignisse erwartbar, wodurch die Kohärenzherstellung erleichtert wird. Andererseits erlauben es Skripts den Textproduzenten, Selbstverständlichkeiten auszulassen (vgl. Schank/Abelson 1977: 41), wodurch die Informativität und dadurch auch die Interessantheit des Textes wächst. Hörer und Leser sind ständig damit beschäftigt, unbewusst *frame*- und Skript-Wissen einzufügen, was als **Leerstellenausfüllung (*default assignment*)** bezeichnet wird (vgl. Ballstaedt et al. 1981: 29). Einen derartigen Fall demonstriert Beispiel 3.11, in dem die Vorsorge gegen und die Behandlung von Insektenbissen und -stichen dargestellt wird, die eine bestimmte Reihenfolge nahe legt.

(3.11) Bring mosquito repellent, some antihistamine tablets and a head net. Always check all over your body if you've been walking through a potentially tick-infested area as ticks can cause skin infections and other more serious diseases. To remove a tick, press down around the tick's head with tweezers, grab the head and gently pull upwards. (Wilson/Cornwallis/Smallman 2002: 57)

Zunächst werden die 'Requisiten' aufgezählt, die zur Zeckenbekämpfung notwendig sind und deshalb vom Adressaten zu besorgen sind. Der chronologisch nachfolgende Schritt der 'Rolle', die vom angesprochenen Rezipienten gefüllt wird, besteht darin, regelmäßig den eigenen Körper zu untersuchen. Schließlich werden die einzelnen Schritte genannt, die nacheinander zu beherzigen sind, um die Zecke fachmännisch zu entfernen. Was allerdings nicht expliziert wird, ist der entscheidende Moment, in dem der Parasit entdeckt wird. Obwohl dieser eine zentrale Station im Ablauf bildet, kann er verbal 'unterschlagen' werden, da er mit Hilfe des entsprechenden Skripts der Insektenbeseitigung mental leicht zu ergänzen ist. So wird erneut deutlich, wie das gespeicherte Rezipientenwissen dazu beiträgt, dass eine Abfolge von Sätzen als kohärent verstanden werden kann.

3.5 Das Textthema und seine Entwicklung

3.5.1 Thematische Progression und kommunikative Dynamik

Der Inhalt jedes Satzes in einem Text hat einen bestimmten Informations- bzw. Neuigkeitswert, wobei sich verschiedene Satzbestandteile in dieser Hinsicht unterscheiden können. Dies stellt eine semantische Betrachtungsweise von Sätzen dar, die in Grammatiken als „information flow" (Biber et al. 1999: 896) oder „communicative dynamism" (Quirk et al. 1985: 1356) bezeichnet wird. Die kommunikative Dynamik besteht darin, dass verschiedene Teile einer Äußerungen in der Regel unterschiedliche Informationswerte besitzen. Ein einflussreicher Ansatz ist hierbei die **Funktionale Satzperspektive** (*functional sentence perspective, FSP*), die von Vilém Mathesius (1929) im Kontext der Prager Schule begründet wurde. František Daneš verwendet diese Disziplin aus satzübergreifender Perspektive für die Textanalyse, indem er zwischen „Thema" und „Rhema" unterscheidet.

> Das Thema und Rhema stellen zwei komplementäre Mitteilungsfunktionen von verschiedenen semantischen Bestandteilen einer Aussage dar: In fast jeder Aussage unterscheidet man das, worüber etwas mitgeteilt wird (DAS THEMA) und das, was darüber mitgeteilt wird (DAS RHEMA, die Aussage im eigenen, engeren Sinne). (Daneš 1970: 72-73)

Im konkreten Fall bedeutet dies, dass das **Thema** (*theme*) die Information bildet, die dem Rezipienten – nach Einschätzung des Textproduzenten – durch den vorausgehenden Text, den situativen Kontext oder dessen Weltwissen bereits bekannt ist. Dagegen stellt das **Rhema** (*rheme*) die neue Information dar, d.h. der Schreiber oder Sprecher geht hierbei davon aus, dass der Leser oder Hörer mit ihr weder durch Vorerwähntheit noch durch die Situation oder seine Weltkenntnis vertraut ist (vgl. Daneš 1970: 73-74).

Die Thema-Rhema-Progression beruht also zum Teil auf dem Vorgang der Wiederaufnahme, interagiert aber auch mit dem Vorwissen des Rezipienten, sodass sie gleichzeitig auf Prinzipien von Kohäsion und Kohärenz aufbaut. In Bezug auf

3. Kohärenz

satzübergreifende Relationen bilden die Abfolgen von Themen und Rhemata eine thematische Progression, die das „Gerüst des Textaufbaus" (Daneš 1970: 74) konstituiert.[23]

> **Definition „thematische Progression"**
>
> Die thematische Progression (*thematic progression*) bezeichnet eine charakteristische Abfolge von Thema und Rhema in einem Text, die dessen inhaltliche Gliederung bestimmt.

Daneš (vgl. 1970: 75-78) unterscheidet fünf Typen der thematischen Progression, die in Texten in verschiedener Verteilung auftreten können. Es wird deutlich, dass hinsichtlich des Themas Korrespondenzen zur Kohäsion eines Textes bestehen, da thematische Elemente typischerweise durch anaphorische Pronomina oder lexikalische Repetitionen realisiert sein können, was beim Rhema kaum der Fall sein kann.

1) Die **einfache lineare Progression** zeichnet sich dadurch aus, dass das Rhema der vorausgehenden Äußerung zum Thema des nachfolgenden Satzes wird. Daneš bezeichnet diesen als den „elementarsten Typus" (1970: 75), da er eine grundlegende Themenentwicklung bietet, welche den Informationsfluss schrittweise und regelmäßig vorantreibt. So wird in Beispiel 3.12 „the greatest of English phoneticians, Daniel Jones" im ersten Satz rhematisch eingeführt und im zweiten Satz mit „Jones" thematisch wieder aufgenommen.

(3.12) The *English Pronouncing Dictionary* was first published in 1917, perhaps the greatest work of the greatest of British phoneticians, Daniel Jones (born in 1881). Jones was Professor of Phonetics at University College London from 1921 until his retirement in 1949. (Jones 1997: iv)

2) Der **Typus mit einem durchlaufenden Thema** ist dadurch gekennzeichnet, dass mehrere Sätze dasselbe Thema besitzen, wobei jeweils ein neues Rhema eingeführt wird. Folglich treten hier Formen der lexikalischen oder grammatischen Wiederaufnahme jeweils am Satzanfang auf. So wird das Thema „[t]he United States of America" in Beispiel 3.13 in den folgenden Sätzen jeweils durch das anaphorische Pronomen „[i]t" wieder aufgenommen, während ihm verschiedene Charakteristika zugeordnet werden.

---

[23] Ein weiteres Begriffspaar in der anglistischen Textlinguistik ist *topic* und *comment*, das bisweilen synonym zu 'Thema' und 'Rhema', in anderen Fällen aber auch abweichend verwendet wird (vgl. Johnstone 2002: 99 und Renkema 2004: 91).

3.5 Das Textthema und seine Entwicklung

(3.13) The United States of America stretches across central North America, from the Atlantic Ocean to the Pacific Ocean. It consists of fifty states, including outlying Alaska and Hawaii. [...] It is the richest and most powerful nation in the world. (*The Bloomsbury Pocket Encyclopedia of the World* 1993: 242)

3) Die **Progression mit abgeleiteten Themen** tritt auf, wenn Themen von einem „Hyperthema" (Daneš 1970: 76) abgeleitet werden, das nicht immer ausdrücklich erwähnt sein muss. In Beispiel 3.14 etwa bildet das Hyperthema das geografische Wissen über das Land Belize. Der Zusammenhang zwischen den einzelnen abgeleiteten Themen – hier „coastline", „coastal area" und „north" – zeigt sich häufig in Indikatoren der Wiederaufnahme, wie hier im *possessive determiner* „[i]ts" und in der Postmodifikation „of the country".

(3.14) Belize is a small Central American country located on the southeast of the Yucatan Peninsula. Its coastline on the Gulf of Honduras is approached through some 550 km (342 miles) of coral reefs and keys (cayo). The coastal area and north of the country are low-lying and swampy with dense forests inland. (*The Bloomsbury Pocket Encyclopedia of the World* 1993: 194)

4) Das **Entwickeln eines gespaltenen Rhemas** ist dann anzutreffen, wenn das Rhema des vorausgehenden Satzes in den nachfolgenden Äußerungen in zwei oder mehrere Themen aufgeteilt wird. So wird in Beispiel 3.15 zunächst das Rhema „five national stations" eingeführt, das danach in die beiden Themen „Radio One" und „Radio Two" sowie drei weitere Radiostationen zerlegt wird. Gleichzeitig wird jedem dieser Themen ein neues beschreibendes Rhema zugeordnet.

(3.15) The BBC radio network has five national stations: Radio One (98.8FM) is almost exclusively pop music, with a chart-biased view of the rock-world; Radio Two (89.1FM) is golden oldies and chat; [...]. (Humphreys 2003: 31, Hervorhebung im Original)

5) Die **Progression mit einem thematischen Sprung** zeigt sich darin, „dass in einer Progression ein Glied der thematischen Kette ausgelassen wird" (Daneš 1970: 78). Dieses Bindeglied ist allerdings durch den Rezipienten leicht mittels Kontext oder Weltwissen zu ergänzen. In diesem Sinne besteht in Beispiel 3.16 kein direkter thematischer Zusammenhang zwischen den beiden Sätzen, doch könnte eine lineare thematische Progression leicht durch eine eingeschobene Inferenz wie *The smokers suffer from various diseases* hergestellt werden.

(3.16) Cigarette smoking kills 307,000 people in the United States each year. Lung cancer and emphysema (chronic lung disease) are the best known and among the most miserable outcomes. (Vickery/Fries 1997: 13)

Dieses Modell der Thema-Rhema-Progression bietet zwar Einsichten in grundlegende semantische Textstrukturen, doch ist daran zu Recht auch starke Kritik geübt worden. So kommen die verschiedenen Progressionstypen in konkreten Texten kaum in konsistenter Form vor, und in längeren Texten fällt ihre Rekonstruktion äußerst schwer (vgl. Heinemann/Viehweger 1991: 34). Darüber hinaus gibt es Spezialfälle, die von Daneš nicht angeführt werden, und bereits die Definition der Termini „Thema" und „Rhema" ist vage (vgl. Brinker 2005: 51). So muss die thematische Basis einer Aussage nicht immer die bekannte Information beinhalten, und die Abgrenzung des rhematischen Elements ist nicht immer klar ersichtlich. Darüber hinaus können am Textanfang Sätze auftreten, die ausschließlich neue Information enthalten. Insgesamt stellt das Modell folglich eine reduktive Vereinfachung der real auftretenden Textstrukturen dar.

Ein komplexeres Modell der kommunikativen Dynamik findet sich in der Grammatik von Quirk et al. (vgl. 1985: 1356-1364). Im Gegensatz zum Ansatz von Daneš beruht dieses auf den beiden Gegensatzpaaren *given* und *new* sowie *theme* und *focus*. Der Inhalt des mit *given* bezeichneten Elements ist für den Rezipienten eindeutig und klar zu identifizieren, während der Terminus *new* die für den Hörer oder Leser neue Information beinhaltet. Mit *theme* wird der Anfang einer syntaktischen Struktur bezeichnet, also zum Beispiel das erste Satzglied eines Satzes, während der *focus* sich auf das Element bezieht, das intonatorisch hervorgehoben ist (vgl. Biber et al. 1999: 897). Er tritt meist als *end-focus* gegen Ende eines Satzes bzw. einer **Intonationseinheit (*tone unit*)** auf, wobei letztere ein Textsegment der gesprochenen Sprache darstellt, das einen in sich abgeschlossenen Tonhöhenverlauf aufweist.

In der Regel bildet das *theme*-Element einen Teil des *given*-Bereichs, während der *focus* ein Element innerhalb des *new*-Bereichs hervorhebt und damit als besonders wichtig kennzeichnet. Der Informationswert steigt somit innerhalb einer Äußerung typischerweise stetig an. Dabei gilt allgemein das Prinzip des *end-weight*, das besagt, dass die neue Information, die am Ende einer Äußerung verortet ist, typischerweise einen größeren Raum einnimmt als die bekannte am Satzanfang.

Das Prinzip des *end-focus* ist etwa an Helenas Antwort in Beispiel 3.17 zu erkennen, in dem Jimmy ihr vorschlägt, mit ihm in einer anderen Stadt ein neues Leben zu beginnen.

> (3.17) JIMMY. [...] What do you say? We'll get away from this place.
> HELENA. (*nodding happily*). I say that's wonderful. (Osborne 1960: 86)

In Helenas Erwiderung bilden die Worte „I say that's" aus Jimmys Perspektive das *given*-Element, während „wonderful" als für Jimmy neu zu klassifizieren ist. Das *theme*-Element ist das Subjekt „I", das im *given*-Bereich liegt, während der *focus* mit dem *new*-Bereich identisch ist, der am Satzende auftritt. Im nachfolgenden Beispiel 3.18 wird zudem das Prinzip des *end-weight* deutlich, da in der Antwort hier der *new*-Bereich deutlich umfangreicher ist.

3.5 Das Textthema und seine Entwicklung

(3.18) AMANDA. [...] Is it a serious romance, Mr. O'Connor?
JIM. We're going to be married the second Sunday in June. (Williams 1984: 121)

In der Äußerung Jims ist lediglich das Pronomen „[w]e" als *given*-Element zu bezeichnen, da es sich auf zwei vorerwähnte Personen bezieht, während der Rest als der *new*-Bereich zu erkennen ist. Das *theme* ist ebenfalls das Subjekt „[w]e", während der intonatorische Fokus hier im Sinne des *end-focus* auf der Nennung des Monats am Ende des Satzes anzusiedeln ist. Es wird daran allerdings auch deutlich, dass die Position des Fokus nicht unveränderlich festgelegt ist, sondern von den kommunikativen Bedürfnissen des jeweiligen Sprechers abhängt. Befindet sich der Fokus nicht an seinem erwartbaren Ort am Ende der Intonationseinheit, so liegt ein **markierter Fokus** (*marked focus*) vor. Dieser tritt insbesondere in Verbindung mit speziellen syntaktischen Konstruktionen auf, welche die satzübergreifende kommunikative Dynamik beeinflussen, wodurch erneut die Interrelation zwischen Syntax und Vertextung zu Tage tritt.[24]

Die folgenden drei Auszüge zeigen derartige Fälle eines *cleft sentence* (Bsp. 3.19), einer *fronting*-Konstruktion (Bsp. 3.20) sowie eines *existential sentence* (Bsp. 3.21), die jeweils typografisch hervorgehoben sind.

(3.19) LIZA. [...] Don't you hit me.
HIGGINS. Hit you! You infamous creature, how dare you accuse me of such a thing? *It is you who have hit me.* You have wounded me to the heart. (Shaw 1990: 131)

(3.20) JIMMY. What are you, you Welsh trash?
CLIFF. Nothing, that's what I am.
JIMMY. *Nothing are you?* Blimey you ought to be Prime Minister. (Osborne 1960: 49)

(3.21) LIZA. [...] And *there were a hundred little things you never noticed*, be cause they came naturally to you. (Shaw 1990: 152)

Der Spaltsatz (*cleft sentence*) „[i]t is you who have hit me" (Bsp. 3.19) zeichnet sich durch die charakteristische Struktur *It + be + X + Relativsatz* aus. Mit seiner Hilfe kommt ein **geteilter Fokus** (*divided focus*) zustande (vgl. Quirk et al. 1985: 1384), durch den das Element am Satzende sowie das X-Element („you") hervorgehoben werden. Der Spaltsatz gestattet es dem Leser des Textes also, den Fokus innerhalb der neuen Information relativ klar zu lokalisieren.

In Beispiel 3.20 zeigt die Frage „[n]othing are you?" das Phänomen des *fronting*, bei dem das *theme* am Satzanfang durch ein Satzglied realisiert ist, das in dieser

---

[24] Interaktionen von Kohärenzrelationen mit syntaktischen Konstruktionen wie der Ellipse oder der Inversion beschreibt auch Kehler (vgl. 2002: 35-99).

3. Kohärenz

Position markiert ist, wie hier das Subjekt-Komplement. In diesem speziellen Fall hat es zur Folge, dass das vorerwähnte „[n]othing" durch einen markierten Fokus betont wird, obwohl es das *given*-Element darstellt. Der *existential sentence* in Beispiel 3.21 zeigt die typische Verwendung des *existential* „there", durch welches das Vorhandensein eines bestimmten Phänomens verbalisiert wird. Aus Sicht der kommunikativen Dynamik bildet „there" ein *theme*-Element mit sehr geringem Informationswert, weswegen es im *existential sentence* stets unbetont ist. Mit seiner Hilfe kann allerdings die neue Information im Satz gemäß den Prinzipien des *end-focus* und des *end-weight* weiter nach hinten verschoben werden. Auch ist diese Konstruktion häufig am Textanfang insbesondere in Märchen anzutreffen, wo durch sie die Protagonisten eingeführt werden (vgl. Bsp. 2.42).

An dieser Stelle können allerdings nur ausgewählte syntaktische Strukturen genannt werden, welche die kommunikative Dynamik prägen. Weitere relevante Konstruktionen, die hierbei in Standardgrammatiken genannt werden, sind beispielsweise die Inversion, das Passiv, die Extraposition sowie syntaktische Diskontinuitäten (vgl. Quirk et al. 1985: 1377-1401 und Biber et al. 1999: 895-964). Es ist also deutlich geworden, dass die kommunikative Dynamik stark auf Satzstrukturen beruht. Dagegen sind Makrostrukturen, die ebenfalls die thematische Entfaltung betreffen, von der Syntax weitgehend unabhängig.

3.5.2 Makrostrukturen

Mit dem Konzept der **Makrostruktur (*macrostructure*)**, das von Teun A. van Dijk (1980a) entwickelt wurde, wird die globale Bedeutung eines Textes bezeichnet, die sich aus dessen kleineren Bestandteilen ableiten lässt. In Anlehnung an die generative Transformationsgrammatik werden die konkreten Satzkonstruktionen eines Textes als dessen Oberflächenstruktur bezeichnet, während die abstrakteren inhaltlichen Zusammenhänge als dessen Tiefenstruktur gelten. Aus den Mikrostrukturen, also den einzelnen sequenziell angeordneten Propositionen eines Textes, lassen sich durch Inferenzstrategien Makropropositionen ableiten.

> Macropropositions may again, in a similar strategic way, be connected into sequences. Moreover, by reapplying the relevant inference strategies, we may have several layers of macropropositions, together forming the *macrostructure* of a text. Such a macrostructure is the theoretical account of what we usually call the gist, the upshot, the theme, or the topic, of a text. (van Dijk/Kintsch 1983: 15, Hervorhebung im Original)

Die hierarchische Gliederung textueller Makrostrukturen lässt sich mit dem Aufbau eines Buchs vergleichen (vgl. van Dijk/Kintsch 1983: 53). Die oberste Ebene der Makrostruktur bildet der Titel des Buchs, während sich die nächste Ebene in den einzelnen Kapitelüberschriften manifestiert. Diese zerfallen ihrerseits in Unterabschnitte, welche die niedrigste Schicht konstituieren. Zur Überführung der satzförmigen Mikrostrukturen in Makropropositionen, die wiederum die Makrostruktur ergeben, lassen sich drei zentrale **Makroregeln** (*macrorules*) anwenden (vgl. van Dijk 1980a: 46-50).

Definition „Makrostruktur"

Die Makrostruktur (*macrostructure*) eines Textes ist dessen genereller Inhalt, der sich durch Makroregeln aus den Mikrostrukturen, also den satzförmigen Einzelpropositionen, ableiten lässt.

---

a) Auslassen (*deletion*): Alle Propositionen werden gelöscht, die für andere Propositionen irrelevant oder nicht-essenziell sind. Im positiven Sinne kann diese Regel somit auch als **Selektieren** (*selection*) bezeichnet werden, da die relevanten Propositionen herausgesucht werden. Ein Beispiel ist der Satz *A girl in a yellow dress passed by*, der die drei Propositionen a) *A girl passed by*, b) *She was wearing a dress* und c) *The dress was yellow* enthält (vgl. van Dijk 1980b: 46 und Renkema 2004: 95). Wenn es für die Interpretation des weiteren Textes irrelevant ist, welches Kleidungsstück das Mädchen trägt und welche Farbe dieses hat, können die Propositionen b) und c) gelöscht werden, d.h. die Proposition a) wird als die einzige relevante ausgewählt.

b) Generalisieren (*generalization*): Inhaltliche Details werden in allgemeinere Aussagen überführt und zusammengefasst. So lassen sich zum Beispiel die Mikropropositionen in der Satzfolge *John was playing with his car, Mary was building a sand castle, and Sue was blowing soap bubbles* in der Makroproposition *The children were playing* verallgemeinern (vgl. van Dijk 1980a: 46). Die Generalisierung geschieht also typischerweise durch den Einsatz von Hyperonymen mit größerem begrifflichem Umfang, wodurch einzelne semantische Merkmale wegfallen.

c) Konstruieren (*construction*): Es wird eine Makroproposition konstruiert, innerhalb welcher mehrere Mikropropositionen „gewöhnliche Bedingungen, Umstände, Komponenten" (Van Dijk 1980b: 48) bilden. Dies lässt sich illustrieren anhand der Satzfolge *John went to the station. He bought a ticket, started running when he saw what time it was, and was forced to conclude that his watch was wrong when he reached the platform*. Aus dieser Reihe von Mikropropositionen kann die Makroproposition *John missed the train* konstruiert werden (vgl. Renkema 2004: 96). Dieses Vorgehen wird von van Dijk auch als **Integrieren** (*integration*) bezeichnet und beruht auf Wissen, das in Form von *frames* oder Skripts organisiert ist.

Das Ermitteln der Makrostruktur lässt sich am Beispiel 3.22 illustrieren, in dem der Sprecher eine Bibliothek beschreibt, die er soeben betreten hat.

3. Kohärenz

(3.22) In the library I found, to my great delight, a vast number of English books, whole shelves full of them, and bound volumes of magazines and newspapers (1). A table in the centre was littered with English magazines and newspapers, though none of them were of very recent date (2). The books were of the most varied kind – history, geography, politics, political economy, botany, geology, law – all relating to England and English life and customs and manners (3). There were even such books of reference as the London Directory, the 'Red' and 'Blue' books, Whitaker's Almanack, the Army and Navy Lists, and – it somehow gladdened my heart to see it – the Law List (4). (Stoker 1979: 30)

Durch die Makroregel der Deletion können Informationen wie „[a] table in the centre" (Satz 2) und „none of them were of very recent date" (Satz 2) ausgelassen werden, da sie für den weiteren Textverlauf unerheblich sind. Im Zuge der Generalisierung ist es möglich, die Nomina „books" (Sätze 1, 3 und 4), „volumes" (Satz 1), „magazines" (Sätze 1 und 2) und „newspapers" (Sätze 1 und 2), die teilweise auch wiederholt werden, in der Paraphrase *printed material* zusammenzufassen. Gleichermaßen entsprechen die Formulierungen „vast number" (Satz 1), „whole shelves" (Satz 1) und „littered with" (Satz 2) der Mengenangabe *a lot of*, und die verschiedenen Wissensgebiete und Thematiken der Bücher lassen sich in der Phrase *various subjects* verallgemeinern. Dasselbe gilt für „great delight" (Satz 1) und „gladdened my heart" (Satz 4), durch die sich der Sprecher quasi als *happy* bezeichnet.

Mittels Konstruktion kann zudem erschlossen werden, dass der Sprecher überrascht ist, so viele Informationen über England zu finden, was sich besonders an der Partikel „even" (Satz 4) sowie der geschilderten freudigen Erregung ablesen lässt. Auf dieser Basis lässt sich die zusammenfassende Makrostruktur in Form von 3.23 formulieren, wobei diese nicht die einzige denkbare Möglichkeit darstellt.

(3.23) The library contained a lot of printed material about various subjects concerning England, which made me happy, since I had not expected that.

Neben Makrostrukturen existiert auch der Terminus der **Superstrukturen (*superstructures*)**, mit denen „schemata for conventional text forms" (van Dijk/Kintsch 1983: 54) angesprochen sind. Es ist damit also der typische Textaufbau gemeint, wie er etwa für die Klassifikation narrativer oder argumentativer Texte verwendet wird (vgl. Kap. 4.2.1). Als Beispiel hierfür kann das Anschreiben im Rahmen einer schriftlichen Bewerbung dienen, das eine konventionelle Form hat (vgl. Renkema 2004: 97). Nach der Betreffzeile und der Anrede erfolgt zunächst der Anlass des Briefes, an den sich in der Regel eine kurze argumentative Passage anschließt. Das Textende kann einen Verweis auf Referenzen und den Wunsch nach einer Einladung zu einem Vorstellungsgespräch beinhalten, worauf die üblichen Abschlussformeln folgen.

Beim Konzept der Makrostrukturen ist allerdings generell zu berücksichtigen, dass die Makroregeln in verschiedener Weise angewandt werden können (vgl. Brinker 2005: 53). Unterschiedliche Rezipienten können in variablen Kontexten daher zu beträchtlich abweichenden Makrostrukturen desselben Textes kommen, wie es für die Konstruktion von Kohärenz charakteristisch ist. Zudem sind die Regeln auf konkrete Texte nicht eindeutig zu applizieren, da sie relativ vage formuliert sind und großen Interpretationsspielraum bieten. Auch gibt es keine stringenten Operationen, mit deren Hilfe man die Oberflächen- aus der Tiefenstruktur ableiten kann. Trotz dieser Kritik bieten die Makroregeln jedoch aufschlussreiche Einsichten darüber, wie der Inhalt eines Textes zusammengefasst, abstrahiert und verallgemeinert werden kann.

3.6 Beispielanalysen

Zur vertieften Illustration der Kohärenz werden im Folgenden zwei Textauszüge einer entsprechenden Analyse unterzogen. Das erste Beispiel 3.24 ist einer **Kurzgeschichte** Hemingways entnommen und dient zur Darstellung der **relationalen Propositionen**. Der Text ist dazu besonders geeignet, da er sehr arm an koordinierenden Konjunktionen ist, sodass die logischen Beziehungen zwischen den Sätzen durch den Leser erschlossen werden müssen. In dem Textbeispiel wird geschildert, wie der Protagonist Nick sein selbst errichtetes Zelt bezieht.

(3.24) Across the open mouth of the tent Nick fixed cheesecloth to keep out mosquitoes (1). He crawled inside under the mosquito bar with various things from the pack to put at the head of the bed under the slant of the canvas (2). Inside the tent the light came through the brown canvas (3). It smelled pleasantly of canvas (4). Already there was something mysterious and homelike (5). Nick was happy as he crawled inside the tent (6). He had not been unhappy all day (7). This was different though (8). Now things were done (9). There had been this to do (10). Now it was done (11). It had been a hard trip (12). He was very tired (13). That was done (14). He had made his camp (15). He was settled (16). Nothing could touch him (17). (Hemingway 1980: 459)

Die folgende Abbildung 3.4 bietet eine tabellarische Übersicht über die relationalen Propositionen zwischen den unmittelbar angrenzenden Sätzen. Es handelt sich also um eine vereinfachende Darstellung, da hierarchische Beziehungen innerhalb des Textes außer Acht gelassen werden. Zudem ist zu beachten, dass diese Analyse nicht die einzige Möglichkeit darstellt, da die Konstruktion der Kohärenz in manchen Fällen von der jeweiligen Lesart abhängt.

3. Kohärenz

Zwischen den Sätzen	Relationale Proposition	Erläuterung
1 und 2	*Sequence*	Chronologische Abfolge
2 und 3	*Sequence*	Chronologische Abfolge
3 und 4	*Cause*	Ursache für einen Zustand
4 und 5	*Cause*	Ursache für einen Zustand
5 und 6	*Cause*	Ursache für einen Zustand
6 und 7	*Sequence*	Umkehrung der Abfolge durch Rückblick
7 und 8	*Concession*	Gegensatz zwischen Sachverhalten
8 und 9	*Cause*	Ursache für einen Zustand
9 und 10	*Sequence*	Umkehrung der Abfolge durch Rückblick
10 und 11	*Sequence*	Chronologische Abfolge
11 und 12	*Sequence*	Umkehrung der Abfolge durch Rückblick
12 und 13	*Cause*	Ursache für einen Zustand
13 und 14	*Cause*	Ursache für einen Zustand
14 und 15	*Elaboration*	Genauere Ausführung des zuvor genannten Inhalts
15 und 16	*Cause*	Ursache für einen Zustand
16 und 17	*Restatement*	Umformulierung desselben Inhalts

Abb. 3.4: Relationale Propositionen in Beispieltext 3.24

Anhand des zweiten Beispieltextes 3.25, der den Beginn des **Märchens** „The Three Bears" bildet, wird eine Analyse der **thematischen Progression** und der **kommunikativen Dynamik** vorgenommen.

(3.25) Once upon a time there were Three Bears, who lived together in a house of their own in a wood (1). One of them was a Little, Small, Wee Bear; and one was a Middle-sized Bear; and the other was a Great, Huge Bear (2). They had each a pot for their porridge: a little pot for the Little, Small, Wee Bear; and a middle-sized pot for the Middle Bear; and a great pot for the Great, Huge Bear (3). (Rackham 1978: 188)

Nach der konventionellen Eingangsformel „[o]nce upon a time", die als Textinitiator fungiert (vgl. Kap. 1.3.2), folgt ein *existential sentence* mit „there". Dadurch beginnt der Text mit einem sehr geringen Informationswert, der sich mit dem Erwähnen der „[t]hree bears" (Satz 1) als dem rhematischen *new*-Element steigert. Der Relativsatz innerhalb des ersten Satzes beginnt sodann mit dem thematischen Relativpronomen „who", das die Nominalphrase wieder aufgreift, woraufhin neue Informationen zum Aufenthaltsort der Bären gegeben werden. Der intonatorische Fokus ist im übergeordneten Satz wie auch im Relativsatz jeweils am Ende zu platzieren, also auf den Elementen „[b]ears" bzw. „wood".

Das rhematische Element der drei Bären wird im zweiten Satz mittels dreier koordinierter *main clauses* in drei Themen aufgeteilt, sodass es sich um die Progression mit einem gespalteten Rhema handelt. Der Fokus ist jeweils auf den deskriptiven Adjektiven anzusiedeln, welche die unterschiedlichen Größen der einzelnen Bären angeben. Der dritte Satz beginnt erneut thematisch mit dem Pronomen „[t]hey", das als *given*-Element die drei Themen des Vorgängersatzes wieder aufgreift und zusammenfasst. Es handelt sich somit um eine Variante der Progression mit durchlaufendem Thema. Rhematisch wird hingegen „a pot for their porridge" eingeführt, worauf entsprechend der Fokus ruht.

Innerhalb des dritten Satzes wird der rhematische „pot" erneut thematisch dreigeteilt, sodass wiederum eine Progression mit gespaltenem Rhema vorliegt. Die Besonderheit liegt allerdings darin, dass die Elemente, die diesen drei Themen rhematisch zugeordnet werden, erneut die drei Bären benennen und dadurch ebenfalls zum *given*-Bereich gehören. Die neue Information hingegen ist lediglich in den Adjektiven „little", „middle-sized" und „great" zu finden, welche die verschiedenen Größen der Töpfe angeben. Es zeigt sich also, dass die kommunikative Dynamik mit der Textsorte korrespondieren kann, denn die langsame Einführung neuer Information erleichtert hier das **Textverständnis** für Kinder, welche die vorrangige Zielgruppe bilden.

3.7 Zusammenfassung

Kohärenz wird im Gegensatz zur Kohäsion nicht direkt durch grammatische und lexikalische Elemente des Oberflächentextes repräsentiert. Kohäsion ist zwar hilfreich für die Kohärenzherstellung durch den Rezipienten, ist aber für das zentrale Textualitätskriterium der Kohärenz weder absolut notwendig noch immer hinreichend. Es gibt zwar innerhalb der englischen Textlinguistik keine einheitliche Lehrmeinung zum Kohärenzbegriff, doch ist den verschiedenen Ansätzen gemein, dass dieser Textzusammenhalt vornehmlich auf der intellektuellen Aktivität des Lesers oder Hörers beruht. Wenn auch die Kohärenz nicht im selben Maße sichtbar ist wie die Kohäsion, gibt es doch operationalisierbare Verfahren zu ihrer Ermittlung.

- **Konzepte** sind meist nominal oder verbal signalisierte Wissenseinheiten, die durch **Relationen** verbunden sind und mit diesen in Netzwerken den Gewebecharakter eines Textes verdeutlichen.
- **Relationale Propositionen** bilden logische Beziehungen zwischen Textbestandteilen, die durch Inferenzen erschlossen und durch Paraphrasen sichtbar gemacht werden können.
- Das Rezipientenwissen ist in Form gebündelter **globaler Muster** wie *frames* und *Skripts* gespeichert, die es beim Textverstehen erlauben, unausgedrückte Inhalte zu ergänzen.
- Die **thematische Progression** betrifft die Organisation der Abfolge bekannter und neuer Information im Text, aus der eine entsprechende **kommunikative Dynamik** resultiert.
- Die **Makrostruktur** eines Textes ist dessen abstrahierter Inhalt, der durch das Anwenden bestimmter Makroregeln aus den einzelnen Textbestandteilen zu erschließen ist.

Es empfiehlt sich für den Textproduzenten, je nach Textsorte zu beachten, wie viel Leistung er vom Rezipienten bei der Kohärenzherstellung konventionell erwarten kann. Gleichzeitig nähern sich Leser und Hörer verschiedenen Textsorten mit unterschiedlichen Erwartungen hinsichtlich deren Explizitheit. So ist es beispielsweise im Falle von Kochrezepten und Bedienungsanleitungen sinnvoll, wenn der Rezipient nur wenig Vorwissen zum Verständnis benötigt. Dagegen ist es möglich, dass Dichtung oder anspruchsvolle politische Kommentare ein großes Maß an Eigenaktivität des Adressaten voraussetzen. So ist auch die Kohärenz eine Möglichkeit, sich verschiedenen Textsorten zu nähern, die im folgenden Kapitel behandelt werden.

3.8 Übungen

1) Bringen Sie die folgenden Sätze, die den Anfang des Märchens „Jack and the Beanstalk" bilden, in die Originalreihenfolge! Beschreiben Sie die kommunikative Dynamik und die thematische Progression unter Berücksichtigung auftretender Kohäsionsmittel!

(a) Jack replied that he was going to sell it.
(b) They were of various colours, and attracted Jack's attention.
(c) The widow reproached her son for his idleness, but he could think of nothing better than to try to sell the cow at the next village, teasing her so much that she at last consented.
(d) This did not pass unnoticed by the man, who asked what was the price of the cow, offering at the same time all the beans in his hand for her.

3.8 Übungen

(e) As he was going along he met an old pedlar, who inquired why he was driving the cow from home.
(f) One morning the cow gave no milk, and they didn't know what to do.
(g) Once upon a time there was a poor widow with an only son named Jack, who was a lazy and careless boy who never could be got to do any work.
(h) The pedlar held some curious beans in his hand.
(i) And all they had to live on was the milk they got from their only cow, which they sold in the market. (Rackham 1978: 37)

2) Bestimmen Sie im Textbeispiel 3.26, dem Anfang einer Kurzgeschichte, die relationalen Propositionen zwischen den Sätzen a) 1 und 2, b) 2 und 3, c) 4 und 5, d) 6 und 7, e) 9 und 10 sowie f) 11 und 12!

(3.26) Mrs. Mooney was a butcher's daughter (1). She was a woman who was quite able to keep things to herself: a determined woman (2). She had married her father's foreman and opened a butcher's shop near Spring Gardens (3). But as soon as his father-in-law was dead Mr. Mooney began to go to the devil (4). He drank, plundered the till, ran headlong into debt (5). It was no use making him take the pledge (6): he was sure to break out again a few days after (7). By fighting his wife in the presence of customers and by buying bad meat he ruined his business (8). One night he went for his wife with the cleaver and she had to sleep in a neighbour's house (9). After that they lived apart (10). She went to the priest and got a separation from him with care of the children (11). She would give him neither money nor food nor house-room; (12) [...]. (Joyce 1993: 74)

3) Formulieren Sie einen verbalen Kontext, sodass die beiden Satzfolgen jeweils als kohärent verstanden werden können! Ergänzen Sie zu diesem Zweck weitere Aussagen *vor*, *zwischen* und *nach* den beiden Sätzen!

a) Last year we visited New York City. Most children love Christmas.
b) A: Can I speak to you for a moment? – B: The Pentagon favours a massive air-strike.

4) Textbeispiel 3.27 ist eine Kleinanzeige, die am 10. Oktober 2004 in *The Observer* unter der Rubrik „Overseas Travel" erschien. Welche Informationen bleiben unausgedrückt, weil Sie vom *frame*-Wissen der Adressaten ergänzt werden können?

(3.27) THE BETTER parts of Greece! 20 islands & the Mainland. Hotels, apts, houses. Plus fly-drives, tours, watersports, sailing & walking. Since 1974. Sunvil 123 4567 8910 www.sunvil.co.uk AITO ATOL Protected 808

3. Kohärenz

5) Welche Kohärenzbeziehungen hinsichtlich Konzepten und Relationen bestehen in Text 3.28 zwischen a) „gardener" und „mowing" sowie zwischen b) „sweeping" und „them"?

(3.28) The gardener had been up since dawn, mowing the lawns and sweeping them, until the grass and the dark flat rosettes where the daisy plants had been seemed to shine. (Mansfield 1952: 1)

6) Wie kann man die thematische Progression in Text 3.29 beschreiben, und inwiefern bildet sie einen Sonderfall bezüglich der fünf von Daneš vorgeschlagenen Typen?

(3.29) Trinidad and Tobago, situated off northeastern Venezuela, are the most southerly of the islands of the Lesser Antilles. Trinidad consists of a mountainous region in the north and undulating plains in the south. Tobago is more mountainous. (*The Bloomsbury Pocket Encyclopedia of the World* 1993: 239-240)

7) Welche grammatischen Konstruktionen werden durch die kursiv gedruckten Passagen gebildet, und was ist ihre Funktion hinsichtlich der kommunikativen Dynamik?

a) LIZA. [...] But *it was from you that I learnt really nice manners*. (Shaw 1990: 151)

b) LIZA. [...] It was just like learning to dance in the fashionable way: *there was nothing more than that in it*. (Shaw 1990: 151)

8) Ermitteln Sie mit Hilfe der Makroregeln die Makrostruktur von Text 3.24!

Weiterführende Literatur: Ballstaedt et al. (1981), Rickheit/Strohner (1993), de Beaugrande (1997), Bublitz/Lenk/Ventola (1999), Rickheit/Schade (2000), Scherner (2000), Kehler (2002) und Ungerer/Schmid (2006). Eine ausführliche Bibliografie zu Kohäsion und Kohärenz liefern Lenk/Gietl/Bublitz (1999).

4. Textklassifikation

Ein weiterer Schwerpunkt der textlinguistischen Forschung ist die Textklassifikation, also das Vorhaben, die unüberschaubare Menge existenter Texte in englischer Sprache in verschiedene Gruppen einzuteilen. Im Rahmen dieses Ansatzes lassen sich Klassifikationen in Texttypen und Genres unterscheiden (vgl. Biber 1988: 170 und Diller 2002: 2). Die Texttypologie intendiert eine Klassifikation von Texten in eine stark abstrahierte und begrenzte Gruppe von **Texttypen** (*text types*) hinsichtlich formaler oder funktionaler Kriterien. Beispiele für Texttypen sind somit die Deskription, Narration oder Argumentation, die in konkreten Texten in verschiedener Verteilung auftreten können (vgl. Gläser 1990: 33).

Der Begriff des **Genres** (*genre*) bezieht sich im Gegensatz zum Texttyp auf komplexe sprachliche Handlungsmuster, die zu bestimmten kommunikativen Zwecken eingesetzt werden, wie etwa wissenschaftliche Abhandlungen, Zeitungstexte, Werbeanzeigen oder Predigten (vgl. Swales 1990: 38-42). Im Vergleich zu den relativ wenigen Texttypen gibt es eine sehr große Anzahl von Genres, deren Bezeichnungen der Alltagssprache entnommen sind und die zudem weit weniger abstrahiert sind. An Stelle von 'Genre' sind auch die Termini „Textsorten" (vgl. Heinemann: 2000b: 514) oder „Textformvarianten" (Werlich 1975: 70) gebräuchlich. Als eine aktuelle Entwicklung innerhalb der Textklassifikation ist der Begriff des Hypertextes zu berücksichtigen, der auf der Sprachverwendung in den neuen Medien beruht. Gleichzeitig steht die Textlinguistik aufgrund der neuen Kommunikationsformen vor der Aufgabe, traditionelle Konzepte einer gründlichen Überprüfung zu unterziehen.

> **Definition „Texttyp" und „Genre"**
>
> Texttypen (*text types*) sind Einteilungen von Texten in eine stark begrenzte Anzahl von Kategorien auf hoher Abstraktionsstufe und auf Basis ausgewählter linguistischer Kriterien. Genres (*genres*) dagegen beruhen auf alltagssprachlichen Bezeichnungen von Textsorten, weswegen sie sehr zahlreich sind und eine niedrige Abstraktionsebene aufweisen.

Gemäß de Beaugrande/Dressler (vgl. 1981: 182-208) ist die Intertextualität, die im engeren Sinne Beziehungen zwischen verschiedenen Exemplaren eines Texttyps oder einer Textsorte betrifft (vgl. Kap. 1.3.3), eine Prämisse für die Textklassifikation, weswegen zunächst auf dieses Phänomen einzugehen ist.

4. Textklassifikation

4.1 Intertextualität

Der Terminus der **Intertextualität** (*intertextuality*), der auch in der Literaturwissenschaft weit verbreitet ist, kann aus linguistischer Sicht definiert werden als „the ways in which the production and reception of a given text depends upon the participants' knowledge of other texts" (de Beaugrande/Dressler 1981: 182). Es bestehen also Abhängigkeiten zwischen dem Hervorbringen bzw. Verstehen eines Textes und dem Wissen der Kommunikationsteilnehmer über andere Texte. So ist etwa ein mittelalterlicher Text aufgrund des großen zeitlichen Abstandes für den heutigen Rezipienten oft nur durch zahlreiche erläuternde Fußnoten zu verstehen.

Intertextualität ist innerhalb der Textlinguistik somit in zweierlei Hinsicht von Bedeutung. Erstens bezieht sie sich auf **Parodien** und **Anspielungen** auf bekannte Texte, wie beispielsweise im Falle von Tom Stoppards Theaterstück *Rosencrantz and Guildenstern Are Dead* (1966), in dem zwei Nebenfiguren aus Shakespeares *Hamlet* (1601) zu Protagonisten erhoben werden. Es handelt sich hier also um eine spezielle Form der Intertextualität, die das konkrete Verhältnis zweier Einzeltexte zueinander betrifft (vgl. Adamzik 2004: 98). Insbesondere in Leserbriefen und Buchbesprechungen sind derartige Verweise auf 'Prätexte' *per definitionem* vorhanden. Gleichzeitig ist hier von einer syntagmatischen Beziehung zu sprechen (vgl. Johnstone 2002: 139), da es um 'horizontale' Relationen zwischen Texten geht, die zeitlich-linear in einer bestimmten Abfolge stehen.

Zweitens geht es bei der Intertextualität um allgemeinere Beziehungen zwischen Texten, aufgrund welcher eine **Textklassifikation** erst möglich wird. So haben Textsorten wie eine Gebrauchsanweisung, ein Interview oder ein Stelleninserat jeweils bestimmte formale und inhaltliche Kennzeichen. Einzelexemplare innerhalb einer Textsorte stehen also in einem starken intertextuellen Bezug zu anderen Texten desselben Genres. Diese Form der Intertextualität ermöglicht es dem Schreiber oder Sprecher, Texte einer bestimmten Sorte in angemessener Weise zu gestalten und zu formulieren, und sie erleichtert es dem Leser oder Hörer, Texte einer bestimmten Sorte als solche zu erkennen. In diesem Fall bestehen paradigmatische Beziehungen in 'vertikaler' Perspektive, da es um ähnliche Mitglieder derselben Kategorie geht.

4.2 Texttypen

Zur Differenzierung einer begrenzten Menge von Texttypen können verschiedene formale oder inhaltliche Kriterien herangezogen werden. Dazu gehören unterschiedliche Formen der Sequenzierung und strukturelle Merkmale des Textaufbaus, sprechaktbezogene pragmatische Funktionen sowie das Vorkommen und die Verteilung bestimmter sprachlicher Stilmerkmale.

4.2.1 Sequenzierung und Textstruktur

Einen bekannten und grundlegenden Ansatz innerhalb der anglistischen Textlinguistik bilden die Arbeiten von Egon Werlich mit den Titeln *Typologie der Texte* (1975) und *A Text Grammar of English* (2. Aufl. 1983), in denen Texttypologie im Sinne einer Textgrammatik betrachtet wird.

> A text type is an idealized norm of distinctive text structuring which serves as a deep structural matrix of rules and elements for the encoder when responding linguistically to specific aspects of his experience. (Werlich 1983: 39)

Ein Texttyp beruht also auf einer charakteristischen Struktur, die sich in bestimmten kohäsionsstiftenden **Sequenzformen** (*sequence forms*) manifestiert (vgl. Heinemann 2000a: 529). Die Tiefenstruktur, von der die Rede ist, beinhaltet eine Reihe von strukturellen Regeln, die in konkreten Textoberflächen in verschiedenen Verteilungen erscheinen. Die charakteristische sequenzielle Abfolge fußt jeweils auf einer prototypischen **thematischen Textbasis** (*thematic text base*), die für die Entfaltung der Textstruktur inhaltlich und strukturell grundlegend ist (vgl. Werlich 1975: 34-38 und 1983: 27-30). Auf dieser Grundlage lassen sich die fünf Texttypen der Deskription, Narration, Exposition, Argumentation und Instruktion in Abbildung 4.1 tabellarisch darstellen.[25]

Wie zu erkennen ist, korrespondieren die Sequenzformen zum Teil mit dem Kohäsionstyp der *conjunction* (vgl. Kap. 2.1.3), wodurch dessen Bedeutung für die Textklassifikation deutlich wird. Mit der thematischen Textbasis formuliert Werlich jeweils einen idealtypischen Satz, der in verschiedenen Abwandlungen vorkommen kann. Es resultiert daraus ein spezifisches **Textidiom** (*text idiom*), das für jeden Texttyp charakteristische Stilmerkmale enthält (vgl. Werlich 1983: 253-270). Das gehäufte Auftreten von Elementen eines Textidioms in einem Text legt nahe, dass der entsprechende Texttyp dominiert.[26]

Die **Deskription** (*description*), die räumliche Beschreibungen wiedergibt, zeichnet sich durch *existential sentences* mit *there* sowie durch Zustandsverben (z.B. *stand, lie, sit, seem* oder *contain*) aus. Hinsichtlich der syntaktischen Struktur tragen Relativ- und Lokalsätze mit *where* sowie Komparativsätze (z.B. *as big as ...*) zum deskriptiven Textidiom bei. Darüber hinaus treten häufig beschreibende Adjektive (z.B. *large* oder *round*) und Postmodifikationen in Nominalphrasen auf.

---

[25] Die Abkürzungen sind zu verstehen als S (Subjekt), P (Prädikat), A (Adverbiale), K (Komplement), *loc* (*local*) und *temp* (*temporal*).

[26] Eine kritische Auseinandersetzung mit Werlichs Texttypen hinsichtlich des Genres Lyrik findet sich bei Schubert (vgl. 2000: 54-61). Auf der Basis der Nebensätze in Gedichten wird hier eine Typologie mit den sechs Kategorien der „Perzeption", „Selbstreflexion", „Retrospektion", „Spekulation", „Evaluation" und „Persuasion" entwickelt.

4. Textklassifikation

Bei der **Narration** (*narration*), die eine chronologische Abfolge in der Vergangenheit thematisiert, kommen stärker Verben der Veränderung und des Handelns vor (z.B. *land, go, call, grow* oder *run*). Die zeitliche Orientierung wird untermauert durch temporale Nebensätze, die durch entsprechende Konjunktionen (z.B. *when, since, while* oder *as*) eingeleitet werden oder als Partizipialsätze auftreten. Außerdem spezifizieren häufig Adverbien (z.B. *gently* oder *quickly*) die genannten Handlungen näher.

Texttyp	Thematische Textbasis	Sequenzformen
1. Deskription	Phänomenregistrierender Satz: S + P(*be/non-change, past/present*) + A(*loc*), z.B. *Thousands of glasses were on the tables.*	Lokal: *here, there, over there, at the door, in the corner, on the wall* etc.
2. Narration	Handlungsaufzeichnender Satz: S + P(*change + past*) + A(*loc*) + A(*temp*), z.B. *The passengers landed in New York in the night.*	Temporal: *then, tomorrow, afterwards, in the evening, last summer* etc.
3. Exposition a) synthetisch b) analytisch	a) Phänomenidentifizierender Satz: S + P(*be + present*) + K, z.B. *One part of the brain is the cortex.* b) Phänomenverknüpfender Satz: S + P(*be/have + present*) + K, z.B. *The brain has ten million neurones.*	a) Explikatorisch: *namely, for example, thus, by the way, for instance* etc. b) Additiv: *moreover, also, equally, too, in addition* etc.
4. Argumentation	Qualitätsattribuierender Satz: S + P(*be + not + present*) + K, z.B. *The obsession with durability in the arts is not permanent.*	Kontrastiv: *but, however, yet, in any case, conversely, by contrast, still* etc.
5. Instruktion	Handlungsfordernder Satz: P(Verb + *imperative*) [+ K], z.B. *Be reasonable!*	Enumerativ: *first, second, one, two, to begin with, next, last, finally* etc.

Abb. 4.1: Texttypen, thematische Textbasen und Sequenzierung

Durch die **Exposition** (*exposition*) wird erläutert, wie die Elemente eines Wirklichkeitsbereichs zusammengehören und ein sinnvolles Ganzes bilden. Dies kann in synthetischer (d.h. zusammensetzender) oder analytischer (d.h. zerlegender) Weise geschehen. Diesem Zweck dienen in ersterem Fall Verbphrasen wie *refer to* und *be called*, in letzterem Fall dagegen eher *have, consist of* und *contain*. Eine große Rolle spielen bei der Exposition generell restriktive Relativsätze, Kausalsätze sowie Prä- und Postmodifikationen in der Nominalphrase.

Im Rahmen der **Argumentation** (*argumentation*) beurteilt der Textproduzent Sachverhalte hinsichtlich einer bestimmten Problemstellung und wägt sie gegeneinander ab. Dazu tragen neben der Negation auch Kausal-, Konzessiv- und Konditionalsätze bei. Insbesondere sind hier auch Objektsätze nach Verben der Meinungsäußerung (z.B. *think, feel* oder *believe*) sowie die Extraposition mit wertenden Adjektiven (z.B. *it is obvious/clear that ...*) zu nennen. Hinsichtlich der Verbphrase spielen Modalverben (z.B. *may, must* oder *should*) eine bedeutende Rolle, und *viewpoint adverbs* wie *obviously* oder *clearly* unterstreichen die Bewertung der Situation. Rhetorische Fragen haben ebenfalls die Funktion, indirekt eine bestimmte Ansicht zu untermauern.

Bei der **Instruktion** (*instruction*) werden keine Argumente angeführt, sondern Handlungsanweisungen gegeben. Dies geschieht direkt durch den Imperativ mit verschiedenen Ergänzungen, doch auch Fragesätze mit den Modalverben *could* oder *would* sind hierbei konstitutiv. Außerdem gehören zum Textidiom Konditional-, Konsekutiv- (*so that ...*) und Finalsätze (*in order to ...*) sowie Adverbien der Art und Weise, welche die erwünschte Handlung näher spezifizieren.

Wie schon die Formulierungen „idealized norm" und „deep structural matrix" im obigen Zitat Werlichs andeuten, kommen die fünf Texttypen in der textuellen Realität kaum in 'reiner' Form vor. Daher werden die konkreten Realisationen von Texttypen als **Textformen** (*text forms*) betrachtet, die wiederum in verschiedenen **Textformvarianten** (*text form variants*) auftreten (vgl. Werlich 1983: 46). So ist beispielsweise innerhalb des narrativen Texttyps die Textform der Erzählung bzw. Geschichte anzuführen, die wiederum in die Varianten der Anekdote, der Kriminalgeschichte, der Biografie etc. zu zerlegen ist (vgl. Werlich 1975: 70-73). Zudem korrespondieren die verschiedenen Texttypen mit unterschiedlichen kognitiven Prozessen,[27] die bei der Interaktion des Menschen mit seiner Umwelt von Bedeutung sind (vgl. Abb. 4.2).

Obwohl Werlichs Typologie eine übersichtliche und fundamentale Schematik bietet, treten bei ihrer Anwendung auf konkrete Texte einige Probleme auf. Ein Textexemplar verkörpert in der Regel nicht eindeutig einen bestimmten Texttyp, sondern kann Merkmale verschiedener Texttypen enthalten, wenn auch einer unter ihnen dominiert. So besteht beispielsweise die Möglichkeit, dass ein primär narrativer Roman auch deskriptive oder argumentative Passagen enthält. Insbesondere

---

[27] Auf fundamentalen kognitiven Prozessen beruht auch die Typologie von Robert E. Longacre, der zwischen den vier Texttypen „narrative", „procedural", „behavioral" und „expository" unterscheidet (vgl. 1996: 8-21).

4. Textklassifikation

die „thematischen Textbasen", die von Werlich formal sehr präzise definiert sind, müssen in entsprechenden Texttypen nicht immer in exakt dieser Form auftreten, und ihr Vorkommen ist auch nicht automatisch ein Indikator für den jeweiligen Texttyp. In diesem Zusammenhang ist gleichzeitig darauf hinzuweisen, dass Werlichs formalistischer Ansatz zu wenig pragmatische Aspekte und den Kontext von Äußerungen berücksichtigt. Auch geht er lediglich von sprachlichen Oberflächensignalen aus, weswegen er die Herstellung von relationalen Propositionen durch den Rezipienten komplett vernachlässigt (vgl. Kap. 3.3).

Texttyp	Kognitiver Prozess	Textformen und -varianten
1. Deskription	Räumliche Wahrnehmung	a) Impressionistische Beschreibung: z.B. Schilderung in Kurzgeschichten und Romanen, Naturlyrik b) Technische Beschreibung: z.B. wissenschaftliche Gerätedarstellung, Kirchenraum im Reiseführer
2. Narration	Zeitliche Wahrnehmung	a) Erzählung bzw. Geschichte: z.B. Kurzgeschichte, Roman, Anekdote, Märchen b) Bericht: z.B. Nachricht, Biografie, Geschichtsbuch, Reportage
3. Exposition	Verstehen	a) Synthetisch: z.B. Zusammenfassung, Protokoll b) Analytisch: Essay, Definition im Wörterbuch, Beipackzettel
4. Argumentation	Urteilen	a) Kommentar: z.B. Leitartikel, Rezension, Glosse b) Wissenschaftliche Abhandlung: z.B. Dissertation, Artikel in Fachzeitschrift
5. Instruktion	Planen	a) Anleitung: z.B. Kochrezept, Gebrauchsanweisung b) Regeln, Vorschriften, Gesetze und Statuten: z.B. Strafgesetzbuch, 10 Gebote

Abb. 4.2: Texttypen, kognitive Prozesse und Textformen

Ein alternativer Versuch, den makrostrukturellen Aufbau speziell narrativer Texte zu beschreiben, ist der Ansatz von Labov/Waletzky (1967), der von Labov (1972 und 1997) weiter ausgeführt wird. Untersuchungsgegenstand sind ursprünglich spontane mündliche Alltagserzählungen (*personal experience narratives*), doch lassen sich die Ergebnisse auch auf andere erzählerische Texte ausweiten. Narration wird dabei definiert als „one method of recapitulating past experience by matching a verbal sequence of clauses to the sequence of events which actually occurred" (Labov/Waletzky 1967: 20). Auf empirischer Basis werden diesbezüglich sechs Abschnitte ermittelt, die in Erzählungen typischerweise aufeinander folgen (vgl. Labov/Waletzky 1967: 32-41), wobei lediglich die Evaluation über den Text verteilt sein kann.

a) **Abstract** (*abstract*): Es wird kurz und pauschal zusammengefasst, um was es in der nachfolgenden Erzählung geht.

b) **Orientierung** (*orientation*): Die Personen, der Ort, die Zeit sowie die Handlungssituation werden eingeführt. Derartige Informationen können allerdings in Erzählungen von Kindern oder Erwachsenen mit geringer kommunikativer Kompetenz fehlen.

c) **Komplikation** (*complication, complicating action*): Mehrere berichtenswerte Ereignisse werden dargestellt.

d) **Evaluation** (*evaluation*): Der Erzähler offenbart seine subjektive Einstellung zu den dargestellten Ereignissen und nimmt Beurteilungen vor.

e) **Resolution** (*result, resolution*): Die Erzählung wird zu einer Auflösung gebracht, wobei die Resolution mit der Evaluation identisch sein kann.

f) **Koda** (*coda*): In diesem optionalen Abschnitt betrachtet der Erzähler die Ereignisse schließlich aus der Perspektive des momentanen Sprechzeitpunktes, sodass eine Art von genereller Schlussfolgerung im Sinne einer 'Moral' gezogen werden kann.

Ein minimaler narrativer Text besteht gemäß Labov/Waletzky (1967: 41) aus *complication* und *resolution* und kann folgenden Wortlaut haben: „He hit me hard and I hit him back". Andererseits ist es in komplexeren Erzählungen möglich, dass einige der Bestandteile zweimalig durchlaufen werden, woraus ein umfangreicher Text resultieren kann.

Eine alternative Charakterisierung der argumentativen Textstruktur liefert van Dijk (vgl. 1980b: 144-150) im Rahmen seiner Abhandlung der Superstrukturen (vgl. Kap. 3.5.2). Grundsätzlich besteht das Basisschema der Argumentation gemäß van Dijk aus der Sequenz von Annahmen und einer entsprechenden Schlussfolgerung. So ergibt sich beispielsweise daraus, dass jemand die Note 'mangelhaft' erzielt hat, die Konsequenz, dass er die Prüfung nicht bestanden hat. Die sehr allgemeine Kategorie der Annahmen lässt sich allerdings noch genauer spezifizieren, wie es in der linken Hälfte von Abb. 4.3 dargestellt wird (vgl. van Dijk 1980b: 147).

4. Textklassifikation

```
                    Argumentation
                   /             \
          Rechtfertigung        Schlussfolgerung
          /           \
       Rahmen      Sachverhalt
                   /         \
            Ausgangspunkte   Tatsachen
            /          \
      Berechtigung   Unterstützung
```

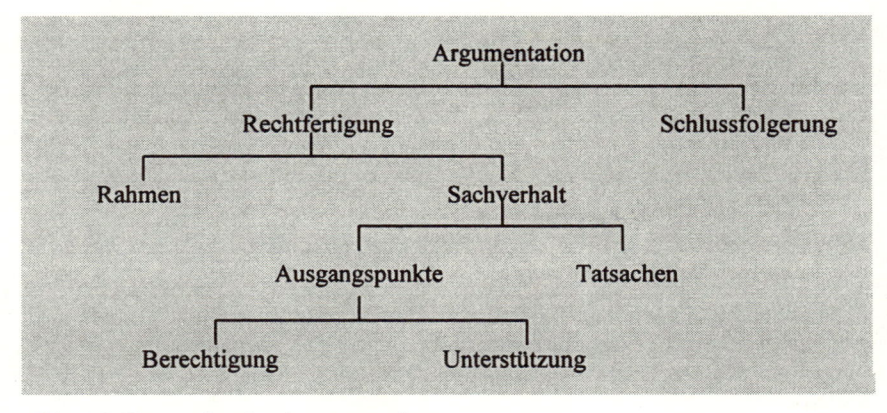

Abb. 4.3: Kategorien der Argumentation

Die Rechtfertigung beinhaltet zunächst den Rahmen, der die situativen Umstände betrifft, in diesem Falle also das Vorliegen einer Prüfungssituation. Zudem stützt sich die Rechtfertigung auf Sachverhalte, insbesondere feststellbare Tatsachen wie das Faktum, dass die Prüfungsleistung 'mangelhaft' war. Weiterhin beruht der Sachverhalt auf bestimmten argumentativen Ausgangspunkten, die hier als Berechtigung und Unterstützung bezeichnet werden. Erstere bezieht sich darauf, dass es Regeln gibt, in diesem Falle eine Prüfungsordnung, die vorschreiben, dass die genannte Note für das Bestehen nicht ausreichend ist. Letztere gibt der Berechtigung dadurch Rückhalt, dass sie näher erläutert, warum es sinnvoll ist, dass eine mangelhafte Leistung nicht zum Bestehen führt.

4.2.2 Sprechaktfunktionen

Texttypen können nicht nur auf Grund verschiedener Sequenzierungen und Strukturen unterschieden werden, sondern auch auf der Basis unterschiedlicher kommunikativer Funktionen. Als theoretische Basis bietet sich hier die **Sprechakttheorie** (*speech act theory*) an, welche die Verwendung von Sprache als ein Handeln mit bestimmten Intentionen und Wirkungen betrachtet. John L. Austin unterscheidet in seiner Studie *How to Do Things with Words* (2. Aufl. 1975), erstmals 1962 veröffentlicht, bei einem Sprechakt zwischen den drei Teilakten der **Lokution** (*locution*), **Illokution** (*illocution*) und **Perlokution** (*perlocution*) (vgl. 1975: 94-108).

Anhand des einfachen Satzes *I'll be back tomorrow* lässt sich diese Differenzierung illustrieren. Die Lokution betrifft zunächst die Äußerung an sich, also die Verwendung von bestimmten Sprachlauten, Wörtern und Sätzen. Gleichzeitig gehört dazu auch die inhaltliche Bezugnahme auf Gegenstände und Sachverhalte, in diesem Fall also auf den Sprecher, sein Wiederkommen und die Zeitangabe des kommenden Tages. Die Illokution dagegen bezieht sich auf die Intention, die der Satz in einem bestimmten Kontext erfüllt. So kann es sich hier beispielsweise je nach Situation und Kommunikationspartnern um ein Versprechen oder eine Warnung handeln. Die Perlokution schließlich beschreibt den Effekt, den ein Sprechakt auf den Hörer hat, wie in diesem Fall etwa Freude oder Einschüchterung. In der indirekten Redewiedergabe können diese Akte explizit formuliert werden, beispielsweise in der Form *he said ...* (Lokution), *he promised/warned me ...* (Illokution) und *he delighted/intimidated me ...* (Perlokution).

Nun weisen nicht nur einzelne Sätze bestimmte Intentionen auf, sondern auch ganze Texte, sodass insbesondere die Illokution für die Beschreibung grundsätzlicher textueller Funktionen herangezogen werden kann (vgl. Brinker 2005: 100-101). Zu diesem Zweck bietet es sich an, die Klassifikation verschiedener Illokutionstypen heranzuziehen, wie sie von John Searle (vgl. 1976: 2-16) entwickelt wurde.[28] Er unterscheidet zwischen den fünf Klassen der **representatives, directives, commissives, expressives** und **declaratives**, wobei er als zentrale Unterscheidungskriterien die Merkmale *illocutionary point, direction of fit* sowie *psychological state* wählt (vgl. Abb. 4.4).[29]

Illokution	Illocutionary point	Direction of fit	Psychological state
1. Representative	S stellt H gegenüber einen Sachverhalt P dar	Die Wörter entsprechen der Welt	S glaubt P
2. Directive	S versucht zu bewirken, dass H etwas Bestimmtes tut	Die Welt soll den Wörtern angepasst werden	S wünscht, dass H die Handlung vollzieht
3. Commissive	S verpflichtet sich zu einer zukünftigen Handlung	Die Welt soll den Wörtern angepasst werden	S hat die Absicht, die Handlung zu vollziehen
4. Expressive	S drückt einen mentalen Zustand aus	keine, denn die Wahrheit wird als selbstverständlich vorausgesetzt	fällt mit *illocutionary point* zusammen
5. Declarative	S stellt eine Übereinstimmung zwischen propositionalem Gehalt und Wirklichkeit her	Die Wörter und die Welt korrespondieren miteinander	keine besonderen psychischen Zustände

Abb. 4.4: Fünf Illokutionstypen und ihre drei Unterscheidungskriterien

---

[28] Eine ausführlichere Abhandlung der verschiedenen Illokutionstypen liefert Bublitz (vgl. 2001: 103-112).

[29] Die Abkürzungen in Abb. 4.4 sind zu lesen als S (Sprecher), H (Hörer) und P (Proposition).

4. Textklassifikation

Das Kriterium des illokutionären Zwecks (*illocutionary point*) beschreibt die kommunikative Absicht, die Entsprechungsrichtung (*direction of fit*) bezieht sich auf das Verhältnis zwischen Wörtern und Welt, und die psychische Einstellung (*psychological state*) betrifft die Haltung des Sprechers zur jeweiligen Illokution. Für jeden Illokutionstyp existieren bestimmte Illokutionsindikatoren, wie zum Beispiel typische Sprechaktverben, welche die Intention in der Formel *I (hereby) promise/order/welcome* ... explizit verbalisieren können, aber für das Zustandekommen der Illokution keineswegs zwingend erforderlich sind (vgl. Searle/Vanderveken 1985: 179-216). Im Folgenden werden auf der Grundlage der fünf Illokutionstypen Searles entsprechende funktionale Texttypen unterschieden.[30]

a) Repräsentative Texte: Das Ziel des Illokutionstyps *representative* ist es, einen Sachverhalt als wahr oder falsch darzustellen, wobei der Sprecher seine Wörter den Gegebenheiten in der Welt anpasst und daran glaubt, dass seine Aussagen wahr sind. Sprechaktverben für diesen Fall sind beispielsweise *assume, claim, guess, insist on, argue, point out* und *assert*, die unterschiedliche Grade an Gewissheit bezüglich der ausgedrückten Proposition angeben. Entsprechende repräsentative Texte haben somit die Funktion, Fakten darzustellen und dadurch den Rezipienten zu informieren, wobei der Textproduzent mehr oder weniger auch seine subjektive Bewertung der Sachverhalte einfließen lässt. Typische Illokutionsindikatoren sind neben den genannten Sprechaktverben daher epistemische Modalverben (z.B. *could* oder *might*) und -adverbien (z.B. *possibly* oder *probably*) sowie wertende Adjektive (z.B. *great* oder *terrible*). Genres, die diesem Texttyp angehören, sind zum Beispiel Nachrichten, Reportagen, Diagnosen, Dokumentationen und Rezensionen.

b) Direktive Texte: Im Falle von *directives* möchte der Sprecher den Hörer zu einer bestimmten Handlung oder Einstellung bringen, wodurch die Welt den geäußerten Wörtern angepasst werden soll. Dabei gibt es ebenfalls verschiedene Abstufungen in der Nachdrücklichkeit, wie die Sprechaktverben *pray, beg, invite, plead, suggest, request, recommend, demand, command* und *order* demonstrieren. Weitere Illokutionsindikatoren sind Imperativ- und Interrogativsätze, deontische Modalverben (z.B. *should* oder *must*), die Partikel *please* sowie Wendungen wie *let's* ... oder *how about* ... ?. Einen solchen appellativen Charakter haben Genres wie Gebete, Werbeanzeigen, politische Reden, journalistische Kommentare, Bewerbungen, Gebrauchsanweisungen, Gesetzestexte, Anträge und Kochrezepte.

c) Kommissive Texte: Beim Illokutionstyp *commissive* legt sich der Sprecher selbst auf eine zukünftige Handlungsweise fest, weswegen auch hier die Welt den Wörtern angepasst werden soll. Zudem existieren hierbei ebenfalls verschiedene Entschlossenheitsgrade, die sich an den Sprechaktverben *promise, threaten, an-*

---

[30] Brinker (vgl. 2005: 107-130) differenziert auf der Grundlage der fünf Illokutionstypen zwischen Informations-, Appell-, Obligations-, Kontakt- und Deklarationstexten.

nounce, *vow*, *swear* und *guarantee* ablesen lassen. Auch Formulierungen, die eine Absichtserklärung mit Zukunftsreferenz beinhalten (z.B. *I will/intend to/am going to/am determined to* ...) dienen als einschlägige Indikatoren. Entsprechende Genres sind Schwüre, Gelöbnisse, Gelübde, Garantien und Diensteide.

d) Expressive Texte: *Expressives* zeichnen sich dadurch aus, dass der Sprecher seine emotionale Einstellung zur formulierten Proposition zum Ausdruck bringt, wodurch die persönliche Beziehung zum Hörer aufrecht erhalten und gestärkt wird. Sprechaktverben dieses Typs sind somit *thank, apologize, congratulate, welcome, regret* und *condole*. Zur Äußerung von Affekten sind generell Interjektionen (z.B. *wow, oh* oder *yippee*) besonders geeignet, doch auch Höflichkeitsformeln (z.B. *thanks, pardon, sorry* oder *you're welcome*) erfüllen vorrangig einen expressiven Zweck. In gesprochenen Texten wird der gefühlsmäßige Ausdruck durch prosodische Mittel wie die Intonation oder die Sprechgeschwindigkeit zusätzlich unterstützt. Die expressive Funktion findet sich folglich zum Beispiel in Entschuldigungsschreiben, Grußbotschaften, Willkommensheißungen, Kondolenzbüchern und Glückwunschkarten.

e) Deklarative Texte: Beim Illokutionstyp *declarative* wird durch den erfolgreichen Vollzug bereits eine Übereinstimmung zwischen Wörtern und Wirklichkeit hergestellt. Dies beruht darauf, dass derartige Illokutionen häufig von Personen vollzogen werden, die eine institutionelle Macht innehaben, wie zum Beispiel Richter, Pfarrer, Vorgesetzte oder Staatsoberhäupter. Typische Verben sind daher *appoint, sentence, acquit, christen, dismiss, declare (war), excommunicate* und *resign*. Genres, die derartige Funktionen erfüllen, sind somit Entlassungsschreiben, Gerichtsurteile, Exkommunikationen, Taufen, Kriegserklärungen, Testamente und Hochzeitszeremonien.

Wenn auch ein Text mehr als einer kommunikativen Intention dienen kann, insbesondere in seinen verschiedenen Abschnitten, ist doch in der Regel eine dominierende Textfunktion bzw. -illokution festzustellen. Dies bedeutet jedoch natürlich nicht, dass die Illokution jedes einzelnen Satzes mit der globalen Textillokution übereinstimmen muss.

4.2.3 Merkmalscluster und Dimensionen sprachlicher Variation

Eine weitere Möglichkeit der Klassifizierung besteht darin, Texttypen als Cluster bestimmter sprachlicher Kennzeichen zu definieren. Douglas Biber (1989) geht hierbei von Gruppierungen lexikalischer und syntaktischer Stilmerkmale aus, die in Texten häufig kookkurrieren. Diese werden empirisch durch quantitative Korpusanalysen ermittelt und als fünf Dimensionen sprachlicher Variation bezeichnet. Grundlegend ist dabei die Annahme, dass das gemeinsame Auftreten sprachlicher Merkmale eine gemeinsame Funktion derselben bedeutet. Zu beachten ist, dass sich die fünf Dimensionen nicht als absolute Kategorien verstehen, sondern als graduelle Abstufungen zwischen zwei Polen, die in Texten mehr oder weniger stark ausgeprägt sein können.

Abbildung 4.5 präsentiert die Dimensionen in tabellarischer Form (vgl. Biber 1989: 8-9). In der linken Spalte befindet sich die Benennung der Dimension, die sich stets in einem Gegensatzpaar niederschlägt. Die zweite Spalte listet Merkmale auf, die für den erstgenannten Pol der jeweiligen Dimension kennzeichnend sind, während in der dritten Spalte die entsprechenden Komplementärmerkmale aufgeführt werden. Wenn also die Elemente aus der zweiten Spalte in einem Text häufig kookkurrieren, sind die Merkmale der dritten Spalte weniger häufig und umgekehrt.

Dimension	Merkmale der Dimension	Komplementärmerkmale
1. *Involved vs. informational production*	private verbs, *that*-deletion, contractions, present-tense verbs, 1st and 2nd person pronouns, *do* as pro-verb, demonstrative pronouns, general emphatics, *be* as main verb, causative subordination, discourse particles, indefinite pronouns, amplifiers, general hedges, final prepositions, *wh*-questions, adverbs	nouns, word length, prepositions, attributive adjectives, place adverbials
2. *Narrative vs. nonnarrative concerns*	past-tense verbs, 3rd person pronouns, perfect-aspect verbs, public verbs, synthetic negation, present-participial clauses	present-tense verbs, attributive adjectives
3. *Explicit vs. situation-dependent reference*	*wh*-relative clauses on subject and object position, phrasal coordination, nominalizations	time adverbials, place adverbials, adverbs
4. *Overt expression of persuasion*	infinitives, prediction and necessity modals, suasive verbs, conditional subordination, split auxiliaries, possibility modals	no complementary features
5. *Abstract vs. nonabstract style*	conjuncts, agentless passives, past-participial clauses, *by*-passives, other adverbial subordinators	no complementary features

Abb. 4.5: Fünf Dimensionen sprachlicher Variation

Innerhalb der ersten Dimension bezeichnet „involved" einen auf Interaktion ausgelegten, affektiven Text allgemeineren Inhalts, wobei *private verbs* wie *think*, die zweite Person, emphatische Ausdrücke sowie Ergänzungsfragen eine Rolle spielen. Das Kennzeichen „informational" bezieht sich hingegen darauf, dass eine hohe informationelle Dichte vorliegt und präzise Informationen gegeben werden, was beispielsweise durch Nomina, umfangreichere Wörter und Adjektive in attributiver Position unterstützt wird. Die zweite Dimension zielt darauf ab, inwiefern ein Text in dem Sinne als narrativ bezeichnet werden kann, als er Ereignisse in der Vergangenheit wiedergibt. Die Narration manifestiert sich somit in Verben im *past tense*, Pronomina der dritten Person und *public verbs* wie *say* oder *tell*, während sich nicht-narrative Belange durch das Präsens und attributive Adjektive auszeichnen.

Im Rahmen der dritten Dimension bezeichnet „explicit reference" den Umstand, dass ein Text aufgrund seiner großen Explizitheit und Ausführlichkeit vom jeweiligen situativen Kontext unabhängig ist. Dazu tragen Relativsätze mit *wh*-Wörtern, die Koordination von Phrasen sowie Nominalisierungen bei. Dem steht der Fall der „situation-dependent reference" gegenüber, bei dem Adverbialien des Ortes und der Zeit einen starken Bezug zur jeweiligen Situation kreieren. Die vierte Dimension bezieht sich auf Merkmale, die eine persuasive Intention ausdrücken, wobei Modalverben, Konditionalsätze und Infinitive anzuführen sind. In der fünften Dimension schließlich geht es um den abstrakten und formellen Stil, der sich in Passivkonstruktionen und *past participle*-Sätzen niederschlägt.

Das weitere Vorgehen Bibers besteht darin, für jeden Text aus seinem Korpus statistisch **dimensionale Werte** (*dimension scores*) zu ermitteln (vgl. 1989: 11-12). So werden für die Erhebung des Wertes der verschiedenen Dimensionen die Häufigkeiten der einzelnen Merkmale addiert und anschließend die Häufigkeiten der Komplementärmerkmale subtrahiert. Auf diese Weise können Ähnlichkeiten zwischen verschiedenen Textexemplaren dadurch bewiesen werden, dass sie vergleichbare Werte hinsichtlich der Dimensionen zeigen. Dabei ist es auch möglich, verschiedene Genres an einer bestimmten Dimension zu messen und zu vergleichen. Beispielsweise ist zu belegen, dass bezüglich des Pols „involved production" (Dimension 1) *Face-to-face*-Konversationen, persönliche Briefe und Interviews einen hohen Wert aufweisen, während wissenschaftliche Texte, journalistische Reportagen und offizielle Dokumente einen sehr niedrigen Wert erzielen.

Mittels einer **Cluster-Analyse** (*cluster analysis*) werden die Texte des Korpus von Biber nun so gruppiert, dass die Textexemplare in einem Cluster eine maximale Ähnlichkeit hinsichtlich der dimensionalen Werte haben (vgl. Biber 1989: 13). Es sind dadurch acht Cluster zu ermitteln, die als Texttypen interpretiert werden können. Gleichzeitig lassen sich diesen Texttypen korrespondierende Genres zuordnen, die entsprechend hohe Werte aufweisen.

1) *Intimate interpersonal interaction*: Die Merkmale der „involved production" (Dimension 1), „situated reference" (Dimension 3) sowie des „nonabstract style" (Dimension 5) sind stark ausgeprägt, während die Werte hinsichtlich der Dimensionen 2 und 4 eher neutral, d.h. mittelmäßig und unmarkiert sind. Es handelt sich

4. Textklassifikation

hier um eine vertraute, persönliche Interaktion, wie sie in Telefon- und *Face-to-face*-Gesprächen zwischen befreundeten Kommunikationspartnern üblich ist.

2) *Informational interaction*: Der zweite Texttyp ist dem ersten recht ähnlich, doch unterscheidet er sich durch eine weniger starke Ausprägung der „involved production" (Dimension 1). Demgemäß gehören zu diesem Texttyp Genres wie geschäftliche Telefongespräche, berufsbezogene *Face-to-face*-Konversationen und distanzierte Interviews, die vorrangig einem informationellen Austausch dienen.

3) *'Scientific' exposition*: Wissenschaftliche expositorische Texte sind extrem „informational" (Dimension 1), deutlich „nonnarrative" (Dimension 2) und explizit (Dimension 3) sowie „nonpersuasive" (Dimension 4). Zudem fallen sie besonders durch ihre ausgeprägte Abstraktheit auf (Dimension 5), wie sie in Genres wie Dissertationen oder anderen wissenschaftlichen Abhandlungen und Artikeln anzutreffen ist.

4) *Learned exposition*: Der vierte Texttyp hat ähnliche Merkmale wie der dritte, unterscheidet sich aber durch einen weniger hohen Grad an Abstraktheit (Dimension 5). Hierzu gehört eine größere Bandbreite an Genres, wie amtliche Dokumente, journalistische Rezensionen und Geschäftsbriefe.

5) *Imaginative narrative*: Der Texttyp ist leicht als „involved" (Dimension 1) markiert und weist „situated reference" (Dimension 3) sowie einen nicht-abstrakten Stil (Dimension 5) auf. Besonders augenscheinlich ist jedoch der ausgeprägte narrative Charakter (Dimension 2), weswegen zu diesem Texttyp Genres wie literarische Erzählungen, Kurzgeschichten und Romane gehören.

6) *General narrative exposition*: Der sechste Cluster vereint informationelle (Dimension 1) mit narrativen Kennzeichen (Dimension 2) und verbindet somit Eigenschaften der Texttypen drei und vier sowie fünf. Bezüglich der Dimensionen 3, 4 und 5 dagegen ist der Texttyp der generellen narrativen Exposition unmarkiert. Die narrativen Passagen in den einschlägigen Genres dienen im Gegensatz zum fünften Texttyp weniger der Unterhaltung, sondern eher der Information, wie es in journalistischen Reportagen, Leitartikeln und Biografien der Fall ist.

7) *Situated reportage*: Wie der Titel bereits andeutet, ist die situationsbezogene Reportage besonders deutlich durch den Pol „situated reference" (Dimension 3) gekennzeichnet. Zudem ist dieser Texttyp nicht-narrativ (Dimension 2), nicht-persuasiv (Dimension 4) und nicht-abstrakt (Dimension 5). Das prototypische Genre ist hierbei die gesprochene Sportreportage bei Liveübertragungen, da hier momentane Ereignisse in einer bestimmten Situation mit relativ hoher Geschwindigkeit ablaufen. Im Gegensatz zum sechsten Texttyp ist diese Kategorie somit eher als Spezialfall zu charakterisieren.

8) *Involved persuasion*: Es liegt eine leicht erhöhte Markierung bezüglich der Merkmale „involved" (Dimension 1), „nonnarrative" (Dimension 2), „explicit reference" (Dimension 3) sowie „nonabstract style" (Dimension 5) vor. Besonders auffällig ist beim achten Texttyp allerdings der hohe Wert bei der Persuasion (Dimension 4), welche die Hauptintention in den entsprechenden Genres bildet. In den Textsorten des von Biber zugrunde gelegten Korpus trifft dies vor allem auf mündlich vorgetragene Reden sowie auf Konversationen zu.

Im Vergleich zu den bereits vorgestellten Ansätzen, die auf Sequenzen und Strukturen bzw. Sprechakten beruhen, hat Bibers Methode der Merkmalscluster den Vorteil, dass sie statistisch fundiert ist und dadurch valide Aussagen zulässt. Allerdings ist einzuschränken, dass Bibers Textgrundlage lediglich aus siebzehn geschriebenen und sechs gesprochenen Genres besteht (vgl. 1989: 14), sodass zahlreiche weitere existente Textsorten nicht berücksichtigt werden. Sehr sinnvoll ist allerdings, dass die acht Texttypen als Prototypen gesehen werden, denn dadurch wird deutlich, dass es zwischen ihnen fließende Übergänge gibt.

4.2.4 Beispielanalysen

Die drei vorgestellten Modelle der Texttypologisierung sollen nun anhand von konkreten Textauszügen veranschaulicht werden. Das erste Beispiel 4.1 gehört dem Genre der **'Bedienungsanleitung'** an und gibt Anweisungen zur Benutzung eines Heizlüfters.

(4.1) **Operating Instructions**

1. Check that the Power Switch [3] is in off-position [4] (1). Plug the Supply Cord into the outlet (2). **Do not touch the Supply Cord with wet hands** (3).
2. Check that the Air Inlet [11] and Outlet [2] are not covered (4). **The Air Inlet [11] and Outlet [2] must not be covered during operation** (5).
3. To operate the fan heater by use of the Power Switch [3] and Thermostat Switch [9] in cool air and heating settings follow the below instructions (6).
4. Before removing or moving the fan heater turn the Power Switch [3] to the cool air setting and let it operate for 10 seconds in this mode (7). Then turn the Power Switch to the off-position and unplug the fan heater (8). (*Fan Heater User Instructions* 2004: 4, Hervorhebungen im Original)

Im Sinne von Werlichs Texttypologie ist die thematische Textbasis eindeutig der handlungsfordernde Satz, der sich in zahlreichen Imperativen niederschlägt (Sätze 1, 2, 3, 4, 6, 7 und 8). Dieser wird ergänzt durch enumerative Sequenzformen, die hier in den Kardinalzahlen am Anfang der Absätze auftreten und die Sukzession der Handlungsschritte angeben. Dieses Vorgehen wird unterstützt durch die Konjunktion „and" (Satz 7) sowie das Zeitadverb „[t]hen" (Satz 8). Es lässt sich daraus ableiten, dass es sich bei diesem Text um ein recht charakteristisches Exemplar des instruktiven Texttyps handelt. Was das entsprechende Textidiom angeht,

4. Textklassifikation

so findet sich ein infinitivischer Finalsatz (Satz 6), der den Zweck einer empfohlenen Handlung angibt, und ein Adverbiale der Art und Weise „with wet hands" (Satz 3) präzisiert die geforderte bzw. hier zu unterlassende Tätigkeit. Zusätzlich verdeutlicht das Modalverb „must" (Satz 5) die Notwendigkeit, einen bestimmten Umstand zu vermeiden.

Aus der Perspektive von Searles Illokutionstypen dominiert hier eindeutig die direktive Kategorie, da der Textproduzent den Rezipienten zu bestimmten Handlungen veranlassen möchte, wobei die Welt den Wörtern angepasst werden soll. In Bibers Texttypologie ist die Bedienungsanleitung nur schwer einzuordnen, was daran liegt, dass dieses Genre in seinem Korpus nicht enthalten ist. Es treten zwar einige der genannten Merkmale auf, die auf den achten Texttyp der *involved persuasion* hinweisen, doch ist der Text kaum als „involved", sondern eher als „informational" einzuordnen.

Das zweite Beispiel stammt aus einem **Reiseführer** zu Schottland und fasst das ereignisreiche Leben von Flora MacDonald, einer in Schottland als Heldin verehrten Jakobitin, knapp zusammen.

(4.2) **Flora MacDonald**

The Isle of Skye was home to Flora MacDonald, who became famous for helping Bonnie Prince Charlie escape his defeat at the Battle of Culloden (1).

Flora was born in 1722 at Milton in South Uist, where a memorial cairn marks the site of one of her early childhood homes (2). After her mother's abduction by Hugh MacDonald of Skye, Flora was reared by her brother and educated in the home of the Clanranald chiefs (3).

In 1746, she helped Bonnie Prince Charlie escape from Benbecula to Skye disguised as her Irish servant (4). With a price on the Prince's head, their little boat was fired on, but they managed to land safely and Flora escorted the prince to Portree where he gave her a gold locket containing his portrait before setting sail for Raasay (5).

Waylaid on the way home, the boatmen admitted everything (6). Flora was arrested and imprisoned in the Tower of London (7). She never saw or heard from the prince again (8). (Wilson/Cornwallis/Smallman 2002: 442)

Aus Sicht der Texttypologie Werlichs fallen hier die dominanten temporalen Sequenzformen auf, die eine zeitliche Sukzession in der Vergangenheit verbalisieren. Dazu gehören die Präpositionalphrasen „in 1722" (Satz 2), „[a]fter her mother's abduction by Hugh MacDonald of Skye" (Satz 3) und „[i]n 1746" (Satz 4), der Nebensatz „before setting sail for Raasay" (Satz 5) sowie die Adverbien „never [...] again" (Satz 8). Ein prototypischer handlungsaufzeichnender Satz ist realisiert in „Flora was born in 1722 at Milton in South Uist" (Satz 2), da er eine Zeit- und eine Ortsangabe sowie ein Verb der Veränderung im *past tense* enthält. Diese Kennzeichen signalisieren den narrativen Texttyp, der hier im Genre der

4.2 Texttypen

Kurzbiografie erscheint. Auch andere Verben, wie zum Beispiel „helped" (Satz 4) und „escorted" (Satz 5), geben Handlungen und Veränderungen in der Vergangenheit wieder. Zum narrativen Textidiom tragen auch der Partizipialsatz „[w]aylaid on the way home" (Satz 6) und das Adverb „safely" (Satz 5) bei.

Bezüglich Searles Illokutionstypen hat der Text eine weitgehend repräsentative Funktion, da Sachverhalte dargestellt werden, wobei die Wörter der Welt entsprechen sollen. Im Rahmen von Bibers Typologie fällt das Textbeispiel in die Kategorie „general narrative exposition", da die narrativen Merkmale hier in Kombination mit informationellen Kennzeichen wie Ortsadverbialen auftreten. Hinsichtlich der narrativen Struktur gemäß Labov/Waletzky sind in der Biografie die Kategorien der Orientierung und der Komplikation klar zu erkennen. Da es sich nicht um eine informelle Alltagserzählung handelt, ist die Evaluation eher schwach ausgeprägt, lässt sich aber ansatzweise in den emotional konnotierten Adjektiven „famous" (Satz 1) und „little" (Satz 5) ausmachen.

Ausschnitt 4.3, der einem **Fachbuch** zur Fotografie entnommen ist, gibt Hinweise dazu, wie Regenbogen und Blitze am besten aufzunehmen sind.

(4.3) **Rainbows and Lightning**

These two weather phenomena aren't uncommon, but catching them on film is partly a matter of luck (1). Stormy weather should alert you to the possibilities, and if you remember the tips below you'll be ready with your camera when lightning strikes, or when a rainbow adds appealing colour to the sky (2).

Rainbows appear whenever sun shines through falling rain, but the colours aren't always bright enough to make a good picture (3). The key is the background – you'll see the rainbow most clearly when there's something dark behind (4). Dark clouds, of course, make a striking background, but even when the weather doesn't oblige you can often find other landscape features that create sufficient contrast (5). Unfortunately, there are no simple tricks that help brighten the colours (6). (Hedgecoe 2000: 102)

Zentral in diesem Textbeispiel sind die deutlichen kontrastiven Sequenzformen, die sich in der dreimaligen Verwendung der Konjunktion „but" (Sätze 1, 3 und 5) manifestieren, wodurch Probleme und ihre Behebung diskutiert werden. Auch finden sich negierte qualitätsattribuierende Sätze in „[t]hese two weather phenomena aren't uncommon" (Satz 1) und „the colours aren't always bright enough" (Satz 3). Insgesamt stehen also Beurteilungen verschiedener fotografischer Techniken im Vordergrund, sodass der argumentative Texttyp festgestellt werden kann. Gestützt wird dies durch modale Elemente wie den Konditionalsatz „if you [...]" (Satz 2) sowie die Modalverben „should" (Satz 2), „[wi]ll" (Satz 2 und 4) und „can" (Satz 5). Diese werden auch in Bibers Taxonomie zur persuasiven Dimension gerechnet, wobei der Text zusätzlich als informationell und nichtnarrativ zu charakterisieren ist. Die urteilende Meinung des Textproduzenten zeigt sich auch in den *viewpoint adverbials* „of course" (Satz 5) und „[u]nfortunately" (Satz 6) sowie im *focusing adverb* „partly" (Satz 1).

Die typische argumentative Struktur aus Prämisse und Schlussfolgerung ist bei diesem Textbeispiel darin zu erkennen, dass die genannten Wetterphänomene nur schwer zeitlich zu ermitteln und fotografisch festzuhalten sind, weswegen entsprechende Ratschläge gegeben werden. Wenn auch hier keine Imperative auftreten, ist die zentrale Illokution, die von dem Text erfüllt wird, eindeutig direktiv, da der Leser zu bestimmten Handlungen bewegt werden soll.

4.3 Genres

Während aus literaturhistorischer Sicht traditionell die Genres der Epik, Lyrik und Dramatik unterschieden werden, beschreitet die Textlinguistik einen wesentlich breiteren Ansatz, wie folgende Definition beweist:

> A genre comprises a class of communicative events, the members of which share some set of communicative purposes. These purposes are recognized by the expert members of the parent discourse community, and thereby constitute the rationale for the genre. This rationale shapes the schematic structure of the discourse and influences and constrains choice of content and style. (Swales 1990: 58)

Ein Genre – bzw. eine Textsorte – wird also als eine Klasse von kommunikativen Ereignissen gesehen, die einen bestimmten Zweck verfolgen und die von den Sprachverwendern als zum Genre gehörig erkannt werden können. Dabei übt die kommunikative Intention einen starken Einfluss auf den Inhalt und die sprachliche Gestaltung der Textexemplare eines Genres aus. Die Funktion des Genres kann offensichtlich sein, wie bei Kochrezepten oder Bedienungsanleitungen, während sich poetische Texte eher gegen eine eindeutige Funktionszuweisung sperren. Prinzipiell können konkrete Textexemplare für ein bestimmtes Genre mehr oder weniger charakteristisch sein, d.h. sie können sich im prototypischen Kern der Kategorie oder in deren Peripherie befinden.

Sprachverwender eignen sich im Laufe ihres Lebens in der Regel das erforderliche **Genrewissen (*genre knowledge*)** an (vgl. Berkenkotter/Huckin 1995: 13), um zu kompetenten Mitglieder einer bestimmten **Sprachgemeinschaft (*discourse community*)** zu werden. Zum Beispiel müssen sich Studienanfänger das Wissen darüber aneignen, welche Merkmale wissenschaftliche Genres wie Seminararbeiten oder akademische Lebensläufe aufweisen (vgl. Johnstone 2002: 156). So gibt es in Bezug auf diese Genres bestimmte Konventionen hinsichtlich Inhalt, Struktur und Form. Grundsätzlich sind Genres wie Sprache selbst einem diachronischen Wandel unterworfen, der auf den soziolinguistischen und kommunikativen Bedürfnissen der Sprecher beruht.[31] Der Terminus **Register** (*register*), der oft im Zusammenhang mit Genreunterscheidungen verwendet wird, ist nicht einheitlich definiert. Einerseits kann er sich auf die Sprachverwendung in verschiedenen Sachbereichen bzw. professionellen Themengebieten beziehen (vgl. Quirk et al. 1985: 24), andererseits wird er auch synonym mit dem Begriff 'Genre' verwandt (vgl. Biber 1995: 8-10).

4.3.1 Methodik

Um zu einer linguistischen Differenzierung verschiedener Genres zu gelangen, gibt es verschiedene Möglichkeiten. So verwendet Biber in seiner einflussreichen Studie *Variation across Speech and Writing* (1988) die bereits vorgestellten fünf Dimensionen sprachlicher Variation (vgl. Kap. 4.2.3), um unterschiedliche gesprochene und geschriebene Genres zu beschreiben. Außerdem tritt in dieser Monografie eine sechste Dimension hinzu, die den Titel „on-line informational elaboration" trägt. Dieses Merkmal bezieht sich auf Texte, die stark informativ sind, wobei der Textproduzent dem Druck ausgesetzt ist, den Text in Echtzeit zu formulieren (vgl. Biber 1988: 154-160). Typische sprachliche Merkmale hierfür sind beispielsweise Demonstrativpronomina, *that*-Sätze als verbale und adjektivische Ergänzung, Präpositionen am Satzende und das existenzielle *there* in Sätzen wie *There is a problem*. Hohe Werte bezüglich dieser Dimension haben Reden und Interviews, also gesprochene Genres, während geschriebene Textsorten wie Romane oder Briefe niedrigere Werte besitzen.

Mit Hilfe statistischer Erhebungen bezüglich der sechs Dimensionen ist es nun möglich, verschiedene Genres zu charakterisieren. Für eine derartige **mehrdimensionale Beschreibung** (*multi-dimensional description*) zieht Biber die sieben Genres *Face-to-face*-Konversation, persönlicher Brief, spontane Rede, Rundfunksendung, fiktionale Prosa, Geschäftsbrief und amtliches Dokument heran (vgl. 1988: 164-169). Demzufolge haben Konversationen und persönliche Briefe besonders hohe Werte bei den Merkmalen „involved", „situation-dependent reference" und „non-abstract information". Spontane Reden unterscheiden sich hiervon darin, dass sie dominanter als narrativ markiert sind. Außerdem beruhen sie weniger stark auf situationellen Bezügen und haben den höchsten Wert bei der Dimension „on-line informational elaboration".

Konträr hierzu verhalten sich amtliche Dokumente, die vor allem die Merkmale „informational production", „non-narrative concern", „explicit and elaborated reference" sowie „abstract style" aufweisen. Geschäftsbriefe ähneln amtlichen

---

[31] Nähere Informationen zum Wandel von Genres liefert der Band von Manfred Görlach (2004), in dem Textsorten wie Kochrezepte, Werbeanzeigen und Kirchenlieder diachronisch betrachtet werden.

4. Textklassifikation

Dokumenten insofern, als auch sie nicht-narrativ sowie hochgradig explizit und elaboriert formuliert sind. Sie unterscheiden sich von amtlichen Dokumenten allerdings dadurch, dass sie stark persuasiv sind und einen höheren Wert in der Dimension „on-line informational elaboration" besitzen. Die fiktionale Prosa zeichnet sich durch ihren stark narrativen und nicht-abstrakten Charakter aus, und Rundfunksendungen schließlich sind am stärksten nicht-narrativ und nicht-persuasiv und beruhen dominant auf situationsabhängigen Bezügen.

Eine andere Methode zur Beschreibung von Genres beschreitet die stilistische Textanalyse, wie sie von Crystal/Davy in ihrer bekannten Monografie *Investigating English Style* (1969) entwickelt wurde. Das Ziel der Stilistik ist es ihrer Ansicht nach, aus der großen Menge sprachlicher Merkmale diejenigen zu isolieren, die auf einen bestimmten sozialen Kontext beschränkt sind, wodurch sie als **stilistisch distinktive Merkmale** (*stylistically distinctive features*) zu bezeichnen sind. Dabei ist zu ermitteln, warum gerade diese Merkmale auftreten und was ihre jeweilige Funktion im sozialen Kontext ist. So kommen Crystal/Davy zu der zentralen Hypothese „*any use of language displays certain linguistic features which allow it to be identified with one or more extra-linguistic contexts*" (1969: 11). Daran wird deutlich, dass sie viel stärker als Biber auch den situativen und sozialen Verwendungskontext einbeziehen, wie es ebenfalls bei Gläser (vgl. 1990: 52-54) im Rahmen der Beschreibung von Fachtextsorten geschieht.

Die stilistische Textanalyse sucht also nach Korrespondenzen zwischen sprachlichen Ausdrücken und Verwendungssituationen, ist sich dabei aber bewusst, dass es keine Eins-zu-eins-Beziehung zwischen ihnen gibt, sodass man nicht automatisch von dem einen auf das andere schließen kann. Die stilistisch distinktiven Merkmale können prinzipiell auf verschiedenen sprachlichen Ebenen wie der Phonologie, Morphologie oder Syntax ermittelt werden. Zur genaueren Definition der 'Situation' entwickeln Crystal/Davy acht **Dimensionen der situationellen Beschränkung** (*dimensions of situational constraint*) (vgl. 1969: 64-77), wie sie in Abbildung 4.6 zusammengefasst sind. Anhand konkreter Texte ist somit zu überprüfen, welche Funktion ein stilistisches Merkmal im Hinblick auf eine oder mehrere dieser Dimensionen erfüllt.

Den Kern der linguistischen Stilanalyse bilden die Dimensionen 4 bis 8, da es sich hier je nach Situation um stark wandelbare Parameter handelt. Die Dimensionen 1 bis 3 dagegen sind relativ stabile Hintergrundgegebenheiten. Zur textstilistischen Analyse eines Genres muss ein stilistisches Merkmal somit erstens einer Analyseebene zugeordnet werden (z.B. Wortschatz) und anschließend geprüft werden, in welchen Dimensionen es Funktionen erfüllt. In dieser Weise beschreiben Crystal/Davy (1969) anhand von Textbeispielen die Sprachverwendung in Alltagskonversationen, spontanen Rundfunkkommentaren, religiösen Texten, Zeitungsnachrichten und juristischen Texten.

Dimension	Erläuterung
1. *Individuality*	langfristige individuelle Sprachverwendung eines bestimmten Textproduzenten, die zu dessen Wiedererkennung beiträgt (z.B. Stimmqualität oder Handschrift)
2. *Dialect*	Merkmale, die auf eine bestimmte regionale oder soziale Herkunft des Textproduzenten verweisen
3. *Time*	Sprachverwendung hinsichtlich einer bestimmten Sprachperiode oder des Alters des Textproduzenten
4. *Discourse* a) *Medium* b) *Participation*	a) Unterschiede zwischen geschriebenen und gesprochenen Texten b) Unterschiede zwischen monologischen und dialogischen Texten, die sich darauf beziehen, ob eine Erwiderung und damit eine alternierende Gesprächsbeteiligung erwartet wird oder nicht
5. *Province*	Sprachverwendung, die auf einem bestimmten Beschäftigungsfeld beruht, z.B. im Sinne verschiedener Berufe oder Themenbereiche
6. *Status*	Merkmale, die auf die sozialen Beziehungen der Kommunikationsteilnehmer zueinander verweisen und sich in formeller oder informeller Ausdrucksweise zeigen können
7. *Modality*	sprachliche Indikatoren einer bestimmten textuellen Funktion, die für die Genreklassifikation zentral ist
8. *Singularity*	bewusste idiosynkratische Sprachverwendung durch einen Textproduzenten in Abweichung von der allgemeinen Norm

Abb. 4.6: Acht Dimensionen der situationellen Beschränkung

4.3.2 Exemplarische Genrebeschreibung

Unter der äußerst großen Anzahl existenter Genres werden im Folgenden juristische Dokumente, Werbeanzeigen und wissenschaftliche Studien exemplarisch dargestellt, da sie eine beträchtliche stilistische Bandbreite abdecken.[32] Gesprochene Genres werden hier bewusst ausgeklammert, da Kapitel 5 speziell der Konversationsanalyse gewidmet ist.

---

[32] Eine kritische Übersicht über verschiedene Studien zu den Genres Werbeanzeige, Zeitungsnachricht und wissenschaftlicher Aufsatz liefert Stubbs (vgl. 1996: 14-20).

4. Textklassifikation

Generell ist die englische Rechtssprache, wie sie in **juristischen Dokumenten** (*legal documents*) realisiert ist, durch besondere situationelle Beschränkungen determiniert (vgl. Crystal/Davy 1969: 193-217 und Barnickel 1982: 55-62). Was die Dimension des *status* angeht, so liegt in der Regel ein asymmetrisches Machtverhältnis zwischen dem Gesetzgeber und den Adressaten vor. Die Zielgruppe sind vorwiegend Fachleute, sodass der Textproduzent meist keine allgemeine Verständlichkeit anstrebt. Hinsichtlich der Dimension *modality* ist festzuhalten, dass die Funktion von juristischen Verordnungen darin besteht, möglichst präzise und eindeutige Vorschriften und Richtlinien zu formulieren. Andererseits ist es jedoch auch wichtig, dass Verordnungen auf eine große Anzahl von Einzelfällen angewandt werden können. Die Dimension *time* ist insofern relevant, als juristische Texte in einer jahrhundertealten Tradition stehen und dadurch eine Tendenz zum Konservativen haben. Es resultieren hieraus stilistisch distinktive Merkmale auf syntaktischer und lexikalischer Ebene.

Die typische Grammatik ist zunächst durch komplexe Sätze gekennzeichnet, in denen häufig Infinitsätze auftreten. Bisweilen haben Inversionen die Funktion, eindeutige Zusammenhänge herzustellen, wie in der Formulierung *the payment to the owner of the total sum*, in der die Postmodifikation *of the the total sum* durch den Einschub *to the owner* von *payment*, dem Kopf der Nominalphrase, getrennt ist (vgl. Crystal/Davy 1969: 205). Generell sind komplexere Postmodifikationen häufig, was im Zusammenhang mit dem ausgeprägten Nominalstil juristischer Texte zu sehen ist. Es wird dadurch – ebenso wie durch Passivkonstruktionen – eine unpersönliche und abstrakte Allgemeingültigkeit der Texte evoziert. Pro-Formen sind eher selten, da explizite Repetitionen die Funktion der Eindeutigkeit in kohäsiven Verweisen besser erfüllen. Allerdings existiert eine kleine Gruppe von Pro-Formen wie *aforesaid, hereafter, hereunder* oder *thereof*, die aufgrund ihres archaistischen Stils mit der langen Tradition des Genres korrespondieren. In grammatischer Hinsicht haben zudem Reihungen mit der Konjunktion *or* die Funktion, alle denkbaren Möglichkeiten der Anwendbarkeit abzudecken.

Der Wortschatz zeichnet sich jedoch nicht nur durch Archaismen wie *thenceforth* und *heretofore*, sondern auch durch formelhafte Wendungen wie *terms and conditions* aus (vgl. Barnickel 1982: 61). Auf die historische Tradition verweisen auch Fachtermini aus dem Lateinischen, wie *corpus delicti* oder *ab initio*, sowie Entlehnungen aus dem Französischen, zu denen *plaintiff* oder *moiety* gehören. Eine allgemeine Anwendbarkeit auf viele Einzelfälle wird auch garantiert durch vage Phrasierungen wie *as soon as possible, improper* oder *malice* und Indefinita wie *all, whoever* oder *any*. Schließlich ist die bedeutende Rolle von Modalverben hervorzuheben, die aufgrund ihrer Semantik prädestiniert sind, Erlaubnisse, Verbote und Gebote zu verbalisieren.

Ein Genre, das sich hiervon inhaltlich wie formal stark unterscheidet, ist die kommerzielle **Werbeanzeige** (*advertisement*). Per definitionem gehören Werbeanzeigen der geschriebenen Kommunikation an, die hier monologischen Charakter hat,

4.3 Genres

da in der Regel keine direkte verbale Erwiderung erwartet wird – einmal abgesehen von beigefügten Antwortcoupons. Was die Dimension des *status* betrifft, so ist zunächst zwischen dem werbenden Unternehmen als dem Primärsender und der Werbeagentur als Sekundärsender zu unterscheiden. Der Empfänger hingegen wird von der Werbeagentur als eine eingeschränkte Zielgruppe mit bestimmten sozioökonomischen und psychologischen Merkmalen definiert (vgl. Janich 2005: 35). Dennoch wendet sich die Anzeige meist nicht an ein Fachpublikum, sondern strebt allgemeine Verständlichkeit an. Hinsichtlich der Dimension *province* ist keine Einheitlichkeit festzustellen, da Anzeigen Produkte aus allen denkbaren Bereichen bewerben können. Der Faktor *time* spielt insofern eine Rolle, als in Werbeanzeigen des 20. Jahrhunderts eine Entwicklung von direkten Kaufaufforderungen hin zu indirekten und spielerischen Versuchen der Beeinflussung festzustellen ist (vgl. Myers 1994: 12-28 und Halmari/Virtanen 2005: 229-244). Die zentrale Dimension der situationellen Beschränkung ist bei diesem Genre allerdings *modality*, da alle sprachlichen oder auch illustrativen Mittel auf die persuasive Verkaufsbotschaft ausgerichtet sind, die davon abhängig ist, dass die Anzeige Aufmerksamkeit erzeugt und im Gedächtnis hängen bleibt. Es ergibt sich daraus ein funktionaler Stiltyp, der Merkmale auf verschiedenen sprachlichen Ebenen aufweist.

Aus syntaktischer Perspektive sind zunächst Imperative und rhetorische Fragen anzuführen, die – in Kooperation mit Pronomina der zweiten Person – einen direkten Kontakt zum Adressaten herstellen und eine bestimmte Handlungsweise oder Einstellung suggerieren (vgl. Myers 1994: 47-50). So legt beispielsweise die elliptische Frage *Ever wanted a new 'you'?*, die für ein Diätprogramm wirbt, eine positive Beantwortung nahe (Goddard 2002: 75). Ellipsen, die häufig in Schlagzeilen oder Slogans wie *Gillette – The Best a Man Can Get* auftauchen, haben die Funktion, die Aufmerksamkeit auf die zentrale Botschaft zu konzentrieren, indem alles Überflüssige weggelassen wird. Der Wortschatz in Werbeanzeigen ist gekennzeichnet durch evaluierende Hochwertwörter wie *fresh* oder *new*, die positiv konnotiert sind und die besonderen Eigenschaften des Produkts hervorheben. Weitere lexikalische Kennzeichen sind Neologismen, die Aufmerksamkeit erzeugen, und mehrdeutige Wortspiele wie im Slogan *Book at any Station*, der an Bahnhöfen für Penguin-Taschenbücher wirbt (vgl. Myers 1994: 65). Weiterhin erzeugen intertextuelle Anspielungen auf anspruchsvolle Weise ein Interesse beim kundigen Rezipienten und bringen das Produkt mit einer bestimmten Tradition in Verbindung. Auch können dialektale oder soziolektale Elemente, die auf eine spezielle Zielgruppe zugeschnitten sind, ein Gefühl der Vertrautheit erzeugen. Schließlich werden Slogans besonders durch bestimmte rhythmische oder lautliche Eigenschaften einprägsam, wie zum Beispiel im Fall *Beanz Meanz Heinz* (vgl. Goddard 2002: 52).

Ein wiederum völlig unterschiedliches Genre ist der **wissenschaftliche Aufsatz** (*research article*). Hierbei steht die Dimension *province* im Mittelpunkt, da sich eine derartige Abhandlung einem bestimmten Problem innerhalb eines abgegrenzten Wissensbereichs widmet. Textproduzent wie -rezipient gehören in der Regel zur *scientific community* innerhalb des betreffenden Faches, sodass sich der Text an ein Fachpublikum mit entsprechendem Vorwissen wendet. Im Gegensatz zur Werbeanzeige herrscht somit ein formeller und distanzierter Stil vor. Bezüglich der Dimension *modality* ist festzuhalten, dass ein solcher Artikel die Funktion hat, wissenschaftliche Ergebnisse einem größeren Leserkreis zugänglich zu machen.

Die erforderliche wissenschaftliche Präzision resultiert zunächst aus der Verwendung entsprechender Fachtermini, wie zum Beispiel *allophone* oder *morpheme*, die an den Kriterien der Begrifflichkeit, Exaktheit, Eineindeutigkeit, Systematik, Neutralität, Ausdrucksökonomie sowie Selbstdeutigkeit gemessen werden können (vgl. Beier 1980: 31-40). Weiterhin fallen hinsichtlich der Lexik in aller Regel zahlreiche Nominalisierungen auf, die einen hohen Abstraktionsgrad und einen unpersönlichen Stil zur Folge haben. Zudem steht dadurch stärker das Untersuchungsobjekt im Vordergrund, und eine Modifikation durch Attribute wird erleichtert (vgl. Barnickel 1982: 52). Diese kann sich in einer ausgeprägten Prämodifikation durch Adjektivkomposita manifestieren, die einen spezifischen Zugriff auf fachliche Phänomene erlauben.

Durch die syntaktische Struktur des Passivs wird der unpersönliche Duktus verstärkt, da hiermit der Urheber in den Hintergrund gebracht wird und die Ergebnisse der Experimente bzw. Analysen hervorgehoben werden. Eine Besonderheit wissenschaftlicher Texte sind metakommunikative Hinweise, d.h. explizite Bezugnahmen im Text auf den Text selbst (vgl. Gläser 1995: 88-91). Diese können sich in Ankündigungen wie *The purpose of this article is ...* oder in Referenzen auf vorausgehende Textstellen äußern, wie zum Beispiel in *as has already been suggested*. Schließlich lassen sich für typische wissenschaftliche Aufsätze auch verschiedene Textsegmente trennen (vgl. Gläser 1990: 70 und Swales 1990: 127-137). Charakteristisch ist dabei die Abfolge von Abstract (*abstract*), Einleitung (*introduction*), Vorgehensweisen (*methods*), Ergebnissen (*results*), Diskussion (*discussion*) und Schlussfolgerung (*conclusion*).

4.3.3 Genres in der Korpuslinguistik

Für die Klassifikation von Genres aufschlussreich ist ein Blick auf den Aufbau von **Korpora**, also elektronisch aufbereiteten Textkompilationen, auf deren Basis statistische Erhebungen vorgenommen werden können. Damit belastbare Ergebnisse auf breiter Basis erzielt werden können, enthalten umfangreiche Korpora in der Regel eine Vielzahl unterschiedlicher Genres. Für die Zusammenstellung von Korpora werden meist Klassifikationsmerkmale herangezogen, die auf textlinguistischen Erkenntnissen beruhen, wobei die Kombination der Kriterien zu einem konsistenten Korpusaufbau führt.

4.3 Genres

Natürlich kann auch das in der ersten Hälfte der 1990er Jahre entwickelte **British National Corpus (BNC)**, das rund 100 Millionen Wörter enthält, nicht alle denkbaren Genres umfassen, doch beinhaltet es eine breit gefächerte Grundlage (vgl. Aston/Burnard 1998: 28-33). So wird hier zunächst aufgrund des Mediums zwischen geschriebenen und gesprochenen Texten unterschieden, wobei erstere 90% des Korpus ausmachen. Weitere Kriterien innerhalb des geschriebenen Teils sind das Themengebiet (z.b. „arts", „leisure" oder „applied science"), das Erscheinungsjahr (ab 1960) sowie die Erscheinungsform (z.B. Buch oder Zeitschrift). Die gesprochenen Texte im *BNC* sind eingeteilt nach Kriterien wie der Ursprungsregion, des Interaktionstyps (Monolog/Dialog) und des Themas („educational/informative", „business", „institutional" und „leisure"). Es lassen sich also bei den Kriterien des *BNC* deutliche Parallelen zu den Dimensionen der situationellen Beschränkung gemäß Crystal/Davy (1969) ziehen.

Exemplarisch wird in Abbildung 4.7 der Aufbau des **International Corpus of English (ICE)** dargestellt (vgl. Greenbaum 1996: 29-30), da dieses Korpus eine sehr detaillierte Klassifikation der enthaltenen Genres aufweist (vgl. Meyer 2002: 34). Das *ICE*, das 1990 in Angriff genommen wurde und Texte ab diesem Jahr enthält, wird fortlaufend hinsichtlich verschiedener internationaler Varietäten des Englischen erweitert.[33] Dabei dienen die gewählten Genres im Korpusdesign als eine Konstante, welche die Vergleichbarkeit der Teilkorpora gewährleistet. Wie an Abbildung 4.7 zu erkennen ist, ähnelt das *ICE* dem klassischen Korpus des **Survey of English Usage (SEU)** aus den 1960er Jahren darin, dass auch hier das Medium (*spoken/written*) als das Kriterium auf der obersten Hierarchieebene herangezogen wird (vgl. Kennedy 1998: 18 und 55).

Allerdings ist auch im *ICE* keine völlige Ausgewogenheit der Genres vorhanden, denn es sind im gesprochenen Teil Rechtstexte in Form von „legal cross-examinations" und „legal presentations" enthalten, während in den geschriebenen Teil keine juristischen Texte aufgenommen wurden. Der Grund hierfür liegt darin, dass schriftsprachliche Rechtstexte ein hochspezialisiertes Genre bilden, das nicht repräsentativ für das geschriebene English der 1990er Jahre ist, wie es im *ICE*-Korpus dargestellt werden soll (vgl. Meyer 2002: 36). Problematisch am *ICE* ist auch, dass innerhalb der Zeitungssprache lediglich zwischen „press news report" und „press editorials" unterschieden wird, was den von Biber (vgl. 1988: 191-196) dargelegten tatsächlichen Verhältnissen nicht gerecht wird.

Um einen detaillierten Vergleich spezieller Textsorten zu ermöglichen, werden neben den genannten *multi-purpose corpora* zunehmend *special-purpose corpora* entwickelt, die sich auf einen bestimmten Genrebereich konzentrieren (vgl. Meyer 2002: 36). So repräsentiert beispielsweise das **Michigan Corpus of Academic Spo-**

---

[33] Aktuelle Informationen zum *ICE* finden sich auf der entsprechenden Homepage unter der Adresse <http://www.ucl.ac.uk/english-usage/ice/> (02.11.2007).

ken English (*MICASE*) die Sprache der wissenschaftlichen Welt, wie sie sich in Vorlesungen, Prüfungen, Referaten und akademischen Diskussionen manifestiert. Ein weiteres Beispiel ist das *HCRC Map Task Corpus* (vgl. Anderson et al. 1991), das transkribierte Ergebnisse von Aufgaben enthält, die sich auf das Lesen von Landkarten beziehen.

SPOKEN TEXTS	DIALOGUE	*Private*	direct conversations
			distanced conversations
		Public	class lessons
			broadcast discussions
			broadcast interviews
			parliamentary debates
			legal cross-examinations
			business transactions
	MONOLOGUE	*Unscripted*	spontaneous commentaries
			unscripted speeches
			demonstrations
			legal presentations
		Scripted	broadcast news
			broadcast talks
			speeches (not broadcast)
WRITTEN TEXTS	NON-PRINTED	*Non-professional writing*	student untimed essays
			student examination essays
		Correspondence	social letters
			business letters
	PRINTED	*Informational (learned)*	humanities
			social sciences
			natural sciences
			technology
		Informational (popular)	humanities
			social sciences
			natural sciences
			technology
		Informational (reportage)	press news reports
		Instructional	administrative/regulatory
			skills/hobbies
		Persuasive	press editorials
		Creative	novels/stories

Abb. 4.7: Genreklassifikation im *International Corpus of English (ICE)*

4.3.4 Beispielanalysen

Anhand dreier exemplarischer Analysen soll verdeutlicht werden, wie Genres konkret mit bestimmten sprachlichen Eigenschaften korrespondieren. Das erste Beispiel 4.4 entstammt dem **Impressum** zu *A History of the English Language* von Baugh/Cable (^{3}1978).

(4.4) All rights reserved (1). No part of this book may be reprinted or reproduced or utilized in any form or by any electronic, mechanical, or other means, now known or hereafter invented, including photocopying and recording, or in any information storage or retrieval system, without permission in writing from the publishers (2). (Baugh/Cable 1978: iv)

Es handelt sich also um einen juristischen Verbotstext, der die eigenmächtige Reproduktion aufgrund des Copyrights untersagt. Zunächst fällt auf, dass der Text nach dem anfänglichen elliptischen Satz lediglich aus einer langen Satzkonstruktion besteht, in der Koordinationen mit der sieben Mal auftretenden Konjunktion „or" dominieren. Durch die Reihung der verschiedenen Möglichkeiten werden alle denkbaren Varianten der Vervielfältigung abgedeckt. Unterstützt wird dies durch die Mengenangabe „[a]ll" und das dreimalig vorkommende Indefinitum „any", die darauf hinweisen, dass jede beliebige Kopiermethode illegal ist. Das negierte Modalverb „may" hat dabei die Aufgabe, das Verbot direkt zu verbalisieren.

Durch das Passiv in der Verbphrase „may be reprinted" wird kein Agens genannt, sodass in unpersönlicher Weise alle möglichen Adressaten inbegriffen sind. Mehrere deverbale Substantive wie „photocopying", „recording", „storage", „retrieval", „permission" und „writing" unterstreichen weiterhin den abstrakten Nominalstil. Zudem liegt eine vereindeutigende Inversion darin vor, dass die Postmodifikation „from the publishers" vom Kopf der Nominalphrase „permission" durch den Einschub „in writing" getrennt ist.

Das nächste Textbeispiel 4.5 entstammt der Rubrik „Soulmates" aus der Zeitung *The Observer* vom 10. Oktober 2004.

(4.5) **WANT TO MEET QUALITY PEOPLE (1)?**
Are you single, yet wanting to be a couple (2)?
You know this is easier said than done, but where do you go to meet quality people (3)?
Are there times you really miss having someone to share your life with (4)?
Are you tired of waiting to be approached (5)?
Then it is time to be **pro-active and make 2004 the year you call Avenues**, the country's largest Introduction Agency with thousands of members nationwide (6).
Don't Delay Call Now (7)! 0800 123 456 (Lines open 7 days a week)
www.avenues.co.uk („Want to Meet Quality People?" 2004: 19, Hervorhebungen im Original)

4. Textklassifikation

Der Text ist offensichtlich eine **Werbeanzeige** einer Partnervermittlungsagentur, die nicht durch eine Abbildung ergänzt wird. Im Mittelpunkt steht also die persuasive Absicht, allein stehende Frauen und Männer dazu zu bewegen, sich mit der Agentur in Verbindung zu setzen, was per Telefon oder Internet geschehen kann. Die Schlagzeile bildet eine prägnante Ellipse, in der das Subjekt, das mühelos aus dem Kontext zu ergänzen ist, ausgelassen ist (Satz 1). Im darauf folgenden eigentlichen Text hingegen treten sechs Mal die Anredeformen „you" bzw. „your" auf, welche die Zielgruppe direkt ansprechen. Der Text beinhaltet in der ersten Hälfte sodann drei *Ja/nein*-Fragen (Sätze 2, 4 und 5) und eine Ergänzungsfrage (Satz 3), die äußerst suggestiven Charakter haben und darauf abzielen, einen möglichst großen Personenkreis affektiv anzusprechen.

Der zweite Teil des Haupttextes beginnt mit dem Adverb „[t]hen" (Satz 6), das eine Schlussfolgerung verbalisiert, wie sie bei einem Konditionalsatz zu erwarten wäre, d.h. die Argumentation basiert auf dem logischen *Wenn/dann*-Schema. Im letzten Teil schließlich erfolgt die explizite Aufforderung mit einem direkten Imperativ (Satz 7), der zusätzlich durch Fettdruck hervorgehoben ist. Auch hinsichtlich des Wortschatzes wird die persuasive Absicht dadurch unterstützt, dass der präsupponierte unerwünschte Ist-Zustand mit negativen Ausdrücken wie „miss" (Satz 4) und „tired" (Satz 5) repräsentiert ist. Der suggerierte Effekt, der sich mit Hilfe der Partnervermittlung einstellen soll, manifestiert sich hingegen in den positiv konnotierten Lexemen „quality" (Sätze 1 und 3), „pro-active" (Satz 6), „largest" (Satz 6) und „thousands of members" (Satz 6), die indirekt den erwünschten Erfolg versprechen.

Beispiel 4.6 schließlich ist einem psychologischen **Fachbuch** zur visuellen Wahrnehmung entnommen und behandelt die Augenbewegung beim optischen 'Abtasten' statischer Objekte.

(4.6) **Smooth eye movements track stationary targets**

The previous section described the degree to which the gaze is stabilized under various conditions (1). Except for a few occasional saccades, this stabilization is produced by smooth eye movements, even when we attempt to gaze at a *stationary* target (2).

As discussed in THE CHASE (page 10), smooth eye movements correct for errors in image *velocity*, and it is these eye movements that are used as we attempt to maintain fixation on a stationary object (3). At first glance, this might appear paradoxical, since the fovea has a specific location on the retina (4). But it is necessary to distinguish the act of directing one's gaze to some location, which involves a voluntary saccade, from the act of maintaining the direction of gaze, which involves more automatic smooth eye movements with respect to an already fixated target (5). (Rodieck 1998: 317, Hervorhebungen im Original)

Es liegt hier also ein Auszug aus einem wissenschaftlichen Text vor, wie sich nicht nur am Inhalt, sondern auch an distinktiven stilistischen Merkmalen erkennen lässt. Zunächst ist die Überschrift erwähnenswert, die den Inhalt in Form einer Makroproposition und im Sinne eines Abstracts vorwegnimmt und zusammenfasst. Der eigentliche Text beginnt mit dem metakommunikativen Verweis auf den vorherigen Abschnitt (Satz 1), und auch der zweite Absatz fängt mit einer derartigen textinternen Referenz an (Satz 3). Mehrere Passivkonstruktionen, wie „is stabilized" (Satz 1), „is produced" (Satz 2) und „are used" (Satz 3) verbalisieren in agensabgewandter Weise generelle Vorgänge. Eine ähnliche Funktion hat die unpersönliche Konstruktion „it is necessary" (Satz 5), die eine allgemeine Wahrheit zum Ausdruck bringt. Fachtermini wie „saccades" (Sätze 2 und 5), „fovea" (Satz 4) und „retina" (Satz 4) unterstreichen schließlich die wissenschaftliche Präzision des Textes.

4.4 Hypertext und elektronische Interaktion

Durch die zunehmend größere Bedeutung der elektronischen Kommunikationsformen (*computer-mediated communication*, *CMC*) in den neuen Medien hat sich innerhalb der Textlinguistik in den vergangenen Jahren ein Teilbereich unter der Bezeichnung **Hypertextlinguistik** (*hypertextlinguistics*) konstituiert (vgl. Jucker 2002: 29). Dabei ist die Sprachverwendung im Internet, die sich durch bestimmte stilistische Merkmale auszeichnet, in Anlehnung an den Terminus *Newspeak* in George Orwells Roman *Nineteen Eighty-Four* als „Netspeak" bezeichnet worden (Crystal 2006: 19). Entsprechend wird der Textproduzent als *(Web-)Designer*, der Rezipient dagegen als User gesehen. Die folgenden Kapitel geben eine Einführung in die wichtigsten Ergebnisse der noch relativ jungen Hypertextforschung und betrachten Besonderheiten neuer elektronischer Interaktionsformen wie E-Mail, Internet Chatgroups und Weblogs.

4.4.1 Eigenschaften von Hypertexten

Der Terminus 'Hypertext' wurde 1965 von Ted Nelson geprägt, einem US-amerikanischen Medienwissenschaftler, der gleichzeitig als einer der Internetpioniere gilt (vgl. Storrer 2000: 222). Heute ist der Begriff in den Abkürzungen *http* und *html* verborgen, die als *hypertext transfer protocol* bzw. *hypertext markup language* zu dekodieren sind, wobei im zweiten Fall auffällig ist, dass von einer eigenen Sprache die Rede ist. Grundsätzlich kann Hypertext definiert werden als „a non-linear text that consists of nodes, that is to say textual units, and links between these nodes" (Jucker 2002: 29). Hypertexte unterscheiden sich somit vom traditionellen Textverständnis in mehreren Punkten.

4. Textklassifikation

- Hypertexte sind nicht-linear, da dem User Auswahlmöglichkeiten beim Rezeptionsprozess zur Verfügung stehen (vgl. Kuhlen 1991: 12). Es gibt also nicht nur eine vom Textproduzenten vorgegebene Reihenfolge, sondern es existiert die Freiheit, die **Textmodule (*nodes*)** selektiv und in verschiedenen Weisen miteinander zu kombinieren. Aus diesem Grund können Hypertexte auch als multilinear bezeichnet werden (vgl. Fritz 1999: 222).
- Hypertexte haben oft keinen eindeutig zu identifizierenden Anfang und Schluss, da die Abfolge der Textmodule vertauscht werden kann. Allerdings kann eine Startseite existieren, von der in der Regel hierarchisch organisierte Hyperlinks ausgehen.
- Aufgrund des interaktiven Charakters ist beim Hypertext ein weit aktiverer Rezipient gefordert, da dieser nicht nur selbst die Reihenfolge bestimmen kann, sondern beispielsweise in Internetumfragen auch seine Meinung kundtun kann. Dies hat auch zur Folge, dass etwa bei Diskussionsforen oder in Gästebüchern auf manchen Internetseiten die Grenzen zwischen Autor und Rezipient verschwimmen.
- Hypertexte sind im Gegensatz zu traditionellen Texten keine autonomen und in sich geschlossenen Gebilde, sondern haben einen stärker vernetzten und offenen Charakter, insbesondere durch die potenzielle Einfügung weiterer Hyperlinks.

Typische elektronische Hypertexte im Internet sind also Gebrauchsanweisungen, Nachschlagewerke, Übersichten über Zugverbindungen, Theaterprogramme oder Handbücher sowie persönliche Homepages. Zu nennen sind auch Bedienungsanleitungen zu PCs, die heute meist auf CD-ROM gespeichert sind und nicht in gedruckter Form beiliegen. Andererseits ist der Terminus Hypertext nicht auf das elektronische Medium zu beschränken, da auch bestimmte gedruckte Texte einige der genannten Kriterien erfüllen (vgl. Jucker 2005: 286). Dazu gehören beispielsweise wissenschaftliche Abhandlungen mit Fußnoten und einer Bibliografie, da der Leser hier zwischen dem eigentlichen Text und dem kritischen Apparat hin und her wechseln kann. Literaturangaben am Ende des Buchs verweisen wiederum auf andere Texte, wodurch die Verwandtschaft zwischen Hypertext und Intertextualität deutlich wird.

Dasselbe trifft auf wissenschaftliche Ausgaben mittelalterlicher Texte zu, die durch Anmerkungen, Erläuterungen oder Glossare ergänzt werden. Zudem werden auch gedruckte Enzyklopädien in der Regel nicht linear vom Anfang bis zum Ende gelesen, sondern gewähren dem Rezipienten die Freiheit, zwischen den Artikeln zu springen. Dies wird unterstützt durch entsprechende Querverweise zwischen den Einträgen, welche die Vernetzung verdeutlichen. Auch populäre Zeitschriften und Zeitungen sind insofern Hypertexte, als auf der Titelseite und im Inhaltsverzeichnis auf bestimmte Beiträge und Artikel hingewiesen wird, die in beliebiger Reihenfolge gelesen werden können.

Viele der traditionellen Genres, die nun auch im Internet auftauchen, werden terminologisch durch Zusätze wie *online*, *e-*, *hyper* oder *cyber* ergänzt (vgl. Jucker

4.4 Hypertext und elektronische Interaktion

2002: 46). So existieren heute Termini wie *online newspaper*, *online manual*, *e-journal*, *hyper fiction* oder *cyber fiction*.

> **Definition „Hypertext"**
>
> Hypertexte (*hypertexts*) sind multilineare Texte im digitalen oder gedruckten Medium, die dem aktiven Rezipienten die Freiheit gewähren, die Textmodule (*nodes*) über Links in selbst gewählter Reihenfolge zu kombinieren.

4.4.2 Hypertext im gedruckten und digitalen Medium

Wenn auch Hypertexte sowohl in gedruckter wie auch elektronischer Form auftreten, liegen doch einige mediale Unterschiede vor (vgl. Jucker 2002: 34-36 und Storrer 1999: 35-38). Zunächst ist festzustellen, dass beim elektronischen Text der **Link** (*link*) zwischen den verschiedenen Textbestandteilen automatisch erfolgt, indem der User einen bestimmten **Auslöser** (*trigger*) auf dem Bildschirm per Mausklick betätigt, sodass der erwünschte Text angezeigt wird. Im gedruckten Text hingegen hat der Leser selbst die Aufgabe, die benötigte Seite zu suchen. In beiden Fällen allerdings werden durch einen *hypertext link* bzw. *hyperlink* ein **Ausgangstext** (*root text*) und ein **Zieltext** (*target text*) miteinander verbunden (vgl. Abb. 4.8). So ist der Terminus *hyperlink* im *DCE4* definiert als „a word or picture in a WEBSITE or computer document that will take you to another page or document if you CLICK on it" (Summers et al. 2005: 801).

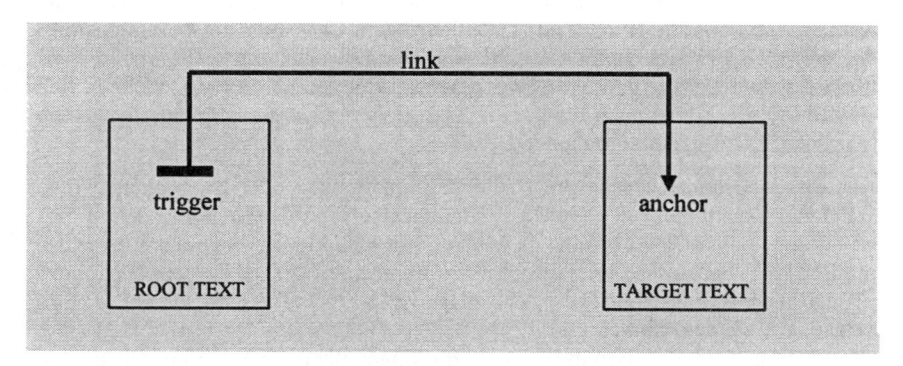

Abb. 4.8: Elemente eines *hypertext link* (vgl. Jucker 2002: 39)

Ein Link wird also durch einen Auslöser in einem Ausgangstext aktiviert und stellt eine Verbindung zu einer **Verankerung** (*anchor*) in einem Zieltext her. Wenn sich der Link auf den Zieltext als Ganzes bezieht, bildet in der Regel dessen Über-

4. Textklassifikation

schrift die Verankerung. Im elektronischen Hypertext können Auslöser durch ikonische Abbildungen sowie unterstrichene, farbige oder fettgedruckte Wörter signalisiert sein. Im gedruckten Text dagegen sind Auslöser hochgestellte Fußnotenziffern im Text oder andere textinterne Referenzen wie *see table 4* oder *as discussed in the previous chapter*. Die Verankerung bei Fußnoten im gedruckten Text ist der Beginn der Fußnote selbst, der durch dieselbe Zahl wie der Auslöser im Ausgangstext gekennzeichnet ist.

Weiterhin weisen gedruckte Texte eine festgelegte und unveränderliche Form auf, während elektronische Texte auch nach der Veröffentlichung noch modifiziert und aktualisiert werden können. Der User kann dabei selbst zum Ko-Autor werden, wie beispielsweise bei der Online-Enzyklopädie *Wikipedia*. Zudem können elektronische Texte mit Bildern, Filmclips oder auch akustischen Signalen verbunden werden, sodass von **Hypermedia** gesprochen wird, einer Wortmischung aus *Hypertext* und *Multimedia* (vgl. Storrer 2000: 228). Beispielsweise ist es auf der Homepage der britischen Regierung möglich, Reden des Premierministers als Clips zu betrachten. Zwar können auch in gedruckten Texten Abbildungen vorkommen, doch existieren hier keine bewegten Bilder oder hörbaren Textteile, welche die Aufmerksamkeit auf sich ziehen.

Elektronische Korpora bieten die Möglichkeit des **Tagging**, wodurch der Benutzer beispielsweise zu jedem Wort die Wortart abrufen kann. Dadurch kann in elektronisch aufbereiteten Texten weit effektiver nach bestimmten Kollokationen oder syntaktischen Konstruktionen gesucht werden als in gedruckten. Im Gegensatz zum gedruckten Wort können elektronische Texte zudem menschliche Interaktion simulieren. Ein Beispiel hierfür sind Bestellungen bei Internet-Buchhändlern, bei denen vom Kunden nach und nach verschiedene Daten und Wünsche abgefragt werden. Elektronische Hypertexte ermöglichen dem User die neue Rezeptionsform des **Browsing**, bei dem dieser Antworten auf eine Fragestellung sucht, indem er einen individuellen Weg durch die Hyperlinks beschreitet. Schließlich zeichnen sich elektronische Verlinkungen durch eine weit größere Geschwindigkeit aus, als sie bei gedruckten Büchern möglich ist.

Aus diesen Gründen erscheinen Bedienungsanleitungen oder Nachschlagewerke zunehmend nicht mehr in gedruckter, sondern in elektronischer Form. Schon aufgrund ihrer physischen Form ist es leichter, mit ihnen umzugehen als mit mehreren Bänden, wie zum Beispiel die Online-Ausgabe des *Oxford English Dictionary (OED)* beweist. Elektronische Nachschlagewerke sind effektiver, da sie leichter aktualisiert werden können und die gesuchten Themen einfacher zu finden sind. Gleichzeitig wird der Benutzer durch die angebotenen Auswahlmöglichkeiten stärker aktiv eingebunden, und der elektronische Hypertext spiegelt adäquater die Realität wider, die ebenfalls keine eindeutige lineare Struktur aufweist, sondern oft durch Überlappungen und Querverbindungen gekennzeichnet ist.

4.4.3 Hypertext, Hypertextnetze und E-Texte

Eine nützliche Abgrenzung des Terminus Hypertext von den Begriffen „Hypertextnetz" und „E-Text" formuliert Storrer (vgl. 1999: 34-40). Hypertexte werden hier allerdings ausschließlich als *elektronische* Texte gesehen, die ein bestimmtes Thema in nicht-linearer Weise behandeln und eine erkennbare Textfunktion besitzen, wie etwa ein Nachschlagewerk im *World Wide Web*. Verwaltet werden Hypertexte von einem **Hypertextsystem** *(hypertext system)*, also einer speziellen Software, welche die Produktion und Rezeption des Hypertextes organisiert. Dazu gehören Webbrowser wie der Microsoft Internet Explorer oder Mozilla Firefox.

Hypertextnetze *(hypertext nets)* konstituieren größere Organisationseinheiten, denn sie bilden Verknüpfungen zahlreicher Hypertexte und E-Texte durch Links. So stellt das *World Wide Web* ein in seiner Gesamtheit schier unüberschaubares Hypertextnetz dar, das zahlreiche Hypertexte enthält. Auf dieser Basis kann zwischen intratextuellen, intertextuellen und extratextuellen Hyperlinks unterschieden werden (vgl. Storrer 1999: 39). Intratextuelle Links operieren zwischen verschiedenen Modulen desselben Hypertextes, während intertextuelle Links zu anderen Hypertexten führen, die aber unter der Kontrolle derselben Autoren sind, wie etwa Hilfstexte oder thematisch verwandte Webseiten. Extratextuelle Links schließlich verweisen in Stellen des Hypertextnetzes, die nicht direkt thematisch verwandt sind und von den Autoren nicht unmittelbar kontrolliert werden können. Im Gegensatz zu Hypertexten haben Hypertextnetze keine einheitliche textuelle Funktion, da sie von einer Vielzahl von Autoren mit verschiedenen Intentionen verfasst werden.

E-Texte *(e-texts)* (< 'elektronische Texte') sind elektronisch publizierte und linear organisierte Texte, die einzelne Bestandteile von Hypertexten oder Hypertextnetzen konstituieren. Es handelt sich dabei zum Beispiel um wissenschaftliche Aufsätze oder Zeitungsartikel, die im PDF-Format online erscheinen. Häufig werden diese von Benutzern des Internet heruntergeladen und ausgedruckt. Der Grund für ihre Veröffentlichung im *World Wide Web* besteht darin, dass sie dadurch schnell und kostengünstig einer sehr großen Anzahl potenzieller Leser zugänglich gemacht werden können. Wenn auch die Abgrenzung zwischen den drei genannten Kategorien nicht immer eindeutig ist, liefern sie doch einen terminologischen Hintergrund, vor dem die speziellen Formen der Kohäsion und Kohärenz im Hypertext diskutiert werden kann.

4.4.4 Kohäsion und Kohärenz im Hypertext

Während E-Texte aufgrund ihrer Linearität ähnliche Vertextungsformen zeigen wie gedruckte lineare Texte, weisen Hypertexte und Hypertextnetze hinsichtlich ihrer Kohäsion und Kohärenz einige Besonderheiten auf. An die Stelle von ge-

4. Textklassifikation

ordneten Absätzen und Kapiteln treten Module und Modulcluster, die vom User in selbst gewählter Abfolge rezipiert werden (vgl. Bublitz 2005: 322).

Das grundsätzliche Problem bei der Kohäsion im Hypertext besteht also darin, dass der Autor bzw. Designer meist nicht voraussagen kann, von welchem vorherigen Modul der User gerade kommt, wenn er ein bestimmtes Modul erreicht. Dies hat zur Folge, dass die Verankerung im Zieltext keine anaphorischen Pro-Formen enthält, durch die auf ein vorausgehendes Modul verwiesen werden könnte. Andererseits ist die *lexikalische* Kohäsion in Links stark vertreten, wenn etwa in *trigger* und *anchor* wörtliche Repetitionen auftreten oder zwischen ihnen semantische Relationen bestehen.

Dies ist möglich im Falle **semantisch gefüllter Links (***semantically filled links***)**, bei denen erkennbare inhaltliche Verbindungen vorhanden sind (vgl. Jucker 2002: 41). Beispielsweise gibt es im offiziellen Internetauftritt der US-amerikanischen Regierung <www.whitehouse.gov> auf der Startseite Links wie „President", „News" oder „History & Tours". Klickt der User auf den Auslöser „President", so gelangt er zu einer untergeordneten Seite, die mit „President of the United States" übertitelt ist, also eine lexikalische Repetition enthält. Zudem existieren auf dieser Seite neue Links wie „Presidential Biography" oder „Oval Office Video Tour", die durch partielle Rekurrenz bzw. begriffliche Nähe ebenfalls in ein lexikalisches Kohäsionsverhältnis zum ursprünglichen Auslöser treten. In ähnlicher Weise gibt es bei Online-Ausgaben von Zeitungen auf der Startseite Überschriften, die zum eigentlichen Artikel führen. Dadurch, dass die lexikalische Kohäsion stark vertreten ist, können also grammatische Mittel wie Pronomina und Konjunktionen in Hypertexten reduziert werden, ohne dass die Kohärenzherstellung ernsthaft gefährdet ist (vgl. Fritz 1999: 230).

Andererseits existieren auch **semantisch leere Links (***semantically empty links***)**, bei denen keine explizite inhaltliche Beziehung zwischen *trigger* und *anchor* besteht (vgl. Jucker 2005: 290). Beispiele hierfür sind etwa Formulierungen wie *for further information click here* oder simple Hinweise wie *more* bzw. *full article*. Der User kann also nur aufgrund des Kontexts im Ausgangstext erahnen, welche Informationen durch das Anklicken des Auslösers zu erwarten sind. In gedruckten Hypertexten können semantisch leere Links durch Fußnotenziffern realisiert sein, denn die bloße Zahl gibt noch keinen Hinweis auf Inhalte.

Die nicht-lineare Organisation von Hypertexten hat zur Folge, dass Rezipienten bei der Herstellung von Kohärenz noch stärker als bei linearen Texten aktiv werden müssen. Der User folgt beim Browsen in der Regel einem **selbst gewählten Pfad (***self-selected path***)** (vgl. Fritz 1999: 222) im Hypertext und ist dadurch für die Kohärenzherstellung weitestgehend selbst 'verantwortlich'. Ein und dasselbe Modul kann also je nach beschrittenem Pfad unterschiedliche kommunikative Funktionen erfüllen, die jeweils vom User erschlossen werden müssen. Eine bedeutende Rolle spielen hierbei vorausschauende Strategien (*forward-looking strategies*), d.h. der User muss abwägen, welche Links es sich anzuklicken lohnt, um

4.4 Hypertext und elektronische Interaktion

die gewünschte Information zu erhalten (vgl. Fritz 1999: 229-230 und Bublitz 2005: 321). Dies entspricht dem Versuch in einer *Face-to-face*-Konversation, dem Gesprächspartner eine bestimmte Auskunft zu entlocken.[34] Vorausschauende Strategien stellen an den User hohe Anforderungen, und oft wird erst nach Abrufen des Links deutlich, ob die erwartete Kohärenz herzustellen ist. Kohärenz ergibt sich hier keineswegs 'automatisch', denn – wie viele Internetnutzer aus eigener Erfahrung wissen – oft sind Links nicht aussagekräftig genug oder vage formuliert, sodass die Erwartung enttäuscht wird. Andererseits existieren in Hypertexten bisweilen auch **vordefinierte Pfade** (*pre-defined paths*), bei denen die Kohärenz sich wie in linearen Texten gestaltet. Beispiele hierfür sind Installations- oder Einführungsprogramme, bei denen der User jeweils nur einen *next*-Schalter zu betätigen hat.

Die Bildung von Kohärenz wird im Hypertext prinzipiell durch drei Typen von Navigations- oder Orientierungshilfen unterstützt, die sich hinsichtlich ihrer Funktionen unterscheiden lassen (vgl. Storrer 1999: 49-61).

a) Überblickshilfen (*global orientation devices*): Der User wird in seiner Absicht unterstützt, eine Gesamtschau der thematischen Struktur des Hypertextes zu erwerben. Beispielsweise besteht für manche Hypertexte die Möglichkeit, ihren Aufbau in Form eines Netzes grafisch abzurufen, wobei die Module als Knoten und die Links als Kanten visualisiert werden. Alternativ können komplexere Hypertexte visuell als virtuelle Bibliotheken mit Regalen dargestellt werden. Die Überblickshilfen sind oft im elektronischen Rahmentext anzutreffen, also dem Bereich auf dem Bildschirm, der mehr oder weniger unverändert bleibt, während man sich im Hypertext bewegt. Dies hat den Vorteil, dass die übergeordneten Links im Rahmen unabhängig davon angeklickt werden können, in welchem Modul sich der User gerade befindet.

b) Kontextualisierungshilfen (*contextualisation devices*): Bestimmte Indikatoren machen deutlich, in welchem Modul des Hypertextes sich der Benutzer aktuell aufhält. Einerseits ist die Kontextualisierung in inhaltlicher Hinsicht möglich, wenn sie angibt, welchen thematischen Bezug ein Modul zum Gesamtthema des Hypertextes hat. Andererseits kann eine navigatorische Kontextualisierung anzeigen, welche Module vom aktuellen Modul aus zugänglich sind. Die Kontextualisierung findet sich in der Regel im elektronischen Rahmentext, wenn beispielsweise auf der Homepage eines Versandhändlers durch eine visuell hervorgehobene Karteikarte signalisiert wird, ob man gerade im Bereich der Bücher, CDs oder DVDs sucht. Eine alternative Möglichkeit der Kontextualisierung besteht darin,

---

[34] Auch andere Parallelen zu gesprochenen Konversationen können gezogen werden. Beispielsweise gibt es *Pop up*-Fenster, durch die wie in einer eingeschobenen mündlichen Sequenz Fachtermini erklärt werden (vgl. Fritz 1999: 226). In der Rubrik *FAQ* (*frequently asked questions*) werden projizierte Fragen und entsprechende Antworten in Form von Paarsequenzen dargeboten (vgl. Kap. 5.2.1).

4. Textklassifikation

dass der Bezug zur Startseite angezeigt wird, wie zum Beispiel durch die Angabe „Home > President > Photo Essays" auf der bereits genannten Webseite der US-Regierung.

c) **Retrospektive Hilfen** (*retrospective orientation devices*): Es gibt Möglichkeiten für den Benutzer, seinen bisherigen Pfad durch den Hypertext zurückzuverfolgen. So führen Hypertextsysteme, also beispielsweise Internet-Browser, in der Regel ein Protokoll über die zuletzt betrachteten Seiten. Die einfachste Form besteht im Rücksprung (*backtracking*) zur vorherigen Seite, doch lässt sich häufig auch eine Chronik (*history*) abrufen, in der die schon betrachteten Module aufgelistet sind und direkt angesteuert werden können. Sehr nützlich sind hier auch 'Favoriten' bzw. Lesezeichen (*bookmarks*), die es erlauben, die wichtigsten WWW-Adressen gesondert zu sammeln und bequem erneut abzurufen. Schließlich existiert auch die Möglichkeit, dass die bereits angeklickten Auslöser optisch hervorgehoben werden, etwa durch eine andere Farbe. Durch diese so genannten 'Brotkrumen' (*bread crumbs*) wird verhindert, dass der Benutzer eine Seite versehentlich ein zweites Mal öffnet.

Abschließend kann – aufgrund ihrer Funktion bei der Kohärenzherstellung – zwischen drei Arten von Auslösern unterschieden werden (vgl. Jucker 2005: 289-291). Grundsätzlich haben Auslöser die Funktion einer direktiven Illokution (vgl. Kap. 4.2.2), da sie Gesuche bzw. Anfragen darstellen, die durch das Anklicken in die Tat umgesetzt werden. Erstens existieren **what-triggers**, die eine Bitte um Information in der Art *What can you tell me about x?* darstellen. Beispielsweise kann eine Überschrift in einer Online-Zeitung angeklickt werden, wodurch ausführlichere Informationen im entsprechenden Artikel erreicht werden. Die resultierende Kohärenz beruht auf einer Frage-Antwort-Paarsequenz (vgl. Kap. 5.2.1), denn der Zieltext gibt idealerweise Antworten auf die implizite Anfrage, die sich aus der Aktivierung des Auslösers ergibt.

Der zweite Typ sind **where-triggers**, die der Frage *Where am I?* entsprechen. So können sie den Benutzer beispielsweise zum Anfang eines Dokumentes oder Hypertextes bringen oder ihn in einer Sequenz von Modulen einen Schritt zurück oder nach vorn befördern. Sie unterstützen die Kohärenzherstellung dadurch, dass der User sich mit ihrer Hilfe zu orientieren vermag. Drittens gibt es **do-triggers**, die keine Frage, sondern eine Aufforderung darstellen, wenn beispielsweise ein Dokument in die Druckansicht umgewandelt oder in einer anderen Sprache angezeigt werden soll. Hierher gehören auch Auslöser, die einen Filmausschnitt abspielen oder den Befehl geben, eine Datei herunterzuladen. Kohärenz ergibt sich hier daraus, dass vorhersagbare Aktionen wunschgemäß durchgeführt werden. Insgesamt ist also festzustellen, dass der traditionelle Kohärenzbegriff (vgl. Kap. 3) zwar auch auf Hypertexte anwendbar ist, dass hier aber zusätzliche Besonderheiten zu berücksichtigen sind.

4.4.5 Neue elektronische Interaktionsformen

In den letzten Jahrzehnten haben sich neue elektronische Interaktionsformen entwickelt, deren Untersuchung ebenfalls in den Bereich der Textlinguistik gehört. Insbesondere sind hier E-Mail, Internet Chatgroups, Weblogs und *Texting* bzw. die Nutzung des *Short Message Service* (*SMS*) per Mobiltelefon zu nennen.

Eine der bedeutendsten Möglichkeiten, die sich durch das neue Medium Internet ergeben, ist das elektronische Versenden von Nachrichten per **E-Mail** (vgl. Crystal 2006: 99-133). Im Gegensatz zum gedruckten Genre Brief (*'snail mail'*) wird dieser Text sofort übertragen und kann direkt auf dem Bildschirm des Adressaten angezeigt werden. Es resultiert daraus ein stark interaktiver Charakter, der trotz der visuellen Rezeption zu einer dialogischen Kommunikationssituation führen kann, wenn sich die Interaktanten gegenseitig mehrere E-Mails nacheinander zusenden. Eine besonders ausgeprägte Form der Intertextualität resultiert daraus, dass man beim Beantworten einer E-Mail die ursprüngliche Nachricht in mehrere Teile zerlegen und dadurch auf einzelne Sätze bzw. Sprechakte direkt reagieren kann. Es ergibt sich somit ein virtueller Dialog mit möglichen Frage-Antwort-Paarsequenzen (vgl. Kap. 5.2.1). Die Kohäsion ist dadurch enger gewoben als bei der herkömmlichen gedruckten Korrespondenz, wodurch auch die Herstellung der Kohärenz unterstützt wird.

Darüber hinaus kann die erhaltene Nachricht in der entsprechenden Antwort auch in anderer beliebiger Weise umgestellt und formatiert werden, und die Kommunikationssituation kann bequem erweitert werden, wenn eine Nachricht an Dritte weitergeleitet oder an mehrere Adressaten verschickt wird. Eine intertextuelle Verschachtelung kommt zustande, wenn mehrere Nachrichten und ihre Beantwortungen nach einer Reihe von Interaktionen in einer E-Mail vereint sind. Der Grad der Unterordnung kann durch die einfache oder mehrfache Verwendung des Pfeils „>" am Zeilenanfang angezeigt werden. Eine weitere Besonderheit, die E-Mails in die Nähe gesprochener Interaktion rücken, ist die Verwendung von *emoticons* (*smileys*) (vgl. Abb. 4.9). Ihre Leserichtung ist im Vergleich zum Rest des Textes um 90 Grad nach links gedreht (vgl. Crystal 2006: 40).

Emoticons simulieren Gesichtsausdrücke, die bestimmte Gefühle, Einstellungen und andere nonverbale Reaktionen signalisieren, wie sie in einer *Face-to-face-*Konversation üblich sind. Da die begleitende Intonation fehlt, können sie zwar mehrdeutig sein, doch machen sie den Text kompakter, da sie eine explizite Ausformulierung ersetzen. Sie bestehen aus Kombinationen von Interpunktionszeichen, Buchstaben und Zahlen, die eine Art Piktogramm bilden. Da sie also Abbildungen sind, gehören sie nicht zum eigentlichen Text, der im engeren Sinne ausschließlich aus sprachlichen Zeichen besteht (vgl. Kap. 1.5).

4. Textklassifikation

:-)		User is pleased, happy, etc.
:-(		User is sad, dissatisfied, etc.
;-)		User winks (in any of its meanings)
:*)		User is drunk
:~		User has a cold
:-@		User is screaming
;-(	:~(	User is crying
%-(	%-)	User is confused
:-o	8-o	User is shocked, amazed
:-]	:-[	User is sarcastic

Abb. 4.9: Beispiele für *emoticons (smileys)*

Der Terminus **Chatgroups** bezieht sich auf Diskussionsforen, die von zahlreichen Usern genutzt werden, um sich in so genannten *chatrooms* auf speziellen Webseiten über bestimmte Themen auszutauschen. Diese innovative Form der *computer-mediated communication* ermöglicht es einer großen Anzahl von Teilnehmern, die in der Regel unter einem Pseudonym teilnehmen, synchron miteinander zu diskutieren (vgl. Crystal 2006: 156-177). *Internet Relay Chat* (*IRC*) ist ein weit verbreitetes System, das Tausende von 'Räumen' mit verschiedenen Themengebieten anbietet. Die eingetippten Diskussionsbeiträge erscheinen nacheinander auf dem Bildschirm und können von allen Teilnehmern gleichzeitig gelesen und beantwortet werden. Dadurch unterscheidet sich diese Interaktionsform von *Face-to-face*-Gesprächen, da man im letzteren Fall nur mit wenigen Partnern gleichzeitig sprechen kann. Es handelt sich also um eine besondere Form spontaner dialogischer Interaktion, die ein beträchtliches Tempo aufweist. Ergänzt wird die Kommunikationssituation durch Kommentare des Servers, der beispielsweise Auskunft darüber gibt, wer gerade den 'Raum' betreten oder verlassen hat.

Bei dieser Art des Chats ist es häufig der Fall, dass auf dem Bildschirm nach einer Frage nicht direkt die entsprechende Antwort folgt, sondern dass zunächst weitere Diskussionsbeiträge anderer Teilnehmer angezeigt werden, die sich zudem an andere Adressaten richten können. Da also die sequenzielle Abfolge im virtuellen 'Gespräch' gestört wird (vgl. Kap. 5.2), ist die textuelle Kohärenzherstellung potenziell gefährdet (vgl. Johnstone 2002: 189). Auch kommt es nicht selten vor, dass Kommentare zunächst ohne Erwiderung bleiben, sodass sie ein zweites Mal zur Diskussion gestellt werden. Da die Teilnehmer allerdings mit den Besonderheiten dieser Kommunikationssituation vertraut sind, sind sie in der Regel äußerst tolerant und bereit, die partiell unzusammenhängende Aneinanderreihung von Äußerungen als Text zu akzeptieren.

4.4 Hypertext und elektronische Interaktion

Eine weitere elektronische Kommunikationsform, die besonders seit der Jahrtausendwende stetig an Bedeutung gewonnen hat, sind **Weblogs**, die in abgekürzter Form oft auch als *Blogs* bezeichnet werden (vgl. Crystal 2006: 238-247). Es handelt sich hierbei meist um persönliche Webseiten, auf denen die Betreiber in unregelmäßigen Abständen tagebuchähnliche Einträge unterschiedlichen Umfangs veröffentlichen. Diese Textsegmente erscheinen in umgekehrt chronologischer Reihenfolge und werden häufig in hypermedialer Weise durch Abbildungen ergänzt. Blogs können monologischen Charakter haben, doch gestatten die meisten von ihnen auch Kommentare von anderen Bloggern. Sie unterscheiden sich von Chatgroups dadurch, dass ihre inhaltliche und formale Gestaltung der Kontrolle eines bestimmten Users unterliegt, wobei in der Regel kein synchroner spontaner Austausch stattfindet. Neben persönlichen Blogs, die individuelle Ansichten über generelle Thematiken behandeln, existieren auch themenspezifische Blogs, die Bereichen wie der Politik, des Sports oder der Religion gewidmet sind. Kohäsion und Kohärenz zu anderen Hypertexten im World Wide Web resultieren bei Blogs oft aus zahlreichen Hyperlinks.

Eine neue Form der elektronischen Interaktion, die nicht auf dem Internet, sondern dem Mobiltelefon beruht, ist der Gebrauch des **Short Message Service (SMS)**, der auch *Texting* genannt wird (vgl. Crystal 2006: 262-264). Die Gestalt derartiger Nachrichten ist stark von den äußeren Kommunikationsbedingungen beeinflusst, die sich in einem sehr kleinen Display, einer beschränkten Zeichenzahl und einer winzigen Tastatur manifestieren. Diese Umstände haben dazu geführt, dass die Texte besonders häufig durch Abkürzungen komprimiert werden, die nur mit entsprechendem Vorwissen verständlich und akzeptabel sind (vgl. Abb. 4.10).

CUL8R	'see you later'
BRB	'be right back'
RUOK	'are you okay?'
BTDT	'been there, done that'
F2T	'free to talk?'
PCM	'please call me'
YYSSW	'Yeah, yeah, sure, sure, whatever'
HHOJ	'Ha, ha, only joking'
RU2CNMEL8R	'Are you two seeing me later?'

Abb. 4.10: Abkürzungen in Kurznachrichten per Mobiltelefon

Derartige Kurzformen, die ein distinktives Stilmerkmal des Genres Kurznachricht bilden, helfen dem Textproduzenten nicht nur bei der Reduktion der Telefonkos-

4. Textklassifikation

ten, sondern auch beim Sparen von Zeit und Energie. Dabei hängt die Kohärenzherstellung selbstverständlich davon ab, ob der Rezipient mit den Abkürzungen bereits vertraut ist oder ihre Bedeutung aus dem Kontext zu erschließen vermag. Da die Übertragung von Kurznachrichten äußerst rasch vonstatten geht, bieten auch sie die Möglichkeit dialogischer Kommunikation im elektronischen Medium.

Es ist also insgesamt festzuhalten, dass die neuen elektronischen Interaktionsformen trotz ihrer visuellen Rezeptionsform – auf dem Monitor oder einem Display – nicht mit der schriftsprachlichen Kommunikation gleichzusetzen sind, sondern aufgrund ihres dialogischen Charakters auch bestimmte Eigenschaften mit gesprochenen Konversationen gemein haben (vgl. Kap. 5).

4.5 Zusammenfassung

Die Vielzahl der vorhandenen Kriterien zur Klassifikation eines Textes hat gezeigt, dass ein angemessenes Analysemodell mehrere Ebenen umfassen muss. Es ist notwendig, einen Text aus verschiedenen Blickwinkeln zu betrachten, um zu einer aussagekräftigen Einordnung zu gelangen. Die drei zentralen Perspektiven, die aus den vorgestellten Ansätzen hervorgehen, betreffen die Form bzw. Struktur, die Funktion und die Kommunikationssituation. Dabei ist zu beachten, dass die drei Ebenen nicht getrennt voneinander zu sehen sind, sondern dass sie sich gegenseitig bedingen und beeinflussen.

Die **Form** bzw. **Struktur** eines Textes bezieht sich zunächst auf die Merkmale von Kohäsion und Kohärenz (vgl. Kap. 2 und 3), wobei die texttypischen Sequenzformen (lokal, temporal, explikatorisch, additiv, kontrastiv und enumerativ) als spezielle kohäsive Strukturen einzuordnen sind. Hinzu treten grammatische und lexikalische Stilmerkmale, die ein bestimmtes Textidiom konstituieren. In ähnlicher Weise bilden diese Merkmale die Basis für die genannten Dimensionen sprachlicher Variation, auf denen Genres basieren (*involved/informational production, narrative/non-narrative concerns, explicit/situation-dependent reference, persuasion* sowie *abstract/non-abstract style*). Im Falle elektronischer Hypertexte existieren zusätzliche Strukturprinzipien, die sich in Hyperlinks, selbstgewählten Pfaden und Navigationshilfen äußern. In gesprochenen Texten finden sich dagegen Regularitäten, die auf der wechselseitigen Interaktion der Kommunikationsteilnehmer beruhen (vgl. Kap. 5).

Hinsichtlich der **Funktion** eines Textes ist – unter Berücksichtigung der dominierenden Sequenzformen – zu prüfen, welcher texttypische kognitive Prozess (räumliche/zeitliche Wahrnehmung, Verstehen, Urteilen oder Planen) vorherrscht und welchen Zweck dieser im konkreten Fall erfüllt. Alternativ dazu kann eine funktionale Einordnung auf der Basis der zentralen Textillokution vorgenommen werden (repräsentativ, direktiv, kommissiv, expressiv oder deklarativ). Diese beruht sowohl auf den Kriterien des illokutionären Zwecks, der Entsprechungsrichtung und der psychischen Einstellung wie auch auf bestimmten sprachlichen Illokutionsindikatoren.

Die **Kommunikationssituation** umfasst nicht nur das Setting (Ort und Zeit) und das Medium (gesprochen, geschrieben oder elektronisch), sondern bezieht sich auch auf die verwandte Frage, ob eine monologische oder dialogische Kommunikationsform vorliegt. Des Weiteren gehört hierzu das Beschäftigungsfeld, das mit einem beruflichen oder privaten Kontext in Verbindung stehen kann, und es ist zu prüfen, welche – potenziell abweichenden – Intentionen die Sprecher durch ihre jeweiligen Äußerungen verfolgen. Schließlich ist auch die soziale Beziehung der Kommunikationsteilnehmer zueinander relevant, da diese oft beträchtliche Auswirkungen auf die stilistische Gestaltung des Textes hat.

4.6 Übungen

1) Welcher der Texttypen gemäß Egon Werlich dominiert in Auszug 4.7, der einem Wanderführer entnommen ist? Gehen Sie auf die Sequenzformen und Stilmerkmale des entsprechenden Textidioms ein!

(4.7) Taking its name from the Anglo-Saxon kingdom of Northumbria (north of the River Humber), Northumberland is one of the largest, emptiest and wildest of England's counties (1). There are probably more castles and battlefield sites here than anywhere else, providing vivid reminders of long and bloody struggles between the English and Scots (2). The castles all have fascinating histories; most changed hands several times as the border was pushed back and forth over the centuries (3). In the south of the country are older remains and reminders of even earlier battles from the time of Roman occupation – villas, forts and roads, plus Hadrian's Wall, one of Britain's most famous ancient monuments (4). (Else 2001: 318)

2) Welche Textfunktion gemäß John Searles Illokutionstypen dominiert typischerweise in den Genres a) Predigt, b) Liebesbrief, c), Unfallbericht und d) Vertrag?

3) Der folgende Text 4.8 erschien am 31. Januar 2005 im US-amerikanischen *Time Magazine* als Reaktion darauf, dass Präsident George W. Bush von der Zeitschrift als „Person of the Year" gekürt wurde; a) Welches Genre liegt vor? b) Welche Kennzeichen deuten darauf hin (Dimensionen der situationellen Beschränkung)? c) Welcher der fünf Werlich'schen Texttypen dominiert?

4. Textklassifikation

(4.8) I presume that you chose Bush more for his negative achievements–of which there are many–than for anything constructive (1). In fact, I can't think of anything positive he has done, except to deceive the American people into voting him into a second term, if that can be regarded as positive (2). No one likes to think that the population of the U.S. is completely stupid, but if voters supported Bush and his cronies, fully convinced they were the right choice, then Americans got what they deserve (3). TIME should have selected the American people as Fools of the Year (4). Pity the rest of the world (5). But we don't count, do we? (6)

SUSAN HAFNER
Balsthal, Switzerland
(Hafner 2005: 10)

4) Welche Textfunktion steht bei Textbeispiel 4.9 im Mittelpunkt, das am Anfang der Bedienungsanleitung zu einem Fernsehgerät abgedruckt ist? Welche stilistisch distinktiven Merkmale korrespondieren mit dem vorliegenden Genre?

(4.9) **YOUR GUARANTEE**
UK and Ireland (GB + IRL)

Dear Customer,
Thank you for purchasing this THOMSON multimedia product and for your confidence in our company (1). This product meets applicable safety requirements and has undergone stringent testing during manufacture (2).

However, should there occur a defect, the product or its defective part(s) (excluding accessories and consumables) will be repaired free of charge (labor and parts) or, at THOMSON multimedia's discretion, exchanged for a similar item, provided that it has been returned within 12 (twelve) months from the date of original purchase (date of receipt), is defective in materials and/or workmanship and has been bought in any of the following countries: F, I, E, P, GB, IRL, D, CH, A, B, L, NL (Territory) or in a Duty-free shop in the named countries (3). (*TV User Manual* 2000: 3)

5) Welche Genres liegen in den Texten 4.10 und 4.11 vor? Klassifizieren Sie diese beiden Beispiele hinsichtlich Form bzw. Struktur, Funktion sowie Kommunikationssituation!

(4.10) **A Prayer for Our Country**

Almighty God, you have given us this great land as our heritage (1). We humbly pray that we may always remember your generosity and faithfully do your will (2). Bless our land with honest industry, truthful education and an honourable way of life (3). Defend our liberties and strengthen the resolve of the people who have come from throughout the world to make

America their home (4). Lead us to choose the harder right instead of the easier wrong (5). Help us to appreciate the opportunities that are ours as we struggle to bring harmony to an unsettled world (6). May we balance our concern for justice with a willingness to display mercy, and may our concern for security be tempered with a willingness to take risks which will produce worthwhile change for the good of all people (7). O Lord, we pray for your guidance as we work together for the best interest of our communities, our nation, our world, and the ultimate goal of peace (8). When times are prosperous, let our hearts be thankful and in troubled times may our deepest trust be in you (9). Amen (10). (Ellis 1999: 12)

(4.11) **OUTLOOK**

It will be a breezy and cold day tomorrow in bitter north winds (1). After a frosty and icy start, it will be a fine day in many places with spells of bright or sunny spells across the country (2). However, Northern Scotland will have a few snow showers at times (3). North Sea coastal counties of England will also have a few snow showers throughout the day (4). („Outlook" 2005: 53)

Weiterführende Literatur: Coulthard (1994), Brinker et al. (2000), Schiffrin/Tannen/Hamilton (2001), Johnstone (2002) und Renkema (2004). Zur Texttypologie vgl. Enkvist (1988), Esser (1991), Longacre (1976 und 1996) und Schubert (2000). Zu Registern und Fachtextsorten vgl. Beier (1980), Barnickel (1982), Gläser (1990), Parsons (1990), Swales (1990), Biber (1995) und Diller (2002). Zu Hypertexten vgl. Fritz (1999), Storrer (2000) und Jucker (2005). Zur Diachronie von Textsorten vgl. Görlach (2004). Zur korpusbasierten Analyse von Texten vgl. Stubbs (1996). Zu soziolinguistischen Perspektiven der Textanalyse vgl. Widdowson (2004).

5. Konversationsanalyse

Wie bereits ausgeführt (vgl. Kap. 1.2), spielt die **Konversationsanalyse (*conversation analysis, CA*)** innerhalb der Diskursanalyse im angloamerikanischen Raum eine wichtige Rolle. Da Texte nicht nur im schriftlichen, sondern auch im mündlichen Medium auftreten, leistet die Konversationsanalyse auch zur Textlinguistik einen wesentlichen Beitrag. Es zeigen sich in gesprochenen dialogischen Texten zusätzliche satzübergreifende Strukturen, welche die bereits erläuterten Phänomene der Kohäsion und Kohärenz ergänzen und überlagern. Zu nennen sind hierbei insbesondere die sequenzielle Organisation der Gesprächsbeiträge, Mechanismen des Sprecherwechsels sowie Reparaturen problematischer Aussagen.

Die Ursprünge der Konversationsanalyse liegen im soziologischen Ansatz der **Ethnomethodologie (*ethnomethodology*)**, die sich damit beschäftigt, wie Sprache als Mittel der sozialen Interaktion fungiert (vgl. Coulthard 1985: 59). Im Zentrum steht hier die Ermittlung sprachlicher Normen, die es den Mitgliedern einer Gemeinschaft erlauben, ihr alltägliches Zusammenleben zu organisieren (vgl. Hutchby/Wooffitt 1998: 14). Der wichtigste Vertreter ist Harvey Sacks, der gemeinsam mit Emanuel Schegloff und Gail Jefferson mehrere grundlegende Studien veröffentlichte (vgl. z.B. Sacks/Schegloff/Jefferson 1974 und Schegloff/Jefferson/Sacks 1977). Dieser Ansatz zeichnet sich durch ein streng empirisches Vorgehen aus, d.h. er untersucht ausschließlich authentische Gespräche, die mit einem Tonband aufgezeichnet wurden. Da es bei der Konversationsanalyse um den kontextuellen Sprachgebrauch und Sprechhandlungen in bestimmten Kommunikationssituationen geht, fußt diese Disziplin zusätzlich auf Erkenntnissen der linguistischen Pragmatik, insbesondere den Studien von Austin (^{2}1975), Searle (1969) und Grice (1975).

Die Textbeispiele, die in den folgenden Ausführungen analysiert werden, entstammen teilweise englischen und amerikanischen Theaterstücken, sind aber hauptsächlich dem **Corpus of English Conversation (CEC)** (Svartvik/Quirk 1980) entnommen. Dieses Korpus, das 34 Konversationen aus dem *London-Lund Corpus* (*LLC*) in gedruckter Form umfasst, ist eine Kompilation spontaner Alltagsgespräche, die aufgezeichnet und anschließend schriftlich transkribiert wurden. Es handelt sich um gebildete Sprecher des britischen Englisch, deren Äußerungen zunächst ohne ihr Wissen aufgenommen wurden, doch wurden sie aus rechtlichen Gründen vor der Veröffentlichung um ihre Erlaubnis gefragt. Oft ist allerdings auch ein 'eingeweihter' Sprecher beteiligt, dessen Gesprächsbeiträge nicht intonatorisch transkribiert wurden, da dieses Wissen das Gesprächsverhalten beeinflussen kann. Die Transkription enthält prosodische Informationen, d.h. sie gibt Auskunft über Eigenschaften wie Lautstärke, Tonhöhe, Pausen und Überlappungen von Redebeiträgen. Folgende Transkriptionssymbole sind beim Lesen der Textbeispiele zu beachten (vgl. Svartvik/Quirk 1980: 21-23):

Transkriptionssymbole im *Corpus of English Conversation*	
[ ]	phonetische Transkription
?	Unklarheit bezüglich der Identität des Sprechers
■	Ende einer Intonationseinheit (*tone unit, TU*)
>A	Fortsetzung des Gesprächsbeitrags durch Sprecher A
<<sylls>>	unverständliche Silben
+ +, ++ ++	überlappende Gesprächsbeiträge zwischen Pluszeichen
↓	fallender Ton des folgenden Wortes
↑	steigender Ton des folgenden Wortes
↓↑	fallend-steigender Ton des folgenden Wortes
↑↓	steigend-fallender Ton des folgenden Wortes
→	gleichbleibender Ton des folgenden Wortes
a, b	Kleinbuchstabe für 'eingeweihten' Sprecher
.	kurze Pause
–	lange Pause

Intonationseinheiten sind Gesprächssegmente, die einen in sich abgeschlossenen Tonhöhenverlauf aufweisen, etwa eine fallende oder steigende Intonation. Syntaktisch entsprechen sie daher in der Regel Haupt- oder Nebensätzen, können aber auch nur aus einem einzelnen Wort bestehen. Jede Intonationseinheit besitzt einen Nukleus, der die am stärksten intonatorisch hervorgehobene Silbe bildet und in der Transkription typografisch durch Kapitälchen markiert ist. Auch die Kennzeichnung von Sprechpausen ist relevant, da diese beispielsweise als Signal für einen Sprecherwechsel fungieren können.

Vor der Beschreibung typischer konversationeller Strukturen bietet sich zunächst ein Blick auf prinzipielle Unterschiede zwischen geschriebenen und gesprochenen Texten an.

5.1 Unterschiede zwischen geschriebenen und gesprochenen Texten

Während schriftsprachliche Texte visuell wahrgenommen werden, beruhen mündliche Texte auf dem Gehörsinn, was zu mehreren sprachlichen und damit auch textlinguistischen Konsequenzen führt (vgl. Barnickel 1982: 84-151, Biber et al. 1999: 1041-1052 und Brown/Yule 1983: 6-19).

5.1 Unterschiede zwischen geschriebenen und gesprochenen Texten

a) Medium: Das gesprochene Medium gestattet dem Textproduzenten eine Reihe von akustischen Möglichkeiten, einzelne Textbestandteile hervorzuheben. Zu dieser Funktion können beispielsweise die Lautstärke oder die Tonhöhe eingesetzt werden, wobei Intonationsmuster bisweilen zusätzlich zur Kohäsion beitragen (vgl. de Beaugrande/Dressler 1981: 76-79). Weiterhin sind an prosodischen Mitteln wie einer Rhythmisierung oder einer erhöhten Sprechgeschwindigkeit bisweilen zusätzliche Bedeutungen wie zum Beispiel die Nervosität oder Erregtheit des Textproduzenten abzulesen. Im geschriebenen Text dagegen beruht die kommunikative Dynamik vor allem auf syntaktischen Mitteln der Wortstellung (vgl. Kap. 3.5.1). Daneben gibt es in der Schrift auch typografische Möglichkeiten wie den Kursiv- oder Fettdruck sowie Großbuchstaben und Interpunktionszeichen, die textuelle Funktionen einzelner Sätze – etwa als Frage oder Aufforderung – verdeutlichen.

b) Situativer Kontext: Bei der gesprochenen Interaktion befinden sich die beteiligten Sprecher in der Regel – einmal abgesehen von Sonderfällen wie Telefongesprächen – im selben räumlich-situativen Kontext. Es ist somit bei der *Face-to-face*-Konversation möglich, die konkrete sichtbare Umgebung als bekannt vorauszusetzen, wodurch exophorische Verweise wie in *I'd like that one over there* möglich werden. Da bei der geschriebenen Kommunikation hingegen meist keine gemeinsame Situation vorhanden ist, müssen die Äußerungen weit expliziter und präziser formuliert sein. Zudem besteht bei der dialogischen gesprochenen Kommunikation die Möglichkeit, an das Gegenüber unmittelbare Nachfragen zu stellen, wenn eine Aussage unklar erscheint. Schriftsprachliche Texte – mit Ausnahme bestimmter elektronischer Interaktionsformen (vgl. Kap. 4.4.5) – erlauben dies hingegen nicht, weswegen hier eine größere Ausführlichkeit nötig ist.

c) Produktionsprozess: Bei Konversationen läuft die Textproduktion in Echtzeit ab, weswegen der Sprecher nur wenig Zeit für die Vorausplanung zur Verfügung hat. Im geschriebenen Text dagegen kann der Produzent über Formulierungen länger nachdenken und die Worte gezielter wählen. Als Konsequenz folgt daraus, dass geschriebene Texte komplexere und elaboriertere Strukturen aufweisen als spontane gesprochene, was sich beispielsweise in verschachtelten Sätzen äußern kann. In gesprochenen Dialogen finden sich verstärkt Ellipsen und Koordinationen, was Auswirkungen auf die grammatische Kohäsion hat, da beispielsweise der Typ *conjunction* häufiger auftritt. Analoges gilt natürlich auch für die Textrezeption, denn ein Hörer muss die übermittelten Inhalte aufgrund des Zeitmangels schneller dekodieren als ein Leser.

Es ist allerdings einzuschränken, dass die Trennlinie zwischen geschriebenen und gesprochenen Texten nicht immer klar zu ziehen ist, weswegen auch die Charakteristika nicht immer eindeutig zuzuordnen sind (vgl. Crystal 1995: 292). So gibt es gesprochene Texte, die für das geschriebene Medium vorgesehen sind, wie zum Beispiel ein diktierter Brief oder ein Interview, das anschließend in einer Zeitung erscheint. Umgekehrt können Texte zuerst schriftlich verfasst und anschließend

5. Konversationsanalyse

mündlich vorgetragen werden, wie etwa politische Reden, Theaterstücke oder Fernsehnachrichten, die von einem Teleprompter abgelesen werden. Darüber hinaus bildet etwa die Ansage auf einem Anrufbeantworter ein Beispiel für eine nicht-interaktive Verwendung gesprochener Sprache, während die geschriebene Sprache im elektronischen Medium per E-Mail, SMS oder Internet-Chat durchaus interaktiv ist. Schließlich gibt es auch die Kombination von geschriebener und gesprochener Sprache, wenn beispielsweise während einer Powerpoint-Präsentation der an die Wand projizierte Text gleichzeitig auch mündlich vorgetragen wird.

5.2 Sequenzielle Organisation

Eine textlinguistische Betrachtung von Gesprächen zeigt schnell, dass diese keine willkürlichen Abfolgen von Gesprächsbeiträgen darstellen. Statt dessen bestehen sie aus geordneten Sequenzen von aufeinander bezogenen Äußerungen, sodass eine Konversation als eine Folge von mindestens zwei verbalen Gesprächsbeiträgen definiert werden kann. Dabei ist zu beachten, dass jeder Beitrag in seiner Funktion als sprachliche Handlung zu sehen ist, die beispielsweise eine Frage, Bitte oder Beschwerde zum Ausdruck bringen kann. Die Konversationsanalyse geht also über die Frage nach der Kohäsion hinaus und untersucht auch die jeweiligen Illokutionen. Gespräche sind in Paarsequenzen zu zerlegen, die eine bestimmte Präferenzorganisation aufweisen und in verschiedener Weise ausgebaut werden können, wie die folgenden Ausführungen zeigen.

5.2.1 Paarsequenzen

Nachbarschaftspaare bzw. **Paarsequenzen (*adjacency pairs*)**,[35] welche die fundamentalen Einheiten von Konversationen bilden, sind direkte Abfolgen zweier **Gesprächsbeiträge (*turns*)**, die von verschiedenen Gesprächsteilnehmern stammen und eine festgelegte Reihenfolge aufweisen (vgl. Schegloff/Sacks 1973: 295, Sacks 1995b: 554-560 und Coulthard 1985: 69). Die Äußerungen, die den ersten Bestandteil bilden, gehören zu den *first pair parts* und bereiten den Weg für die Abfolge einer Erwiderung aus den *second pair parts* durch den angesprochenen Gesprächspartner. So folgt beispielsweise auf eine Frage in der Regel eine Antwort, und ein Gruß ruft meist einen Gegengruß hervor.

---

[35] Die deutsche Terminologie beruht auf den Übersetzungen, wie sie in Streeck (1983), Gruber (2001) und Brinker/Sager (2006) verwandt werden.

5.2 Sequenzielle Organisation

> **Definition „Paarsequenz"**
>
> Paarsequenzen (*adjacency pairs*) sind angrenzende Gesprächsbeiträge verschiedener Kommunikationsteilnehmer, die sich aufeinander beziehen und eine festgelegte Abfolge haben.

Beim Konversationsbeispiel 5.1 handelt es sich um ein **Vorstellungsgespräch**, in dem ein männlicher Akademiker (a) einen Schüler (A) interviewt. Die verschiedenen Intonationseinheiten sind mit Hilfe hochgestellter Ziffern nummeriert, wobei die Äußerungen des Akademikers nicht intonatorisch transkribiert sind, da er über den Aufnahmevorgang informiert war.

(5.1) a [8] and what do you like reading · novels · or poetry most –
A [9] well poetry ↓AND novels ■ [10] all ↓SORTS of reading ■ ·
a [11] what's [ði:] modern poets that you · like – can you name a particular modern poet that you're + keen on +
A [12] + I I + studied ↓ELIOT [əm] · ↓LAST year ■ – [13] and · I like ↑ELIOT ■ · [14] and · perhaps Dylan ↑THOMAS a little ■ · [15] though I haven't ↓READ · all that ↓MUCH ■ (*CEC*, S.3.5.a, *TU* 8-15)

Der Interviewer stellt in seinen Gesprächsbeiträgen, die hier die Intonationseinheiten 8 und 11 bilden, zweimalig Ergänzungsfragen an sein Gegenüber. Die Erwiderungen sind jeweils Aussagesätze, die Antworten auf die Fragen darstellen und daher gemeinsam mit diesen Paarsequenzen bilden. In der Intonationseinheit 11 wird die anfängliche Ergänzungsfrage anschließend in Form einer Entscheidungsfrage noch einmal umformuliert. Da der Adressat also schon erahnen kann, auf was die Frage abzielt, beginnt er mit seiner Antwort bereits, als der Fragesteller noch spricht, wodurch es zu einer Überlappung innerhalb der Paarsequenz kommt. So ist also zu erkennen, dass Mittel der Kohäsion, wie hier zum Beispiel die lexikalische Repetition von „novels" und „poetry", von zusätzlichen Gesprächsstrukturen überlagert wird.

Wie es für Prüfungssituationen charakteristisch ist, wird das Gespräch vom Prüfer dominiert, während dem Kandidaten eine weitgehend reaktive Rolle zukommt. Die beiden Bestandteile einer Paarsequenz müssen keineswegs den gleichen Umfang aufweisen, denn beispielsweise kann eine Antwort aus einer größeren Anzahl von Sätzen bestehen. Wenn das zweite Element einer Paarsequenz fehlt, wird dies oft vom Produzenten des ersten Elements verbal explizit gemacht, beispielsweise in Äußerungen wie *You didn't answer my question* oder *I said hello, and she just walked past* (vgl. Coulthard 1985: 70).

Falls die beiden Bestandteile der Paarsequenz nicht direkt aufeinander folgen, sondern durch andere Äußerungen getrennt sind, greift das Prinzip der **bedingten Relevanz (*conditional relevance*)** (vgl. Hutchby/Wooffitt 1998: 42). Damit ist ge-

5. Konversationsanalyse

meint, dass die Äußerung eines *first pair part* bedingt, dass eine bestimmte Erwiderung in Form eines *second pair part* für das Gespräch relevant wird und daher zu erwarten ist. Im Falle einer **Insertionssequenz** (*insertion sequence*) (Levinson 1983: 304) beispielsweise ist eine Paarsequenz durch eine weitere eingeschobene Paarsequenz unterbrochen. Es folgt also auf ein *first pair part* ein weiterer *first pair part*, woraufhin schließlich zwei *second pair parts* die Sequenz abschließen. Dies kann typischerweise durch eine Gegenfrage auf eine gestellte Frage bewirkt werden, wie die kurze Interaktion zwischen einem Gast (A) und einem Barkeeper (B) in Beispiel 5.2 zeigt.

(5.2) A   May I have a bottle of [whisky]?   [Q1]
       B   Are you twenty-one?   [Q2]
       A   No.   [A2]
       B   No.   [A1]
       (vgl. Levinson 1983: 304)

Auf die erste Frage (Q1) folgt hier eine zweite Frage (Q2), die daraufhin zuerst beantwortet wird (A2), während die Antwort (A1) zur ursprünglichen Frage den Abschluss der Sequenz bildet. Die bedingte Relevanz, die durch Q1 bewirkt wird, bleibt somit bestehen, bis A1 erfolgt ist. Eine Insertionssequenz kann also, wie es das Beispiel zeigt, dadurch begründet sein, dass der Konversationspartner zuerst weitere Informationen benötigt, bevor er sich auf eine verbale Reaktion festlegt. Eine anderer Grund kann darin liegen, dass das Gegenüber die Äußerung nicht verstanden hat, oder dass er aus irgendeinem Grund den Gesprächspartner warten lassen möchte. Das Problem bei dieser Art der Analyse besteht allerdings darin, wie der Konversationsanalyst entscheidet, welche Äußerung des Adressaten als Antwort auf eine gestellte Frage gelten kann (vgl. Brown/Yule 1983: 230). Da Erwiderungen verschiedene Grade an Indirektheit aufweisen können, ist es oft nötig, den größeren Kontext des Gesprächszusammenhangs zu berücksichtigen. Ein etwas komplexerer Fall zeigt sich in Textbeispiel 5.3, in dem eine weibliche Akademikerin (A) von ca. 45 Jahren einem männlichen Akademiker (B) im Alter von 28 Jahren eine Frage stellt.

(5.3) A   [1] where do ↓YOU come from ■ — — ·
       B   [2] you mean where was I ↓BEFORE ■
       A   [3] + ↓YES ■ +
       B   [4] + ↓↑HISTORY ■ + [5] ++ (· giggles) ++
       A   [6] ++ ↑m ■ ++ –
       B   [7] ↓IMMEDIATELY ↑BEFORE ■ [8] I was teaching in a ↓SCHOOL · in ↓EGYPT ■ (*CEC*, S.1.6, *TU* 1-8)

Auf die anfängliche Ergänzungsfrage in Intonationseinheit 1, die den ersten Teil einer Paarsequenz darstellt, folgt hier keine direkte Antwort, sondern eine Gegenfrage, die um Klärung der mehrdeutigen Formulierung bittet. Dabei äußert Sprecher B in Intonationseinheit 2 mit Hilfe der Phrase „you mean" seine Interpretation der zuvor gestellten Frage, wodurch deutlich wird, dass B ebenfalls eine Paarsequenz eröffnet. Daraufhin wird diese Paarsequenz durch A mit der Antwortpartikel „yes" vervollständigt. In Intonationseinheit 4 allerdings wird die von A gestellte Ausgangsfrage wiederum nicht eindeutig beantwort, da die Ein-Wort-Äußerung „history" kontextuell unklar ist. B ist sich dessen offenbar bewusst, was an der paralinguistischen Äußerung des Kicherns zu erkennen ist. Daher kommt es erneut zu einer Nachfrage in Form der Interjektion „m" mit steigender Intonation, die zeitgleich mit dem Kichern erfolgt. Erst in den Intonationseinheiten 7 und 8 schließlich erfolgt der zweite Teil der ursprünglich eröffneten Paarsequenz.

An diesem Beispiel ist also zu erkennen, dass Insertionssequenzen in verschiedener Weise je nach Intention der Gesprächsteilnehmer erweitert und ausgebaut werden können. Auch sind weitere Ursachen und Situationen für derartige Einschübe denkbar. Wenn beispielsweise jemand an einem Kiosk eine Zeitung erwirbt, kann in das Verkaufsgespräch ein kurzer Austausch über das Wetter eingebettet sein, oder während eines Telefongesprächs kann ein Kommunikationsteilnehmer die Konversation kurz unterbrechen, um einen Gast an der Haustür zu begrüßen oder im Hintergrund um Ruhe zu bitten.

5.2.2 Präferenzorganisation

Eine Reihe von *first pair parts* bietet die Möglichkeit von verschiedenen *second pair parts*, die als Reaktionen angemessen sind. So kann beispielsweise ein Angebot angenommen oder abgelehnt werden, eine Einschätzung kann auf Zustimmung oder Widerstand stoßen, und einer Bitte kann entsprochen werden oder auch nicht (vgl. Hutchby/Wooffitt 1998: 43). Die verschiedenen Alternativen zeigen allerdings unterschiedliche strukturelle Eigenschaften, weswegen sie entweder als **präferiert (*preferred*)** oder als **nichtpräferiert (*dispreferred*)** eingestuft werden können. Diese Zuordnung betrifft die **Präferenzorganisation (*preference organization*)**, die weniger die psychische Einstellung der Sprecher im Sinne von Vorlieben betrifft, sondern vielmehr die Komplexität der sprachlichen Form berücksichtigt. Abbildung 5.1 gibt eine Übersicht über typische präferierte und nichtpräferierte zweite Paarteile.

Der präferierte zweite Teil ist als linguistisch 'unmarkiert' zu bezeichnen, während der nichtpräferierte zweite Teil insofern 'markiert' ist, als er meist eine größere Komplexität aufweist.[36] So kann beispielsweise eine Einladung mit den ein-

---

[36] Der Begriff der 'Markiertheit' stammt ursprünglich aus der Morphologie und bezeichnet ein Element in einem Oppositionspaar als merkmalhaltig, das andere dagegen als merkmallos. Beispielsweise ist der Plural von Nomina markiert, da er im Gegensatz zum Singular durch ein Flexionsmorphem gekennzeichnet ist.

fachen Worten *Yes, of course* oder *Definitely* angenommen werden, während eine Ablehnung meist wesentlich ausführlicher ausfällt.

First pair parts	Preferred second pair parts	Dispreferred second pair parts
1. Bitte	Erfüllung	Verweigerung
2. Angebot/Einladung	Annahme	Zurückweisung
3. Einschätzung	Zustimmung	Ablehnung
4. Frage	Erwartete Antwort	Unerwartete/keine Antwort
5. Beschuldigung	Leugnung	Eingeständnis

Abb. 5.1: Präferenzorganisation (vgl. Levinson 1983: 336)

In diesem Sinne zeigt das Beispiel 5.4, dass der Eingeladene mit dem nichtpräferierten zweiten Teil einen erheblich längeren Gesprächsbeitrag liefert (vgl. Levinson 1983: 333-334).

(5.4)   A   Uh if you'd care to come and visit a little while this morning, I'll give you a cup of coffee.
         B   hehh Well, that's awfully sweet of you, I don't think I can make it this morning. hh uhm I'm running an ad in the paper and – and uh I have to stay near the phone. (Atkinson/Drew 1979: 58)

Es lassen sich bei dieser Antwort deutlich die typischen Merkmale von *dispreferred second pair parts* erkennen. So gibt es zunächst Verzögerungsphänomene in Form von ungefüllten oder gefüllten Pausen wie „hehh" oder „hh uhm", die dem Sprecher Formulierungszeit einräumen. Zudem können Diskursmarker wie „[w]ell" auftreten, die eine unmittelbar bevorstehende Erwiderung ankündigen. Gleichzeitig lässt der Sprecher seine Wertschätzung des Gegenübers in Form der Wendung „awfully sweet" erkennen. Weiterhin wird in der Regel ein Grund für die nichtpräferierte Antwort gegeben und schließlich eine Ablehnung in indirekter und höflicher Art und Weise zum Ausdruck gebracht. Der Zweck dieser elaborierten und abgemilderten Antwort besteht darin, das 'Gesicht' (*face*) des Gegenübers nicht zu verletzen.[37]

---

[37] *Face* wird in der pragmatischen Höflichkeitstheorie definiert als „the public self-image that every member [of a society] wants to claim for himself" (Brown/Levinson 1987: 61), d.h. es ist das Selbstbild in der Öffentlichkeit, das von bestimmten Sprechakten in Konversationen bedroht sein kann.

5.2 Sequenzielle Organisation

Im folgenden Auszug 5.5. unterhalten sich zwei Studentinnen A und b, wobei A eine leichte Erkältung hat und von b umsorgt wird. In der Präferenzorganisation kommt b deswegen eher die aktive, A dagegen eher die reaktive Rolle zu.

(5.5) b   [6] you got a ↑COLD ■
       A   [7] – ↓NO ■ · [8] just a bit ↓SNIFFY ■ [9] cos I'm – I ↓AM ↑COLD ■ [10] and I'll be all right once I've warmed ↓UP ■ – [11] do I ↓LOOK as though I've got a ↑COLD ■
       b   [12] no I thought you ↓SOUNDED as if you were
       A   [13] ↓m ■ – – – [14] I always ↓DO a bit actually ■ [15] ↓CHRONICALLY ■
       b   [16] – – – there you ↑ARE ■
       A   [17] – – – ↓oh ■ [18] ↓SUPER ■
       b   [19] – – – pull your ↓CHAIR up close if you ↑WANT ■ – [20] is it – +<<sylls>>+
       A   [21] ↓YES ■ · [22] I'll be all right in a ↑MINUTE ■ (*CEC*, S.1.3, *TU* 6-22)

Die Sprecherin b äußert in Intonationseinheit 6 einen Deklarativsatz, der aber durch den steigenden Ton die illokutionäre Funktion einer Entscheidungsfrage erfüllt. Die Paarsequenz wird sodann in Form der negativen Antwortpartikel „no" von A vervollständigt und durch weitere Erläuterungen in den Intonationseinheiten 8 bis 11 ergänzt. Da die von b stammende ursprüngliche Annahme also durch A zunächst in Form eines nichtpräferierten zweiten Teils zurückgewiesen wird, schränkt A die Antwort umgehend ein und liefert weitere Erklärungen im Sinne von Rechtfertigungen.

Am Ende ihres Redebeitrags stellt A ihrerseits eine Entscheidungsfrage, die von b in der Intonationseinheit 12 negativ beantwortet wird. Da die Sprecherin b jedoch in Einheit 6 bereits ihren Eindruck formulierte, dass A erkältet ist, stellt „no" eine gewisse Überraschung dar. Aus diesem Grund ist die Antwort nichtpräferiert, was sich auch darin zeigt, dass b sofort eine Erläuterung ihrer Reaktion liefert. Gleichzeitig dient die Aussage in Einheit 12 als eine Einschätzung, die von A im nachfolgenden Gesprächsbeitrag in präferierter Weise bestätigt wird. Schließlich enthält die Konversation in den Intonationseinheiten 16 und 19 zwei Angebote bzw. Vorschläge von b an A, die als *first pair parts* fungieren. Die jeweiligen *second pair parts*, die sich in Form der konzisen Reaktionen „super" und „yes" manifestieren, können eindeutig als präferiert eingestuft werden.

Ein Mittel, das dazu eingesetzt wird, um *dispreferred second pair parts* und damit *face*-Verletzungen zu vermeiden, sind **Präsequenzen (*pre-sequences*)** (vgl. Levinson 1983: 345-364 und Sacks 1995a: 685-692). Es handelt sich dabei um Abfolgen von Gesprächsbeiträgen, die anderen Paarsequenzen vorgeschaltet sind, um zu überprüfen, ob die nötigen Vorbedingungen für die geplante sprachliche Handlung bestehen (vgl. Ten Have 1999: 114). Eine generalisierte Form einer Präsequenz bildet beispielsweise eine Anrede wie *Daddy*, auf welche eine Erwiderung wie *Yes, dear?* folgen kann, denn die Anrede gibt bereits zu verstehen, dass ein

Anliegen folgen wird. Es wird also hier lediglich geprüft, ob der Adressat bereit ist, sich dem Sprecher konversationell zuzuwenden. Eine ähnliche allgemeine Rolle spielen auch Floskeln wie *Excuse me* oder Interjektionen wie *Hey*, welche die Aufmerksamkeit des Adressaten erwecken. Im Folgenden werden verschiedene Typen von Präsequenzen aufgeführt, die jeweils nach dem Sprechakt benannt sind, der ihnen folgt.

a) Pre-invitations: Der Sprecher überprüft, ob beim Adressaten die Gegebenheiten vorhanden sind, einer potenziellen Einladung zu entsprechen. Auf Basis des zweiten Teils der Präsequenz entscheidet der Initiator der Kommunikation, ob er die Einladung anschließend tatsächlich verbalisiert, wie die Beispiele 5.6 und 5.7 demonstrieren.

(5.6)   A   Whatcha doin'?
         B   Nothin'.
         A   Wanna drink? (vgl. Atkinson/Drew 1979: 253)
(5.7)   A   Are you studying?
         B   Yes.
         A   Oh, 'cause I was gonna say there's a good movie . . .
(Sacks 1995a: 686)

In Auszug 5.6 signalisiert B mit der Antwort „[n]othin'" seine Bereitschaft, auf eventuelle Vorschläge von A einzugehen, sodass diese Äußerung als 'nothing that would make the offer of an evening's entertainment irrelevant' zu verstehen ist (Levinson 1983: 346). Da also die Vorbedingungen günstig erscheinen, spricht A daraufhin die eigentliche Einladung aus, ohne Gefahr zu laufen, eine *face*-bedrohende Absage zu erhalten. In Beispiel 5.7 dagegen zeigt die Antwort von B, dass er im Moment beschäftigt ist und daher grundsätzlich nicht für Aktivitäten zur Verfügung steht. Folglich äußert A keine direkte Einladung, sondern verlegt den Sprechakt durch die Tempuswahl im Hilfsverb „was" in die Vergangenheit, wodurch er lediglich im Nachhinein den Grund für die initiierte Präsequenz angibt.

b) Pre-requests: Analog zu *pre-invitations* möchte der Sprecher zunächst sicherstellen, dass die Vorbedingungen für die geplante Bitte gegeben sind. So erkundigt sich A in Beispiel 5.8 zuerst, ob das gewünschte Produkt vorrätig ist, bevor er die Bestellung aufgibt.

(5.8)   A   Do you have hot chocolate?   [PRE-REQUEST]
         B   mmhmm   [GO AHEAD]
         A   Can I have hot chocolate with whipped cream?   [REQUEST]
         B   Sure. (*leaves to get*)   [COMPLIANCE]
(Merritt 1976: 337)

Die vier Positionen in einer derartigen Interaktion sind also *pre-request*, *go ahead*, *request* und *response* (vgl. Levinson 1983: 361). Bei einer negativen Antwort auf die ursprüngliche Entscheidungsfrage hätte A die nachfolgende Bitte nicht ausgesprochen, wodurch die Konversation möglicherweise zu einem frühzeitigen Ende gekommen wäre. *Pre-requests* werden also eingesetzt, um nichtpräferierten Ablehnungen vorzubeugen, weswegen sie häufig mögliche Gründe für negative Antworten thematisieren (z.B. *Are you busy?*). In zahlreichen Fällen kann die wörtliche Formulierung der Bitte jedoch entfallen, wenn nämlich der Adressat bereits den Sprechakt der *pre-request* als indirekte Aufforderung auffasst und das Gewünschte anbietet.

c) *Pre-announcements*: Der Sprecher deutet an, dass er eine Mitteilung zu machen hat, die für den Adressaten potenziell relevant und interessant sein kann. Beispielsweise erweckt A in Konversation 5.9 die Neugierde von B, sodass dieser das erwünschte Interesse bekundet.

(5.9)   A   Have you heard the news?
        B   No. Tell me.
        A   John won the lottery. (Levinson 1983: 350)

Die drei Positionen in diesem kurzen Dialog sind in abstrahierter Form als zwei Paarsequenzen zu analysieren (vgl. Levinson 1983: 350). Der erste Teil der ersten Paarsequenz dient der Überprüfung, ob die beabsichtigte Mitteilung für das Gegenüber einen Neuigkeitswert besitzt, d.h. ob der Angesprochene Interesse zeigt. Oft finden sich hier Andeutungen über die Art der Nachricht, und ein Fragewort oder ein Nomen mit genereller Bedeutung wie *news* oder *thing* nimmt die Ankündigung in allgemeiner Form vorweg. Der zweite Teil der Präsequenz bestätigt den Neuigkeitswert, hier in Form von „[n]o", woran sich der erste Teil der zweiten Paarsequenz anschließt, der um die Mitteilung bittet. Die zweite Paarsequenz wird schließlich durch die ursprünglich angekündigte Mitteilung vervollständigt. In manchen Fällen ist es für den Adressaten schwierig, zu erkennen, ob es sich bei einem Interrogativsatz um eine tatsächliche Frage oder um ein *pre-announcement* handelt, wenn etwa auf die Frage *Do you know his name?* die Antwort *No, tell me* folgt und der Fragesteller daraufhin *I don't know either* erwidert.

Die Motivation für die Verwendung eines *pre-announcement* liegt häufig darin, dass der Sprecher das Recht auf einen längeren Gesprächsbeitrag beanspruchen möchte. Zur Vermeidung eines unerwünschten Sprecherwechsel kann eine Präsequenz somit als *story-preface* fungieren, das eine nachfolgende narrative Sequenz ankündigt (vgl. Coulthard 1985: 82). Ein solches *story-preface* kann eine Formulierung wie *I was at the police station this morning* sein, und besonders Witzen gehen oft stereotype Präsequenzen wie *Have you heard the one about the pink Martian* (Levinson 1983: 323) voraus. Einen besonderen Beitrag zur Präferenzorganisation leisten *pre-announcements* wie *I've got good and bad news*, da sie dem Adressaten eine Wahl zwischen zwei alternativen Gesprächsbeiträgen bieten.

5.2.3 Gesprächseröffnung und -beendigung

Eine herausragende Rolle im Gesprächsverlauf spielen Gesprächseröffnung und -beendigung, da sie eine relativ konventionalisierte Struktur aufweisen und den Rahmen der Konversation konstituieren. So zeichnet sich die **Grußsequenz** (*greeting sequence*) dadurch aus, dass sie jedem Teilnehmer zu Beginn der Konversation einen Gesprächsbeitrag zugesteht (vgl. Coulthard 1985: 88-92 und Sacks 1995b: 188-190), wie im Fall von Beispiel 5.10.

(5.10) a ^{1} + hello +
       C ^{2} + ↑HELLO ■ + · ^{3} sorry I'm ↑LATE ■
       a ^{4} + (· laughs) that's alright + [...] (*CEC*, S.2.7, *TU* 1-4)

Es fällt dabei auf, dass die beiden Grüße simultan ausgesprochen werden, was jedoch aufgrund ihrer geringen Informativität und starken Konventionalität kein Verständnisproblem darstellt. Die nachfolgende Entschuldigung von C ruft das präferierte *second pair part* „that's alright" hervor, durch das die Entschuldigung angenommen wird.

Lediglich in zwei Fällen beginnt eine Konversation nicht mit einer Grußsequenz (vgl. Coulthard 1985: 89). Erstens kann eine Interaktion zwischen Fremden direkt mit den Worten *Excuse me, can you tell me the way to ...* oder *Hey! You've dropped your book* eröffnet werden. Zweitens beginnen auch Telefongespräche nicht mit Grüßen, wie Schegloffs (1972) grundlegende Studie zur Gesprächseröffnung ausführt. Die Besonderheit besteht darin, dass der Angerufene zuerst spricht und dabei auf eine Aufforderung (*summons*) des Anrufers reagiert. Dabei verwendet der Angerufene Phrasen wie *hello, yeah, Dr. Brown's office, Plaza 1-5000* oder Ähnliches, die dem Anrufer signalisieren, dass der Kommunikationskanal nun geöffnet ist (vgl. Schegloff 1972: 351-359). An die **summons-answer sequence** schließt sich in der Regel die Grußsequenz an, wie der typische Beginn eines Telefongesprächs in Beispiel 5.11 demonstriert.

(5.11) *Telephone rings*   [SUMMONS]
       A   Hello.   [ANSWER]
       B   Good morning.   [FIRST PAIR PART OF GREETING SEQUENCE]
       A   Oh hi.   [SECOND PAIR PART OF GREETING SEQUENCE]
       (Coulthard 1985: 89)

Der erste Gesprächsbeitrag des Anrufers, hier nur „[g]ood morning", wird oft durch eine Selbstidentifikation in Form von *this is Bill* oder *my name is Bill Smith* ergänzt. Auch ist es üblich, dass der Anrufer zusätzlich eine Anredeform verwendet, indem er den Namen des Angerufenen nennt. Im Anschluss an die Grußsequenz wird in aller Regel vom Anrufer das erste Gesprächsthema eingeleitet, das oft gleichzeitig den Grund der Kontaktaufnahme bildet. Im Einzelfall kann das Gespräch allerdings beendet werden, bevor es zum ersten Thema kommt, wenn etwa der Anrufer fragt *Are you busy?* und der Adressat dies bejaht (vgl. Coulthard 1985: 89).

Im Normalfall kommt die verbale Interaktion jedoch erst zu einem Ende, nachdem im Laufe der Konversation eines oder mehrere **Themen** (*topics*) besprochen worden sind. Dabei ist festzustellen, dass das Gesprächsende meist nicht unvermittelt und abrupt verläuft, sondern durch bestimmte Sequenzen vorbereitet und realisiert wird, wenn sich die Sprecher darüber einig sind, dass keine weiteren Themen folgen sollten. So ist es für einen glatten Gesprächsausgang nötig, dass zunächst das aktuelle Thema durch eine *topic bounding sequence* abgeschlossen wird, wie es das Beispiel 5.12 demonstriert. Demgemäß wird das Thema in dieser Sequenz durch eine allgemein gültige Feststellung wie zum Beispiel *well, that's life* zu Ende gebracht, welcher der Gesprächspartner problemlos zustimmen kann.

(5.12) A   Yeah well, things uh always work out   [TOPIC
             for the best.   BOUNDING
        B   Oh certainly.   SEQUENCE]
        B   Alright, A.   [PRE-CLOSING
        A   Uh huh. Okay.   SEQUENCE]
        B   G'bye.   [CLOSING
        A   Good night.   SEQUENCE]
(Schegloff/Sacks 1973: 307 und Coulthard 1985: 91)

Im Anschluss an die *topic bounding sequence* kann ein Sprecher erneut andeuten, dass er zu dem Thema nichts Weiteres beizutragen hat, indem er einen Gesprächsbeitrag wie *alright, okay,* oder *so* äußert. Besonders in Telefongesprächen sind diese verbalen Indikatoren äußerst bedeutsam, da es hier nicht möglich ist, mimische oder gestische Signale des Gegenübers visuell wahrzunehmen. Der andere Sprecher kann nun entweder ein neues Thema anschneiden oder aber eine ähnliche Phrase verwenden, wodurch eine **pre-closing sequence** vollendet ist. Abschließend kann die **closing sequence** stattfinden, in der wechselseitige Abschiedsformeln wie *good-bye, good night, bye-bye* oder *see you* eingesetzt werden.

Wenn ein Teilnehmer das Gespräch zu Ende bringen möchte, aber ihm das nicht durch eine *topic-bounding sequence* gelingt, gibt es andere Möglichkeiten für die *pre-closing sequence* (vgl. Schegloff/Sacks 1973: 310-311). So kann er beispielsweise einen Grund dafür angeben, warum er es beenden muss (z.B. *I gotta go, baby's crying*). Alternativ kann er dem Gesprächspartner auch anbieten, zum Abschluss zu kommen (z.B. *Well, I'll letchu go. I don't wanna tie up your phone* oder *This is costing you a lot of money*). Daneben gibt es weitere Inhalte, die typischerweise vor der endgültigen Schlusssequenz anzutreffen sind. So werden oft Verabredungen für die Zukunft getroffen (z.B. *See you Wednesday*), vorher genannte Vereinbarungen werden wiederholt, oder der Grund des Anrufs bzw. andere Gesprächsaspekte werden erneut aufgegriffen (vgl. Schegloff/Sacks 1973: 317). Dementsprechend kann sich das Gesprächsende insgesamt über eine größere Anzahl von Gesprächsbeiträgen erstrecken.

5.3 Sprecherwechsel

Eine Grundlage für die Organisation jeglicher Konversation bilden die Regularitäten des **Sprecherwechsels** (*turn-taking*), durch den die Gesprächsteilnehmer abwechselnd die Rollen von Sprecher und Hörer einnehmen (vgl. Coulthard 1985: 59). In aller Regel spricht genau eine Person, und es gibt keine ausgedehnten Überlappungen oder Pausen, sodass Mechanismen vorhanden sein müssen, welche die relativ glatte Übergabe des Rederechts steuern.

> **Definition „Sprecherwechsel"**
>
> Der Begriff des Sprecherwechsels (*turn-taking*) betrifft die Mechanismen, durch die den Gesprächsteilnehmern abwechselnd das Rederecht eingeräumt wird.

5.3.1 Eine Systematik des Sprecherwechsels

Sacks/Schegloff/Jefferson (vgl. 1974: 702-706) nennen ihr Modell zur Analyse des Sprecherwechsels „a simplest systematics". Diese 'einfachste' Systematik beruht auf zwei Komponenten und einigen Regeln, die dem glatten Verlauf von Alltagsgesprächen zugrunde liegen. Als erstes ist die Turnkonstruktions-Komponente (*turn-constructional component*) zu nennen, die aus bestimmten syntaktischen Turnkonstruktionseinheiten wie Wörtern, Phrasen, Nebensätzen oder Hauptsätzen besteht. Der Gesprächspartner kann aufgrund seiner sprachlichen Kompetenz einschätzen, wie diese Einheiten aufgebaut und wann sie vollständig sind. Wenn eine Turnkonstruktionseinheit abgeschlossen ist, liegt eine **übergaberelevante Stelle** (*transition-relevance place, TRP*) vor, an welcher der gegenwärtige Sprecher 'verwundbar' ist. Folglich kann das Rederecht hier potenziell an einen anderen Konversationsteilnehmer übergehen. So ist es beispielsweise möglich, dass der Zuhörer bereits nach dem ersten Satz des Sprechers selbst das Wort ergreift und zum nächsten Sprecher wird. Als zweites existiert die Turnzuweisungs-Komponente (*turn-allocation component*), die zwei Möglichkeiten der Übergabe des Rederechts bietet. Entweder der gegenwärtige Sprecher wählt den nachfolgenden Sprecher aus, zum Beispiel durch eine Frage mit direkter Anrede, oder es erfolgt eine Selbstwahl (*self-selection*) des nächsten Sprechers unabhängig vom Einfluss des vorherigen Sprechers.

Diese beiden Komponenten werden ergänzt durch zwei Hauptregeln mit untergeordneten Regeln, auf denen die Turnkonstruktion, die Zuweisung des Rederechts und ein Transfer des Rederechts ohne größere Überlappungen und Pausen beruhen (vgl. Sacks/Schegloff/Jefferson 1974: 704). Der gegenwärtige Sprecher wird hier als „A", der nachfolgende Sprecher dagegen als „B" abgekürzt.

5.3 Sprecherwechsel

Regel 1 bezieht sich auf die erste übergaberelevante Stelle nach der ersten Turnkonstruktionseinheit eines Sprechers:

a) Wenn A den Sprecher B wählt, dann hat B das Recht und die Pflicht, den nächsten Gesprächsbeitrag zu beginnen, und der Sprecherwechsel kommt an der aktuellen Stelle zustande.

b) Wenn A keinen Sprecher B wählt, dann besteht die Möglichkeit der Selbstwahl durch B. Sind mehrere potenzielle nachfolgende Sprecher in der Kommunikationssituation vorhanden, dann erhält derjenige Konversationsteilnehmer das Rederecht, der zuerst spricht.

c) Wenn A keinen Sprecher B wählt und B nicht das Rederecht durch Selbstwahl für sich beansprucht, dann hat A die Möglichkeit weiterzusprechen, muss es aber nicht.

Regel 2 betrifft alle folgenden übergaberelevanten Stellen im Gespräch. Wenn es zu keinem Sprecherwechsel nach dem Muster der Regeln 1a) oder 1b) gekommen ist, sondern A gemäß Regel 1c) fortfährt, dann treten die Regeln 1a) bis 1c) an der nächsten *TRP* erneut in dieser Reihenfolge in Kraft. Dieser Vorgang wiederholt sich so lange, bis schließlich ein Sprecherwechsel zustande kommt oder die Interaktion beendet wird.

Das Konversationsbeispiel 5.13 stammt aus dem Theaterstück *A Streetcar Named Desire* von Tennessee Williams. In dieser Szene spielen die Charaktere Stanley, Steve, Mitch und Pablo Poker, wobei Pablo die Karten verteilt. Anhand dieses literarischen Dialogs lässt sich die dargestellte Systematik des Sprecherwechsels demonstrieren.

(5.13) STEVE. Give me two cards.
     PABLO. You, Mitch?
     MITCH. I'm out.
     PABLO. One.
     MITCH. Anyone want a shot?
     STANLEY. Yeah. Me.
     PABLO. Why don't somebody go to the Chinaman's and bring back a load
        of chop suey?
     STANLEY. When I'm losing you want to eat! Ante up! Openers? Openers!
        Get y'r ass off the table, Mitch. Nothing belongs on a poker table but
        cards, chips and whiskey. (Williams 1984: 45-46)

Zu Beginn spricht Steve den Kartengeber Pablo direkt mit einem Imperativ an, um zwei Karten zu bekommen. Obwohl dies keine eigentliche Redeaufforderung darstellt, ergreift daraufhin Pablo das Wort und wählt mit seiner elliptischen Frage „[y]ou, Mitch?" gemäß Regel 1a) den nächsten Sprecher, der durch den Vokativ der Namensnennung identifiziert wird. Pablos Gesprächsbeitrag besteht somit ausschließlich aus der Turnzuweisungs-Komponente, während die eigentliche Turnkonstruktions-Komponente, also die Frage nach dem nächsten Pokerspielzug, lediglich impliziert ist. Mitch ergreift sodann das Rederecht, um eine Turnkonstruktionseinheit in Form eines kurzen Satzes zu formulieren. Die sich anschließende übergaberelevante Stelle wird erneut von Pablo genutzt, um durch Selbstwahl das Wort zu ergreifen, wobei ihm als Kartengeber im Gespräch eine privilegierte Position zukommt. Die nachfolgende Frage „[a]nyone want a shot?" von Mitch tritt das Rederecht gemäß Regel 1b) an einen beliebigen Gesprächspartner ab, was durch das Indefinitpronomen „anyone" besonders deutlich wird. Stanley beginnt als Reaktion darauf durch Selbstwahl zu sprechen und äußert einen kurzen Gesprächsbeitrag, der die Frage-Antwort-Paarsequenz vervollständigt.

Auf Pablos Ergänzungsfrage „[w]hy don't somebody [...]", die als indirekte Aufforderung fungiert, erfolgt nicht der präferierte zweite Teil einer Erfüllung der Bitte, sondern eine elaborierte Ablehnung Stanleys, die aus mehreren Turnkonstruktionseinheiten besteht. Beispielsweise liegt nach dem ersten Satz eine übergaberelevante Stelle vor, die jedoch von keinem anderen Gesprächsteilnehmer genutzt wird, sodass der gegenwärtige Sprecher gemäß Regel 1c) in seinem Gesprächsbeitrag fortfahren kann. Auch nach den weiteren Turnkonstruktionseinheiten schaltet sich kein anderer Sprecher ein, was wohl kontextuell mit dem energischen Auftreten Stanleys zusammenhängt. So setzt sich sein Beitrag gemäß Regel 2 über mehrere *TRPs* hinweg ungestört fort.

Generell ist anzumerken, dass der Terminus 'Regel' nicht ganz zutreffend ist, da hier keine Vorschriften aufgestellt werden sollen. Vielmehr handelt es sich um Regularitäten bzw. gebräuchliche Verfahrensweisen, die durch empirische Beobachtung ermittelt wurden (vgl. Hutchby/Wooffitt 1998: 50). Allerdings lassen diese 'Regeln' einige Aussagen über die **Überlappung (*overlap*)** von Gesprächsbeiträgen und Pausen zu (vgl. Levinson 1983: 298-300). Überlappungen können einerseits unwillkürlich zustande kommen, wenn mehrere Gesprächsteilnehmer gemäß Regel 1b) gleichzeitig das Rederecht beanspruchen oder wenn ein neuer Sprecher fälschlicherweise eine *TRP* annimmt. Andererseits können Überlappungen daher rühren, dass ein Sprecher die 'Regeln' missachtet und einen Gesprächsbeitrag gewaltsam unterbricht.

Überlappungen führen in der Regel dazu, dass ein Sprecher aufhört zu reden, doch wenn dies nicht der Fall ist, kann es zu einem Wettstreit um das Rederecht kommen, indem die Beteiligten lauter, schneller oder mit größerer Tonhöhe sprechen. Ein Beispiel hierfür sind Fernsehübertragungen hitziger politischer Diskussionen, in denen die Teilnehmer beabsichtigen, sich zu profilieren. Insgesamt ist jedoch nachgewiesen worden, dass das simultane Sprechen zweier oder mehrerer Konversationsteilnehmer in alltäglichen Gesprächen weniger als 5% der Interaktion ausmacht (vgl. Levinson 1983: 296).

Auch können **Pausen (*pauses*)** zwischen Gesprächsbeiträgen in verschiedener Weise interpretiert werden. Erstens kann es sich um eine bloße kurze **Lücke (*gap*)** handeln, bevor die 'Regeln' 1b) oder 1c) angewandt werden. Zweitens ist eine längere **Pause (*lapse*)** möglich, wenn ohne offensichtlichen Grund keine der 'Regeln' 1a), 1b) und 1c) zur Anwendung kommt. Drittens kann es sich um eine **signifikante Pause (*significant silence*)** handeln, wenn der gewählte Sprecher nach Anwendung von 1a) nicht anfängt zu sprechen, etwa aus Unwissenheit, Ablehnung oder Verlegenheit. Im Übrigen spielen Pausen eine wichtige Rolle bei der Zuweisung des Rederechts, wie im folgenden Kapitel deutlich werden wird.

5.3.2 Zuweisung des Rederechts

Die genannten Komponenten und Regeln genügen nicht, um die Zuweisung des Rederechts (*turn allocation*) im Einzelnen zu beschreiben. Grundsätzlich ist zwischen zwei Typen von sprachlichen Interaktionssystemen (*speech exchange systems*) zu unterscheiden (vgl. Coulthard 1985: 63-64 und Sacks/Schegloff/Jefferson 1974: 729). Einerseits gibt es **turn-by-turn allocation systems**, zu denen die bisher besprochenen Alltagskonversationen gehören. Hierbei konkurrieren die Gesprächsteilnehmer häufig um das Rederecht, da es keine Instanz gibt, die Macht über dessen Zuweisung ausübt. Der Mechanismus des Sprecherwechsels ist hier ein „local management system" (Sacks/Schegloff/Jefferson 1974: 725), denn es wird jeweils von Äußerung zu Äußerung spontan verhandelt und entschieden, wie sich die Konversation weiterentwickelt. Die Gesprächsbeiträge bestehen bei diesem lokal organisierten System oft nur aus einem oder wenigen Sätzen.

Andererseits existieren **pre-allocated systems**, die nicht lokal organisiert sind, da eine Art Moderator den Sprecherwechsel regelt. Dies ist beispielsweise der Fall bei formellen Diskussionen mit einem Vorsitzenden, bei Gerichtsverhandlungen, bei Gottesdiensten und in Unterrichtssituationen. So kann etwa der Diskussionsleiter, Richter oder Lehrer bestimmen, in welcher Reihenfolge die Teilnehmer das Rederecht erhalten. Hier ist folglich die Gefahr kleiner, unterbrochen zu werden, weswegen die einzelnen Gesprächsbeiträge oft auch länger sind.

Insbesondere in ritualisierten Interaktionssystemen gibt es explizite formelhafte Wendungen, die den Gesprächsverlauf steuern. Dies ist etwa der Fall in Debatten (z.B. *To sum up, let me add ...*), in der Kirche (z.B. *Let us all pray*) und bei einer Auktion (z.B. *None higher? First ... second ... third*). Gerichtliche Verhöre zeichnen sich beispielsweise durch regelhafte Frage-Antwort-Sequenzen aus, wobei im Gegensatz zu Alltagskonversationen nur eine Seite das Fragerecht hat (vgl. Atkinson/Drew 1979: 61-62). Darüber hinaus zeigt der schulische Unterricht einige Besonderheiten (vgl. Markee 2000: 97), wie zum Beispiel die typische Sequenz *question-answer-comment* (*Q-A-C*), mit deren Hilfe der Lehrer die Antworten der Schüler beurteilt. Auch gibt es im Fremdsprachenunterricht das gesteuerte Sprechen im Chor, und im traditionellen Frontalunterricht sind die Beiträge der Lerner im Vergleich zum Lehrer meist sehr kurz. Zudem bilden Stunden- und Lehrpläne einen zeitlichen und inhaltlichen Rahmen, der das Unterrichtsgespräch einengt.

5. Konversationsanalyse

Doch auch in spontanen Alltagskonversationen gibt es bestimmte **Techniken für die Zuweisung des Rederechts (*turn-allocation techniques*)**, die als Signale für den nachfolgenden Sprecher dienen (vgl. Sacks/Schegloff/Jefferson 1974: 716-720 und Coulthard 1985: 65-69). Ein offensichtliches Mittel ist das Aussprechen des ersten Teils einer Paarsequenz, wodurch der Gesprächspartner aufgefordert ist, die Sequenz zu vervollständigen (vgl. Bsp. 5.1). Auch die Verwendung eines Vokativs wie *darling, Grandpa, Mom, Madam* oder die Nennung eines Namens (vgl. Bsp. 5.13) können als Signale für den Sprecherwechsel dienen. Vokative sind besonders dann bedeutsam, wenn mehr als zwei Gesprächpartner beteiligt sind, denn durch sie wird klar, welcher der potenziellen nächsten Sprecher tatsächlich gemeint ist. *Tag questions* wie *isn't it* sind ebenfalls ein starkes Signal, da sie häufig die Funktion haben, den Gesprächspartner zu einer zustimmenden Reaktion zu bewegen, wie es das Beispiel 5.14 zeigt.

(5.14) B   ⁴¹ but it looks like [ə:] like ↓VERSE a ↑LITTLE bit ■ ⁴² on the ↓↑PAGE doesn't it ■
        A   ⁴³ oh ↓YES ■ ⁴⁴ it · it's [əm] · ↓PRINTED in verse all ↑RIGHT ■
(*CEC*, S.3.5.a, *TU* 41-44)

Sprecher B suggeriert A hier durch das Frageanhängsel „doesn't it" sehr stark eine zustimmende Antwort, die der Adressat daraufhin auch äußert. Auch wenn ein Sprecher an einer *TRP* angelangt ist, aber kein anderer Sprecher das Wort ergreift, kann eine nachgeschobene *tag questions* dem angestrebten Sprecherwechsel Nachdruck verleihen. Dieselbe Funktion erfüllen auch „response elicitors" (Biber et al. 1999: 1089) wie *... right?, ... huh?, ... eh?, ... okay?* oder *... see?*, die ebenfalls an Sätze angehängt werden.

Weiterhin dienen ebenso stille oder gefüllte Pausen des Typs [ə:] oder [əm] für einen potenziellen nächsten Sprecher als starkes Signal, einen Gesprächsbeitrag zu beginnen (vgl. Biber et al. 1999: 1053). In Beispiel 5.15 etwa beendet Sprecher a seine Äußerung, woraufhin eine längere Pause eintritt, bis schließlich A nach kurzer Bedenkzeit zu sprechen beginnt.

(5.15) a   ¹ very prominently in your application · that's why I brought that up · [ə:m] · is that your favourite form for modern reading or modern entertainment · in English literature – – –
        A   ² well not ↓↑REALLY ■ ³ ↓NO ■ (*CEC*, S.3.5.a, *TU* 1-3)

Zusätzlich äußert Sprecher a hier eine Entscheidungsfrage, die eine Paarsequenz eröffnet, sodass es für A in doppelter Weise ersichtlich ist, dass er aufgerufen ist, das Wort zu ergreifen. Andererseits kann einem Sprecher, der in einer kurzen Pause lediglich nach den richtigen Worten sucht, durch den nächsten Sprecher das Wort abgeschnitten werden.

Ein weiteres Merkmal informeller Konversationen sind **Diskursmarker (*discourse markers*)** wie *you know, you see* oder auch *mind you* (vgl. Biber et al. 1999: 1086-

150

5.3 Sprecherwechsel

1088). Sie haben die Funktion, einen Übergang im Kommunikationsprozess anzuzeigen und stellen eine interaktive Beziehung zwischen Sprecher, Hörer und Text her. Aufgrund dieser Umstände sind sie als Signal für den Sprecherwechsel geeignet, wie an Beispiel 5.16 zu erkennen ist.

(5.16) a   [197] ↓YES ■ [198] but did the German ↓ARMY ■ [199] pick the ↓ELITE of [ŏi:] sort of ↓INTELLECT ■ [200] ↓↑OUT of Germany ■ [201] in those ↑TIMES ■ [202] or was it just a · + <<↓CEREMONY ■>>· [203] ↓↑YOU know ■ +
      A   [204] + <<↓↑CEREMONY>> I think ■ [205] ↓YES ■ +
(*CEC*, S.2.3, *TU* 197-205)

Sprecher a äußert in seinem Gesprächsbeitrag eine Alternativfrage mit der Konjunktion *or*, die bereits ein Signal zum Sprecherwechsel darstellt, weswegen es zu einer Überlappung von Frage und Antwort kommt. Dennoch fügt er den Diskursmarker „you know" hinzu, wodurch das Gegenüber noch stärker in die Überlegungen einbezogen wird. Ein anderer Diskursmarker, der häufig verwendet wird, um einen Redebeitrag zu eröffnen, ist *well*, d.h. Gesprächsteilnehmer signalisieren hiermit oft das Ergreifen des Rederechts.

Außerdem gibt es explizite Markierungen für das Ende eines Gesprächsbeitrags, wie etwa die Wendung *last but not least* oder die Phrase *over* per Funk, wobei *over and out* das Ende des gesamten Gesprächs anzeigt. Auch paralinguistische Merkmale wie die Lautstärke oder Intonation können einen Sprecherwechsel unterstützen (vgl. Coulthard 1985: 68). So zeigen ein stark fallender Ton, eine verringerte Lautstärke, die Verlangsamung des Sprechtempos oder eine auffällig gedehnte Silbe Finalität und Abgeschlossenheit an.

Schließlich tragen auch Mittel der nonverbalen Kommunikation (*non-verbal communication*), die zum Bereich der Kinesik gehören, bewusst oder unbewusst zum Sprecherwechsel bei (vgl. Coulthard 1985: 66-68). Was die Körpersprache angeht, so kann das Ende des Gestikulierens oder die Lockerung einer gespannten Handhaltung die Bereitschaft anzeigen, den aktuellen Gesprächsbeitrag abzuschließen. Im Gegenzug zeigt ein Hörer, der das Rederecht anstrebt, oft eine verstärkte Gestik, die sich im schulischen Unterricht beispielsweise darin äußert, dass Lerner sich durch das Heben der Hand zu Wort melden.

Auch der Blickkontakt zeigt beim Sprecherwechsel bestimmte Regularitäten. Während der Hörer den Sprecher die meiste Zeit anblickt, sind die Augen des Sprechers weniger häufig auf den Hörer gerichtet. Wenn der aktuelle Sprecher das Ende des Gesprächsbeitrags erreicht, nimmt er einen längeren Blickkontakt auf, der als Signal für den Sprecherwechsel dient. Außerdem ist der Blick des aktuellen Sprechers geeignet, aus einer Gruppe von Zuhörern den nächsten Sprecher zu bestimmen. Prinzipiell sollte die Bedeutung dieser nonverbalen Signale allerdings nicht überbewertet werden, denn die Mechanismen des Sprecherwechsels greifen auch bei Telefongesprächen, obwohl diese keinen visuellen Kontakt erlauben (vgl. Levinson 1983: 302).

5.3.3 Vermeidung des Sprecherwechsels

Da der Sprecherwechsel nicht immer in beiderseitigem Einvernehmen verläuft, existieren auf Sprecher- wie auf Hörerseite auch Strategien, um die Übergabe des Rederechts zu vermeiden. So gibt es in Streitgesprächen oder kontroversen Diskussionen häufig Sprecher, die an übergaberelevanten Stellen das Rederecht nicht abtreten möchten (vgl. Coulthard 1985: 64). Zu diesem Zweck kann erstens an einer *TRP* ein *utterance incompletor* eingesetzt werden, wie zum Beispiel die nebenordnenden Konjunktionen *but* sowie *and* oder das Adverb *however*. Diese Elemente, die zum Kohäsionstyp der *conjunction* gehören (vgl. Kap. 2.1.3), signalisieren, dass weitere Äußerungen des aktuellen Sprechers folgen. Allerdings zeigt diese Technik nur eine beschränkte Wirksamkeit, da der Sprecherwechsel – statistisch gesehen – häufig nach Konjunktionen erfolgt. Zweitens kann eine Äußerung durch *incompletion markers* wie *if*, *since* oder *although* vorstrukturiert werden. Beginnt der Sprecher einen Satz mit einer derartigen unterordnenden Konjunktion, dann ist den Hörern bereits klar, dass mindestens noch ein Hauptsatz folgen muss, damit die Turnkonstruktionseinheit vollständig ist.

Drittens kann der Sprecher explizit formulieren, dass er einen längeren Gesprächsbeitrag plant, etwa durch Vorstrukturierungen wie *First of all ...* oder *I'd like to make two points*. Viertens besteht die Möglichkeit, übergaberelevante Stellen durch lang gezogene gefüllte Pausen wie [ə:] zu überspielen, und im Falle von Unterbrechungen können die Lautstärke, Tonhöhe oder Sprechgeschwindigkeit gesteigert werden. Dazu gehört auch das Vorgehen, am Satzende stets die Stimme anzuheben und dadurch Unabgeschlossenheit zu signalisieren. All diese Techniken bieten zwar keine Garantie gegen einen entschlossenen zukünftigen Sprecher, bringen diesen aber in eine Position, in der er den aktuellen Sprecher gewaltsam unterbrechen muss, um selbst zum Zuge zu kommen. Im folgenden Beispiel 5.17 dominiert Sprecher A das Gespräch, indem er a über verschiedene medizinische Prüfungen informiert.

(5.17) A [38] [...] the exams are <<really>> divided up into three ↓PARTS ■ [39] one's the ↓WRITTEN paper ■ [40] <<and>> two is the + ↓CLINICAL bit ■ – + [41] + (noise) + <<↑EH ■ [42] come ↑IN ■>> · [43] and three is the ↓VIVA ■ – [44] and you get about a ↑THIRD of the marks on ↓EACH in fact ■ – [45] viva's quite ↓IMPORTANT ■ – · [46] + so +
a [47] + only + three papers altogether then ·
A [48] oh ↓↑NO ■ – [49] ↓NO ■ [50] [ə:m] · five · five · two papers in ↑MEDICINE ■ – – [51] one in ↓THERAPEUTICS ■ – [52] one in ↓SURGERY ■ [53] one in ↓OBSTETRICS ■ [...] (*CEC*, S.2.9, *TU* 38-53)

5.3 Sprecherwechsel

Es ist zu erkennen, dass die Nominalphrase „three parts" in Intonationseinheit 38 dem Sprecher die Möglichkeit eines längeren Gesprächsbeitrags einräumt, da der Hörer in der Regel die drei angekündigten Teile abwartet. In Intonationseinheit 41 klopft offensichtlich jemand an die Tür des Sprechers, woraufhin A den neuen Gesprächsteilnehmer hereinbittet, doch fährt er anschließend umgehend fort, ohne das Rederecht abzutreten. Nachdem A in Intonationseinheit 45 eine Turnkonstruktionseinheit mit fallendem Ton abgeschlossen hat, verwendet er den *utterance incompletor* „so", weswegen es zu einer Überlappung mit dem Gesprächsbeitrag von Sprecher a kommt. Dessen Äußerung ist jedoch nur eine kurze Nachfrage, die das Rederecht von A nicht in Frage stellt. So beginnt A in seinem folgenden Gesprächsbeitrag erneut mit einer Vorstrukturierung, indem er von fünf schriftlichen Prüfungen spricht und diese anschließend spezifiziert. Folglich besteht trotz der gedehnten Pause nach Intonationseinheit 50 keine größere Gefahr für ihn, das Rederecht zu verlieren.

Die entgegengesetzte Position wird von einem Hörer eingenommen, der das Rederecht, das ihm angeboten wird, nicht wahrnehmen möchte (vgl. Coulthard 1985: 65). Um dies zu signalisieren, kann er erstens schweigen, bis der ursprüngliche oder ein anderer Sprecher das Wort ergreift. Zweitens besteht für ihn die Möglichkeit, lediglich eine minimale Erwiderung wie *mhm* einzusetzen, um den aktuellen Sprecher in seiner Äußerung zu bestätigen oder um lediglich Interesse zu signalisieren. Drittens können auch Elemente wie *alright* oder *so*, die *pre-closing sequences* eröffnen, anzeigen, dass nicht die Absicht besteht, weitere Äußerungen hinzuzufügen. In Konversationsbeispiel 5.18 etwa, das einem **Prüfungsgespräch** entnommen ist, weist der Prüfling A das Rederecht, das sich hier allerdings eher als Pflicht gestaltet, zurück.

(5.18) a   ²⁶¹ you mention<<ed>> that [ə:m] you felt · let down at the end of [ə:] Trolius and Cressida on reading it
A   ²⁶² [↑mhm] ∎
a   ²⁶³ [ə:m] are there any other Shakespeare plays in which you feel that - - - have you read [ə:] All's Well That Ends Well
A   ²⁶⁴ no I ↓HAVEN'T ∎ (*CEC*, S.3.5a, *TU* 261-264)

Der Prüfer a formuliert in Intonationseinheit 261 einen Deklarativsatz, der aber kontextuell eindeutig als Aufforderung zu einer Erläuterung zu verstehen ist. Der Adressat äußert allerdings lediglich die zustimmende Interjektion „mhm" mit steigender Intonation, was als Ablehnung des Rederechts zu interpretieren ist. Der Prüfer formuliert daraufhin in Intonationseinheit 263 eine erste Entscheidungsfrage, auf die allerdings nur eine längere Pause folgt, und auf seine zweite Frage reagiert der Kandidat lediglich mit einer knappen Verneinung.

Generell spricht man von **Rückmeldeverhalten** (*back-channel behaviour*) bei Signalen des Hörers, die lediglich die Funktion haben, Aufmerksamkeit oder auch Zustimmung anzuzeigen und den Sprecher zu ermuntern, mit seinem Beitrag fortzufahren (vgl. Duncan 1974: 166-167). Dazu gehören Äußerungen wie *m-hm, really?* oder *yeah* sowie die Vervollständigung von Sätzen des aktuellen Sprechers. Möglich sind auch kurze Umformulierungen des Gesagten, wenn beispielsweise auf „[...] having to pick up the pieces" eine Paraphrase wie „the broken dishes, yeah" folgt. Auch nonverbale Signale wie ein Kopfnicken oder das Herstellen von Blickkontakt gehören zum *back-channel behaviour* (vgl. Brown/Yule 1983: 92).

Grundsätzlich bestehen allerdings fließende Grenzen zwischen verbalem Rückmeldeverhalten und Gesprächsbeiträgen (vgl. Renkema 2004: 165). Wenn eine Äußerung lediglich einen anderen Gesprächsbeitrag unterstützt, ist sie nicht als selbstständiger Beitrag zu werten. Andererseits stellt sich bei längeren Einwürfen aus mehreren Worten die Frage, ob sie noch als bloßes Rückmeldeverhalten gewertet werden sollten, und bisweilen haben solche Äußerungen die Funktion von *pre-turns*, wenn sie den Wunsch nach einem baldigen eigenen Gesprächsbeitrag andeuten. Auch ist eine kurze Bitte um Erläuterung weniger als Rückmeldeverhalten, sondern eher als Einleitung einer Reparatur zu werten, wie sie im folgenden Kapitel besprochen wird.

5.4 Reparatur

Bisweilen können in Gesprächen Elemente auftreten, welche die Kommunikation in irgendeiner Form beeinträchtigen oder stören, sodass eine verbale **Reparatur** (*repair*) nötig wird (vgl. Schegloff/Jefferson/Sacks 1977: 363). Auslöser können Gedächtnisprobleme, Planungsschwierigkeiten oder auch Nervosität sein (vgl. Shimanoff/Brunak 1977: 129). So kann der Sprecher beispielsweise ein falsches Wort gewählt oder eine misslungene Satzstruktur formuliert haben. Andere Auslöser von Reparaturen sind Versprecher, die mangelnde Verständlichkeit von Äußerungen oder lediglich der Wunsch, eine andere Formulierung zu wählen.

Es muss sich also keineswegs immer um tatsächliche Irrtümer oder Fehler des Sprechers handeln, sodass der Begriff 'Reparatur' dem Terminus **'Korrektur'** (*correction*) vorzuziehen ist (vgl. Hutchby/Wooffitt 1998: 59). Allerdings kann die Bezeichnung 'Korrektur' für den Subtyp von Reparaturen verwendet werden, bei welchem dem Sprecher objektiv erkennbar ein Fehler oder Irrtum unterläuft (vgl. Schegloff/Jefferson/Sacks 1977: 363). Prinzipiell existieren je nach Beteiligung der Sprecher verschiedene Typen von Reparaturen, die an unterschiedlichen Positionen im Gespräch auftreten können.

> **Definition „Reparatur"**
>
> Durch eine konversationelle Reparatur (*repair*) wird ein problematisches Element im Gesprächsverlauf, beispielsweise eine misslungene Formulierung, nachträglich durch den aktuellen oder folgenden Sprecher beseitigt.

5.4.1 Typen von Reparaturen

Der Äußerungsteil, der die nachfolgende Reparatur hervorruft, wird als das **Reparandum** (*repairable, trouble source*) bezeichnet (vgl. Schegloff/Jefferson/Sacks 1977: 363-364). Generell kann also jedes Element, das in den Augen von Sprecher oder Hörer problematisch ist, zum Reparandum werden. Eine Reparatur kann durch den Sprecher des Reparandums selbst eingeleitet werden (*self-initiated*), indem er beispielsweise den aktuellen Satz abbricht und in modifizierter Form zu Ende führt. Andererseits besteht auch für den Hörer die Möglichkeit, eine Reparatur einzuleiten (*other-initiated*), indem er beispielsweise Kritik oder Unglauben signalisiert. Die eigentliche Reparatur kann ebenso entweder durch den Sprecher des Reparandums (*self-repair*) oder den Hörer durchgeführt werden (*other-repair*). Durch die Kombination dieser beiden Gegensatzpaare ergeben sich insgesamt vier Möglichkeiten (vgl. Hutchby/Wooffitt 1998: 61), die unterschiedliche **Reparatursequenzen** (*repair sequences*) zur Folge haben.

a) **Selbstinitiierte Selbstreparatur** (*self-initiated self-repair*): Die Reparatur wird vom Sprecher selbst eingeleitet und auch durchgeführt, wenn er zum Beispiel merkt, dass seine Äußerung die beabsichtigte Aussage nicht treffend vermittelt. Im folgenden Beispiel 5.19 etwa bricht der Sprecher, der sich in einem Vorstellungsgespräch befindet, seinen Satz in der Intonationseinheit 21 ab und setzt ihn in Einheit 22 in veränderter Form fort.

(5.19) A   [18] I was ↓INTERESTED in your ↓ADVERTISEMENT ■ [19] and and [əm] – – · [?ə] but [ə] I gather you're ↓AFTER ■ [20] an enormous amount of ↓INFORMATION ■ [21] and I don't ↓↑REALLY know that I've got – ↓↑YOU know ■ [22] whether ↓↑WHAT I've got ■ [23] is [?] of any ↑↓HELP ■ [24] I mean it's really for you to ↑↓DECIDE ■ [25] ↑REALLY ■ – – – (*CEC*, S.2.2a, *TU* 18-25)

Der Konstruktionsabbruch zeigt sich hier darin, dass der vom Verb „know" abhängige Objektsatz „that I've got [...]" nicht vollendet, sondern durch die Formulierung „whether WHAT I've got" ersetzt wird. Der Übergang zwischen Reparandum und Reparatur wird häufig durch ein **Reparatursignal** (*edit phrase*) markiert (vgl. McKelvie 2004: 407), das dem Sprecher Formulierungszeit einräumt und dem Hörer ankündigt, dass nun ein Problem behoben wird. In Beispiel 5.19 ist das Reparatursignal eine stille Pause in Kombination mit dem Diskursmarker „YOU

5. Konversationsanalyse

know". Andere Reparatursignale sind eine gefüllte Pause, eine gedehnte Silbe, ein Wortfragment, die Interjektion *oh*, der Diskursmarker *I mean* oder eine Formulierung wie *I will start again* (vgl. Levelt 1989: 482). So ergibt sich für die selbstinitiierte Selbstreparatur die in Abbildung 5.2 dargestellte lineare Struktur.

and I don't really know	that I've got	– you know	whether what I've got	is of any help
Originaläußerung	Reparandum	Reparatursignal	Reparatur	Fortsetzung der Äußerung

Abb. 5.2: Struktur einer selbstinitiierten Selbstreparatur gemäß Beispiel 5.19

Der Beginn des Reparandums ist jedoch nicht nur durch das Reparatursignal, sondern auch anhand der syntaktischen Struktur zu erkennen. So ist es möglich, die Reparatur für das Reparandum einzusetzen, ohne dass der grammatische Aufbau des gesamten Satzes beeinträchtigt wird.

b) Fremdinitiierte Selbstreparatur (*other-initiated self-repair*): Die Reparatur wird vom Adressaten eingeleitet, aber danach vom Sprecher des Reparandums selbst durchgeführt. Dies kann geschehen, wenn dem Hörer eine Äußerung unklar, missverständlich, akustisch unverständlich oder in einer anderen Form als konversationell misslungen erscheint. In Auszug 5.20 beispielsweise ist dem Gesprächsteilnehmer a nicht ganz klar, auf was sich das Pronomen „it" in der vorausgehenden Äußerung von Sprecherin A bezieht, weswegen er in Intonationseinheit 69 nachfragt und damit die Reparatur initiiert. Sprecherin A erläutert daraufhin, dass in ihrer vorherigen Äußerung das nächtliche Lesen gemeint war, und vereindeutigt damit die Ambiguität.

(5.20) A [67] I've taken that into ↓ACCOUNT ■ – [68] + I'm going to have to do a ↓LOT of it ■ +
 a [69] + [ə:] you mean domestic work at night +
 A [70] ↓NO ■ [71] (· laughs) a lot of ↓READING at night ■
 (*CEC*, S.3.1a, *TU* 67-71)

Typischerweise wird hierbei ein **Reparaturinitiator** (*next-turn repair initiator, NTRI*) verwendet, der darauf abzielt, eine Reparatur im nächsten Gesprächsbeitrag herbeizuführen (vgl. Shimanoff/Brunak 1977: 124 und Levinson 1983: 339). Eine Möglichkeit besteht hier darin, die Formulierung *You mean* plus eine denkbare Interpretation des Gesagten zu verwenden, wie es in Beispiel 5.20 geschieht. Andere Reparaturinitiatoren sind Interjektionen wie *huh?*, Fragewörter wie *what?, who?, where?* und *when?* oder eine partielle Wiederholung des Reparandums, gegebenenfalls mit steigender Intonation (vgl. Schegloff/Jefferson/Sacks 1977: 367-368). Auch ein verwirrter Blick des Hörers oder eine konventionelle Höflichkeitsfloskel wie *pardon, sorry* oder *I beg your pardon* erfüllen diesen Zweck. In Beispiel 5.21 initiiert B die Reparatur durch die Interjektion [əm] mit steigender Intonation, woraufhin Sprecher a seine vorherige Äußerung präzisiert.

(5.21) a   [137] [...] I'd like to be frank with you – [əː] since you were here last
       B   [138] ↑[əm] ∎
       a   [139] when you were interviewed for a job here
       (*CEC*, S.2.1, *TU* 137-139)

c) Selbstinitiierte Fremdreparatur (*self-initiated other-repair*): Der Sprecher des Reparandums initiiert die Reparatur, überlässt aber dem anderen Gesprächspartner deren Durchführung. Dies kann beispielsweise geschehen, wenn dem aktuellen Sprecher ein Begriff oder Name nicht einfällt und er den Adressaten um Hilfe bittet, wie es in Beispiel 5.22 geschieht.

(5.22) B   He had dis uh Mistuh W- whatever k- I can't think of his first name, Watts on, the one that wrote + that piece +
       A   + Dan Watts + (Schegloff/Jefferson/Sacks 1977: 364)

Der Satz „I can't think of his first name" dient dem Zuhörer A als Reparaturinitiator und bringt ihn dazu, mit seinem Wissen den Gesprächsbeitrag von B zu 'reparieren'.

d) Fremdinitiierte Fremdreparatur (*other-initiated other-repair*): Der Adressat initiiert die Reparatur nicht nur, sondern führt sie auch selbst durch, sodass der Sprecher des Reparandums lediglich im Nachhinein seine Meinung dazu abgeben kann. In Beispiel 5.23 etwa berichtet A von einem Basketballspiel und wird in seiner Formulierung durch B berichtigt.

(5.23) A   [H]alf the group that we had las' term wz jus' playing around.
       B   Uh – fooling around.
       A   Eh – yeah [...] (Schegloff/Jefferson/Sacks 1977: 365)

Die gefüllte Pause „[u]h" dient hier als Reparatursignal, das dem Missfallen des Sprechers B Ausdruck verleiht und die Reparatur einleitet. Dieser Reparaturtyp tritt oft bei asymmetrischen Machtverhältnissen zwischen den Gesprächspartnern auf, wie in der Schule, wo Lehrer häufig problematische Äußerungen von Schülern 'reparieren'. Eine andere Möglichkeit ist die eher scherzhafte und informelle Reparatur unter Freunden, wie sie in 5.23 zu erkennen ist.

5.4.2 Reparaturpositionen und die Präferenz der Selbstreparatur

Wie die bisher zitierten Beispiele gezeigt haben, tritt die Reparatur in einer entsprechenden Sequenz meist in unmittelbarer Nähe des Reparandums auf, doch lassen sich dennoch hinsichtlich ihrer Entfernung vom Reparandum drei Positionen unterscheiden (vgl. Hutchby/Wooffitt 1998: 64-66). Reparaturen in **erster Po-**

5. Konversationsanalyse

sition werden im selben Gesprächsbeitrag wie das Reparandum durchgeführt, wie es beispielsweise bei selbstinitiierten Selbstreparaturen der Fall ist (vgl. Bsp. 5.19). In **zweiter Position** kommen Reparaturen vor, wenn sie in dem Gesprächsbeitrag zu finden sind, der dem Reparandum direkt folgt. Dies geschieht in Fremdreparaturen, unabhängig davon, ob sie selbst- oder fremdinitiiert sind (vgl. Bsp. 5.22 und 5.23). Die **dritte Position** wird von Reparaturen eingenommen, die erst nach einer Erwiderung des Gegenübers auftreten. In diesem Sinne folgen bei fremdinitiierten Selbstreparaturen auf das Reparandum (erste Position) zunächst der Reparaturinitiator (zweite Position) und schließlich die Reparatur (dritte Position) (vgl. Bsp. 5.20 und 5.21).

So wie es bei den Paarsequenzen eine Präferenzorganisation gibt (vgl. Kap. 5.2.2), existiert auch bei der Reparatur eine **Präferenz** in dem Sinne, dass nichtpräferierte Elemente verzögert werden, während präferierte Elemente in der Abfolge vorgezogen werden (vgl. Scheglof/Jefferson/Sacks 1977: 362). Zudem ist festzustellen, dass präferierte Elemente eine größere Häufigkeit aufweisen als nichtpräferierte. So ist nachgewiesen worden, dass in Konversationen eine Präferenz für die Selbstreparatur besteht, wobei hier zudem die Selbstinitiation häufiger ist als die Fremdinitiation. Der am deutlichsten nichtpräferierte Typ ist dagegen die fremdinitiierte Fremdreparatur (vgl. Streeck 1983: 86).

Dieser Umstand ist zunächst rein sequenziell dadurch zu begründen, dass sich nach einem Reparandum zuerst dem Sprecher selbst die Gelegenheit zur Reparatur bietet, und tatsächlich treten die meisten Reparaturen in erster Position auf. Zweitens weist die Tatsache, dass bei der fremdinitiierten Selbstreparatur Reparaturinitiatoren eingesetzt werden, darauf hin, dass dem Produzenten des Reparandums selbst die Gelegenheit zur Reparatur gegeben werden soll. Drittens ist ermittelt worden, dass vielen Fremdreparaturen kurze Verzögerungen vorausgehen, zum Beispiel in Form von gefüllten Pausen. Diese Elemente, wie etwa das Reparatursignal „[u]h" in Beispiel 5.23, gewähren dem ursprünglichen Sprecher ebenso zuerst eine Chance zur Selbstreparatur.

Fremdinitiierte Fremdreparaturen werden oft auch aus dem Grund vermieden, dass sie geeignet sind, das *face* des Gesprächspartners zu verletzen (vgl. Kap. 5.2.2). Das Korrigieren eines gleichberechtigten Gegenübers kann leicht einen Affront darstellen, da es als unerwünschte Kritik oder Besserwisserei aufgefasst werden kann, sodass möglicherweise der harmonische Gesprächsverlauf beeinträchtigt wird (vgl. Hutchby/Wooffitt 1998: 68-69). Dementsprechend gibt es neben der erwähnten Verzögerung noch andere Techniken, um die mögliche 'Gesichtsbedrohung' in einer Fremdreparatur abzumildern. Formulierungen wie *I think you mean* ... drücken eine Unsicherheit des Sprechers aus und unterstellen dem Gesprächspartner die richtige Absicht, ein steigender Ton lässt die Fremdreparatur wie eine Frage erscheinen, und eine scherzhafte Verkleidung der Reparatur verstärkt die Harmonie zwischen den Kommunikationsteilnehmern. So stellen tatsächlich einige der Fremdreparaturen Scherze dar, wie das Beispiel 5.24 zeigt.

(5.24) L <<Memorial Day's a non-work day>>
J That's – that's right.
Lo huh huh!
J Stay home and pine about work.
Lo huh huh huh huh huh huh huh uh huh.
L Not about work, about money.
Lo huh huh huh! (Schegloff/Jefferson/Sacks 1977: 378)

Der Sprecher L verbessert hier scherzhaft den Gesprächsteilnehmer J, indem er das Nomen „work" explizit durch „money" ersetzt. Der nichtpräferierte Charakter der Fremdreparatur ist somit aufgehoben, da witzige Bemerkungen keine 'Gesichtsbedrohung' bilden, sodass diese Reparatur ohne Verzögerung formuliert werden kann.

5.5 Beispielanalysen

Anhand zweier Beispielanalysen sollen schließlich die Regularitäten und Mechanismen beim Verlauf einer Konversation nochmals veranschaulicht werden. Der Auszug 5.25 bildet den Beginn eines **Vorstellungsgesprächs**, in dem sich Sprecherin A um einen Studienplatz bewirbt.

(5.25) A ^{1030} + good ↑MORNING ■ +
a ^{1031} + good morning Miss + Detch how are you
A ^{1032} ++ fine ↓THANK you ■ ++
a ^{1033} ++ would you like to ++ take the · comfortable chair · +<<2 sylls>>+
A ^{1034} + that's + ↑LOVELY ■ ^{1035} ++ (laughs ·) ++
a ^{1036} ++ [əm] ++ you've been left school what a couple of years ·
A ^{1037} ↓THAT'S ↑RIGHT ■ ^{1038} ↓YES ■ ^{1039} nineteen FIFTY-↓<<NINE>> ■
(CEC, S.3.1c, TU 1030-1039)

Die **Gesprächseröffnung** beinhaltet eine Grußsequenz, in welcher der erste und zweite Teil der Paarsequenz identisch sind. Dabei kommt es zu einer Überlappung, die durch die Konventionalität des Austauschs jedoch keine negative Auswirkung auf das Verständnis hat. Sprecher a ergänzt seinen Gruß im selben Gesprächsbeitrag sodann durch den Vokativ „Miss Detch", der sein Interesse an der Gesprächspartnerin unterstreicht. Zudem verwendet er die höfliche Grußformel „how are you", die trotz der Frageform nur bedingt den ersten Teil einer Paarsequenz darstellt, da nicht immer eine entsprechende Erwiderung erwartet wird. Sprecherin A formuliert zwar die konventionelle Antwort „fine thank you", doch zeigt sich durch die Überlappung zwischen den Intonationseinheiten 1032 und 1033, dass diese Reaktion für Sprecher a optional ist.

5. Konversationsanalyse

Intonationseinheit 1033 beinhaltet ein Angebot, das den ersten Teil einer Paarsequenz bildet und damit ein Signal zur Übergabe des Rederechts darstellt. Die nachfolgende Annahme des Angebots durch A in Einheit 1034 ist der präferierte zweite Paarteil und folgt daher ohne Umschweife oder Verzögerungen. Während des paralinguistischen Lachens von A bereitet sich a mental auf seinen nächsten Gesprächsbeitrag vor, wie die gefüllte Pause [əm] in Einheit 1036 anzeigt. Der Einstieg in das erste Thema des Gesprächs erfolgt sodann durch die Äußerung in Intonationseinheit 1036, die zwar formal einen Deklarativsatz darstellt, kontextuell aber als Bestätigungs- und Informationsfrage zu verstehen ist. Daraufhin wird in Einheit 1037 auch diese Paarsequenz durch den präferierten zweiten Teil vervollständigt, indem A zuerst die Richtigkeit bestätigt und sodann die gewünschte Spezifikation liefert.

In Beispiel 5.26, das aus einem **Prüfungsgespräch** stammt, behandeln die Interaktanten als Thema den literarischen Stil John Steinbecks. Da Sprecher a und B den Kandidaten A wiederholt befragen, ist eine große Bandbreite an *turn-allocation techniques* festzustellen.

(5.26) a [651] would you try and characterize Steinbecks's style for us this is The Grapes of Wrath you're basing that on particularly is it ·
A [652] [ə] ↑YES ■ [653] and [əm] · Mice and ↑MEN ■ – [654] and [ə]
a [655] now what is his style
A [656] rather – ↓ABRUPT ■ · [657] ↓ECONOMICAL I should ↑THINK ■ · [658] [əm] – – – ↓IMMEDIATELY ■ [659] [ə] – seems to get his ↓↑MEANING into ■ [660] as few words as ↓POSSIBLE ■ –
B [661] that would apply to ↓SWIFT ■ [662] ↓TOO ■ [663] ↓WOULDN'T it ■
a [664] it applies to + quite a number of people +
A [665] + ↓YES ■ · [666] oh ↑YES ■ + [667] ++ (– coughs) ++
B [668] then how would you ++ <<make>> the difference between ++ · Steinbeck and ↓SWIFT ■ [669] (– – – giggles)
A [670] [əː] (– – – giggles) I don't ↓KNOW ■ [...] (*CEC*, S.3.5a, *TU* 651-670)

Sprecher a beginnt mit einem Interrogativsatz, schließt aber – ohne auf eine Antwort zu warten – direkt einen Deklarativsatz an. Den Abschluss seines Gesprächsbeitrags bildet allerdings die *tag question* „is it", die eindeutig dazu dient, das Rederecht an einer übergaberelevanten Stelle an den nächsten Sprecher abzutreten. Sprecher A komplettiert die Paarsequenz nach kurzem Zögern mit einer affirmativen Antwort. In Intonationseinheit 654 verwendet er zwar die Konjunktion „and" als *utterance incompletor*, doch sein stockendes Sprechen und die Verwendung der gefüllten Pause [ə] führen dazu, dass Sprecher a durch Selbstwahl in Einheit 655 erneut das Wort ergreift und seine ursprünglich gestellte Frage neu formuliert.

Der Prüfling A liefert daraufhin in den Einheiten 656 bis 660 den zweiten Teil dieser Paarsequenz, wobei erneut der stockende Charakter seiner Antwort auffällt.

Trotz der lang gezogenen Pause in Intonationseinheit 658 ergreift der Prüfer jedoch nicht das Wort, sondern gibt dem Kandidaten Zeit zu überlegen, denn der steigende Ton auf dem vorherigen Verb „think" in Einheit 657 signalisiert Unabgeschlossenheit. In Einheit 660 dagegen liegt ein fallender Ton vor, und auch die syntaktische Vollständigkeit sowie die stille Pause legen eine *TRP* nahe, sodass Prüfer B in Einheit 661 durch Selbstwahl erneut das Wort ergreift. Sein Gesprächsbeitrag schließt mit der *tag question* „wouldn't it", die als deutliche *turn-allocation technique* fungiert, woraufhin Prüfer a die Aussage seines Kollegen bekräftigt. Erst dann erfolgt in 665 und 666 die bestätigende Antwort des Kandidaten, der die Aussage zweifach bejaht. Der folgende Gesprächsbeitrag von B in 668 und 669 zeigt schließlich, dass auch ein Kichern – hier nach einer längeren Pause – als paralinguistisches Signal für den Sprecherwechsel dienen kann. Gleichzeitig ahmt der Prüfling A das Kichern nach einer ausgedehnten stillen Pause nach und gewinnt so Zeit für die Planung seiner Äußerung, in der er allerdings schließlich doch eingesteht, dass er keine Antwort hat.

5.6 Zusammenfassung

Wie bereits angedeutet, überlagern die Strukturen in Konversationen die bereits vorgestellten Vertextungsmittel von Kohäsion und Kohärenz. Der gesprochene Text ergibt sich durch wechselseitige Beiträge verschiedener Textproduzenten, die sich aufeinander beziehen. Dabei gilt, dass Ellipsen, koordinierende *conjunction* und lexikalische Repetitionen speziell in spontanen Gesprächen eine größere Rolle spielen als in den meisten geschriebenen Texten. Andererseits haben Pronomina in Konversationen häufiger exophorische Referenz, da sie auf die beteiligten Sprecher verweisen, wodurch sie nicht zur Kohäsion beitragen. Was die Kohärenz angeht, so bestehen zwischen verschiedenen Gesprächsbeiträgen oft unausgedrückte relationale Propositionen, die auf der Fähigkeit der Kommunikationsteilnehmer zur wechselseitigen Sinnstiftung beruhen. Zentral für das Verständnis ist auch das Vorhandensein eines gemeinsamen Hintergrundwissens im Sinne globaler Muster wie *frames*. Hinsichtlich der kommunikativen Dynamik bieten gesprochene Konversationen die Möglichkeit, neue und fokussierte Elemente durch prosodische Mittel hervorzuheben.

Den typischen **Verlauf eines Gesprächs** gibt Abbildung 5.3 schematisch wieder, wobei nicht alle potenziellen Elemente, die hier aufgeführt sind, tatsächlich in jeder speziellen Konversation auftreten müssen. Andererseits gibt es auch zusätzliche Strukturen, wie etwa Prä- und Insertionssequenzen, die aus Gründen der Abstraktion und Übersichtlichkeit nicht in die Darstellung aufgenommen wurden.

5. Konversationsanalyse

Gesprächs-eröffnung	*Summons-answer*-Sequenz Grußsequenz	
Thema 1		Sequenzielle Organisation; Paarsequenzen, präferierte und nichtpräferierte zweite Teile
Thema 2	Gesprächs-beiträge	Sprecherwechsel an übergaberelevanten Stellen (*TRPs*); *turn-allocation techniques*
Thema 3		
Thema n		Reparatursequenzen aus Reparandum und Reparatur; selbst- oder fremdinitiiert (*NTRIs*) und -durchgeführt
Gesprächs-beendigung	*Topic bounding sequence* *Pre-closing sequence* *Closing sequence*	

Abb. 5.3: Schema eines Gesprächsverlaufs

Der linear-chronologische Verlauf der Konversation ist in der Figur prinzipiell von oben nach unten dargestellt. Ausnahmen bilden jedoch die sequenzielle Organisation und der Sprecherwechsel, die das gesamte Gespräch konstituieren. Reparatursequenzen hingegen können je nach Sprecher und Situation sporadisch über die Konversation verteilt sein.

Nach der Gesprächseröffnung werden eine unbestimmte Anzahl von Themen mit einem gewissen Neuigkeitswert auf der Basis alternierender Gesprächsbeiträge abgehandelt. Die einzelnen Themen gehen in spontanen Alltagsgesprächen in der Regel allmählich und unmerklich ineinander über, bis sich die Teilnehmer darüber einig sind, dass die Konversation aus Zeitgründen, aus Mangel an weiteren Themen oder aus anderen Motiven zu einem Ende kommen sollte.

5.7 Übungen

1) Erläutern Sie die Reparaturen in Auszug 5.27 aus dem *Corpus of English Conversation* und in Auszug 5.28 aus Pinters Stück *The Caretaker*!

(5.27) B   [27] ↓YES ■ [28] but I mean you you said he stopped writing poetry · with the Four ↓QUARTETS ■ · [29] + so you + · ↓↑THAT means ■ [30] that
   A   [31] + →[m] ■ +
   >B [30] you ↑THINK ■ [32] that there's no <<poetry in the ↓DRAMA ■>>
(*CEC*, S.3.5a, *TU* 27-32)

5.7 Übungen

(5.28)   DAVIES *(stopping)*. You don't share it, do you?
          ASTON. What?
          DAVIES. I mean you don't share the toilet with them Blacks, do you?
          ASTON. They live next door. (Pinter 1960: 18)

2)   Analysieren Sie den folgenden Ausschnitt 5.29 aus Millers Stück *Death of a Salesman* hinsichtlich der Techniken des Sprecherwechsels!

(5.29)   *(Linda is sitting where she was at the kitchen table, but now is mending a pair of her silk stockings.)*
          LINDA. You are, Willy. The handsomest man. You've got no reason to feel that –
          WILLY. *(coming out of The Woman's dimming area and going over to Linda.)* I'll make it all up to you, Linda, I'll –
          LINDA. There's nothing to make up, dear. You're doing fine, better than –
          WILLY. *(noticing her mending.)* What's that?
          LINDA. Just mending my stockings. They're so expensive –
          WILLY. *(angrily, taking them from her.)* I won't have you mending stockings in this house! Now throw them out! (Miller 1984: 41)

3)   Welche konversationelle Funktion haben die Äußerungen von Sprecherin A im folgenden Gesprächsauszug 5.30?

(5.30) B ^{34} and I went to some ↓SECOND year ↓SEMINARS ■ ^{35} where there are only about half a ↓DOZEN people ■ ^{36} + and + they discussed what <<a>>
      A ^{37} + →[m] ■ +
      >B ^{36} ↓WORD was ■ ^{38} ++ and – ++ what's a ↓SENTENCE ■
      A ^{39} ++ →[m] ■ ++
      >B ^{40} that's even ↓MORE difficult ■ · (*CEC*, S.1.5, *TU* 34-40)

4)   Welcher Sonderfall der sequenziellen Organisation liegt in Beispiel 5.31 vor, das aus Shaws Stück *Pygmalion* stammt?

(5.31)   HIGGINS. Have you found Eliza?
          DOOLITTLE. Have you lost her?
          HIGGINS. Yes.
          DOOLITTLE. You have all the luck, you have. I ain't found her; but she'll find me quick enough now after what you done to me. (Shaw 1990: 141)

5)   Der Auszug 5.32 bildet den Beginn einer Konversation, an der drei Sprecher beteiligt sind. Beschreiben Sie die sequenzielle Organisation unter Berücksichtigung des Sprecherwechsels!

5. Konversationsanalyse

(5.32) a   ¹ come in · come in – – ah good morning
        A   ² good ↓MORNING ■
        a   ³ you're Mrs Finney
        A   ⁴ →YES ■ ⁵ I ↓AM ■ ⁶ + <<syll>> +
        a   ⁷ how are you – my name's + Hart + and this is Mr Mortlake
        B   ⁸ how ++ are ↓YOU ■ ++
        A   ⁹ ++ <<↓HOW do you ++ do ■>> ·
        a   ¹⁰ + [ə:] won't you sit + down
        B   ¹¹ + <<2 to 3 sylls>> +
        A   ¹² ↓THANK you ■ – – (*CEC*, S.3.1, *TU* 1-12)

6)   Der Auszug 5.33 stammt aus Becketts *Waiting for Godot*, das dem Absurden Theater zugerechnet wird. Inwiefern weicht dieser Dialog strukturell von Alltagsgesprächen ab?

(5.33)   VLADIMIR. Do you –
          ESTRAGON. (*turning simultaneously.*) Do you –
          VLADIMIR. Oh pardon!
          ESTRAGON. Carry on.
          VLADIMIR. No no, after you.
          ESTRAGON. No no, you first.
          VLADIMIR. I interrupted you.
          ESTRAGON. On the contrary. (*They glare at each other angrily.*)
          VLADIMIR. Ceremonious ape!
          ESTRAGON. Punctilious pig! (Beckett 1987: 87-88)

Weiterführende Literatur: Hutchby/Wooffitt (1998), Markee (2000), Brinker et al. (2001) und Pridham (2001). Zur praktischen Durchführung von Konversationsanalysen vgl. Ten Have (1999). Zur Syntax in Konversationen vgl. Biber et al. (1999: 1037-1125) und McKelvie (2004). Zu soziolinguistischen Aspekten der Gesprächsanalyse vgl. Wooffitt (2005). Zum Gerichtsdiskurs vgl. Atkinson/Drew (1979). Zum Dialog im Drama vgl. Herman (1995).

6. Angewandte Textlinguistik

Der interdisziplinäre Charakter der Textlinguistik und ihre vielseitige praktische Umsetzbarkeit werden deutlich, wenn man sie aus der Perspektive der Angewandten Sprachwissenschaft betrachtet. So verfolgt diese Disziplin nicht nur ein theoretisch-akademisches Interesse, sondern leistet Hilfestellungen für andere Wissenschaften, die sich hinsichtlich verschiedener Fragestellungen mit Texten beschäftigen. Dazu gehören insbesondere die Geschichtswissenschaft, die Journalistik, die Rechtswissenschaft, die Psychologie, die Theologie, die Literaturwissenschaft, die Sprachdidaktik, die interkulturelle Kommunikationsforschung sowie die Übersetzungswissenschaft (vgl. Sowinski 1983: 11-17). Im Folgenden wird der Beitrag der Textlinguistik für die vier letztgenannten Bereiche dargestellt, da der Bezug hier besonders deutlich ist.

6.1 Analyse literarischer Texte

Im Gegensatz zur Textlinguistik, die sich mit Texten jeglicher Form und Funktion beschäftigt, konzentriert sich die Literaturwissenschaft vornehmlich auf literarisch-poetische Texte. Die sprachwissenschaftliche Beschäftigung mit dichterischen Texten ist unter den Namen der **linguistischen Stilistik** (*linguistic stylistics*) (vgl. Halliday 1972: 192) oder – noch präziser – der **linguistischen Poetik** (*linguistic poetics*) (vgl. Küper 1976) bekannt.

Grundsätzlich stellt sich die komplexe Frage, durch welche Kriterien sich literarische Texte auszeichnen, wie sie also von Sach- bzw. Gebrauchstexten abgegrenzt werden können (vgl. Sowinski 1983: 126-127). Zunächst gehören literarische Veröffentlichungen – wie auch Werbe- oder Pressetexte – zur Massenkommunikation und unterscheiden sich dadurch von persönlichen Briefen oder Telefonaten. Hinzu tritt in der Literatur die besondere doppelte Kommunikationssituation, da neben den interagierenden Charakteren in einem Drama oder Roman gleichzeitig der Autor oder Regisseur mit dem Leser bzw. Zuschauer kommuniziert. Auf dieser Basis ist beim Drama zwischen dem „inneren" und „äußeren Kommunikationssystem" zu unterscheiden (vgl. Pfister 2001: 21).

Zudem besitzen literarische Texte einen anderen Wahrheitswert als Gebrauchstexte wie Bedienungsanleitungen, weswegen sie auch als fiktionale im Gegensatz zu nichtfiktionalen Texten beschrieben werden. So sind fiktionale Texte „situationally autonomous" und besitzen „internal fields of reference" (Werlich 1983: 43-44), die von tatsächlich existierenden Personen sowie öffentlicher Zeitrechnung und realem Raumwissen abstrahieren. Allerdings gibt es keine klaren Grenzen

6. Angewandte Textlinguistik

innerhalb der nur scheinbar binären Dichotomie der Fiktion und der Nicht-Fiktion, wie beispielsweise die Genres der Protestlyrik oder des historischen Romans beweisen (vgl. Traugott/Pratt 1980: 260). Weiterhin existieren in der Literatur bestimmte historisch gewachsene Gattungskonventionen, die sie von nichtfiktionalen Genres unterscheiden. So zeigen beispielsweise Sonette, Oden oder Kurzgeschichten charakteristische Merkmale, die dem literarischen Publikum eine entsprechende Zuordnung erlauben.

Schließlich entfaltet die literarische Sprache dadurch eine ästhetische Wirkung, dass sie sich mittels bestimmter stilistischer Merkmale von der Alltagskommunikation unterscheidet (vgl. Schubert 2000: 41-51). In diesem Sinne geht die Deviationsstilistik davon aus, dass Abweichungen auf verschiedenen sprachlichen Ebenen vorhanden sind (vgl. Leech 1969: 42-52). So sind auf der Ebene des Wortschatzes beispielsweise poetische Neologismen zu nennen, auf der Ebene der Syntax dagegen experimentelle Satzstrukturen. Auch hinsichtlich des Registers, also der Sprachverwendung in verschiedenen Sachbereichen, können in der poetischen Sprache **Deviationen (***deviations***)** auftreten, wie Beispiel 6.1 aus T.S. Eliots Gedicht *The Love Song of J. Alfred Prufrock* aus dem Jahr 1911 beweist, dessen Anfang folgendermaßen lautet:

(6.1) Let us go then, you and I,
When the evening is spread out against the sky
Like a patient etherized upon a table; (Eliot 1993: 2140)

Während die ersten beiden Verse inhaltlich im Einklang mit traditioneller Naturlyrik stehen, beinhaltet der dritte Vers einen Vergleich, der aus einem medizinischen Fachtext stammen könnte. Es resultiert daraus ein Verfremdungseffekt, der mit dem typischen Durchbrechen von Gattungskonventionen in der klassischen Moderne einhergeht. Eine ähnliche Wirkung wird durch die Betitelung dieses Textes als „Song" erzielt, denn dem Gedicht ist keineswegs die Simplizität, metrische Regelmäßigkeit und Sangbarkeit des traditionellen Liedes zu eigen.

Neben den Deviationen hebt sich die poetische Sprache auch durch zusätzliche Regularitäten von der Alltagssprache ab: „Obtrusive irregularity (poetic deviation) and obtrusive regularity (parallelism) account for most of what is characteristic of poetic language" (Leech 1969: 73). Leech greift unter dem Schlagwort des Parallelismus Roman Jakobsons Modell der **Äquivalenz (***equivalence***)** wieder auf, das dieser verwendet, um die poetische Funktion der Sprache generell zu beschreiben.

> The set (*Einstellung*) toward the MESSAGE as such, focus on the message for its own sake, is the POETIC function of language. [...] *The poetic function projects the principle of equivalence from the axis of selection into the axis of combination.* (Jakobson 1981: 25 und 27, Hervorhebungen im Original)

Die poetische Qualität beruht also zunächst darauf, dass nicht außersprachliche Gegenstände, sondern die Sprache selbst in den Fokus der Aufmerksamkeit gerückt wird. Dabei manifestieren sich sprachliche Äquivalenzen beispielsweise in syntaktischen Parallelismen (vgl. Kap. 2.1.2), Wortwiederholungen sowie in der regelmäßigen Metrik von Gedichten. So lässt sich konstatieren, das „Poetische ist [...] eine Eigenschaft von Texten – nicht von Einzelausdrücken" (Oomen 1973: 85), was die Bedeutung der Textlinguistik bei literarischen Analysen erneut unterstreicht.

Heinrich F. Plett verwendet die Begriffe der Deviation und Äquivalenz zusätzlich, um zwischen mehreren textologischen Figuren zu unterscheiden (vgl. 2000: 236-238). Wie die Abbildung 6.1 zeigt, trennt er innerhalb der Deviation zwischen den vier Typen der Addition, Subtraktion, Substitution und Permutation. Demgemäß können Textsegmente in devianter Weise eingefügt, getilgt, ersetzt oder umgestellt werden, wodurch Effekte der Rezipientenaktivierung oder der originellen Verfremdung resultieren.

		Beispiel
Deviation	Addition	Exkurse und Digressionen des Erzählers wie in Jonathan Swifts *A Tale of a Tub* oder Laurence Sternes *Tristram Shandy*
	Subtraktion	Schwarze Druckblöcke in Laurence Sternes *Tristram Shandy* zur Signalisierung von fehlendem Text
	Substitution	Semantische Ersetzungen im Text durch Allegorien wie in John Bunyans *The Pilgrim's Progress*
	Permutation	Collagen des Dadaisten Tristan Tzara durch das Zerschneiden und veränderte Zusammensetzen von Shakespeare-Sonetten
Äquivalenz		Wiederholung eines Textsegments wie in Samuel Becketts Stück *Play* oder in dem Lied „A dog came in the kitchen" aus *Waiting for Godot* (Akt II)

Abb. 6.1: Textologische Figuren der Deviation und Äquivalenz

Halliday stellt dazu fest, dass die Abweichungen vom System der Alltagssprache in der poetischen Sprache zur neuen Regel erhoben werden: „[...] the creative writer finds and exploits the irregularity that the patterns allow, and in doing so superimposes a further regularity" (1972: 194). Zur Beschreibung der poetischen Besonderheiten schlägt Halliday hier ein Kohäsionskonzept vor, das den poetischen Text als Ganzes betrachtet und das es erlaubt, auf allen Deskriptionsebenen (Phonologie, Morphologie etc.) bestimmte Muster poetischer Sprache aufzudecken. Mit anderen Worten, das Äquivalenzprinzip verstärkt den Eindruck, dass es sich bei einem Text um eine kohäsive Einheit handelt.

6. Angewandte Textlinguistik

Was die lexikalische Kohäsion angeht, so gilt das Auftreten von Synonymen und Paraphrasen in der traditionellen Rhetorik als **'elegante' Variation** (*elegant variation*) (vgl. Wales 1998: 135). Auf diese Weise kann mehrfach auf denselben Gegenstand oder Sachverhalt Bezug genommen werden, ohne dass der Text monoton erscheint. Unter Umständen dienen koreferenzielle Paraphrasen und Synonyme der Erzeugung von Humor, wie in Beispiel 6.2, das dem „Dead Parrot Sketch" aus der britischen Comedy-Serie *Monty Python's Flying Circus* entnommen ist. Der Sprecher Mr. Praline befindet sich in einer Tierhandlung und teilt dem Verkäufer höchst eloquent mit, dass er den kürzlich erworbenen Papagei umtauschen möchte, da dieser offensichtlich tot ist.

(6.2) PRALINE. It's not pining, it's passed on. This parrot is no more. It has ceased to be. It's expired and gone to meet its maker. This is a late parrot. It's a stiff. Bereft of life, it rests in peace. If you hadn't nailed it to the perch, it would be pushing up the daisies. It's rung down the curtain and joined the choir invisible. This is an ex-parrot. (Chapman et al. 1990: 105)

Es ist zu erkennen, dass diese Form der 'eleganten' Variation rund um euphemistische und metaphorische Phrasen für das Sterben nicht nur ein großes Maß an inhaltlicher Redundanz, sondern auch einen besonders ausgeprägten kohäsiven Zusammenhalt zur Folge hat.

Andererseits besteht die Möglichkeit der wörtlichen Wiederholung von Begriffen, die stilistisch als **expressive Repetition** (*expressive repetition*) gewertet werden kann und das ästhetische Gegenstück zur 'eleganten' Variation bildet (vgl. Leech/Short 1981: 247). Dadurch kommt dem wiederholten Lexem häufig in emphatischer Weise eine emotionale Verstärkung zu. In Beispiel 1.8 aus *Waiting for Godot* beispielsweise wird das Adjektiv „happy" mehrmals wiederholt, wodurch im ironischen Sinne die schmerzliche Abwesenheit des Glücksgefühls hervorgehoben wird. Auch in Beispiel 6.3, das die Leistungsfähigkeit textstilistischer Analysen demonstrieren soll, findet sich eine effektive Häufung der expressiven Repetition. Es handelt sich um ein im Jahr 1914 verfasstes Sonett des englischen Dichters Rupert Brooke (1887-1915), das in patriotischer Weise den Heldentod im feindlichen Ausland glorifiziert.

(6.3) *The Soldier*

If I should die, think only this of me:
That there's some corner of a foreign field
That is forever England. There shall be
In that rich earth a richer dust concealed;
A dust whom England bore, shaped, made aware,
Gave, once, her flowers to love, her ways to roam,
A body of England's, breathing English air,
Washed by the rivers, blest by suns of home.

6.1 Analyse literarischer Texte

> And think, this heart, all evil shed away,
> A pulse in the Eternal mind, no less
> Gives somewhere back the thoughts by England given,
> Her sights and sounds; dreams happy as her day;
> And laughter, learnt of friends; and gentleness,
> In hearts at peace, under an English heaven. (Brooke 1993: 1827)

Zunächst fällt auf, dass der Eigenname „England" (V. 3, 5, 7 und 11) in den vierzehn Versen insgesamt viermal auftritt, woraus eine deutliche Emphase resultiert. Verstärkt wird dieser Eindruck durch das zweimalig zu findende Adjektiv „English" (V. 7 und 14), das mit dem Namen des Landes im Verhältnis der partiellen Rekurrenz steht. Hinsichtlich der lexikalischen Kohäsion sind zudem *lexical sets* aus den Gebieten LANDSCHAFT/NATUR und GLÜCK zu finden. Zu ersterem gehören Lexeme wie „field" (V. 2), „earth" (V. 4), „dust" (V. 4), „flowers" (V. 6), „ways" (V. 6), „air" (V. 7), „rivers" (V. 8) und „suns" (V. 8), zu letzterem „richer" (V. 4), „love" (V. 6), „blest" (V. 8), „happy" (V. 12), „laughter" (V. 13), „friends" (V. 13), „gentleness" (V. 13), „peace" (V. 14) und „heaven" (V. 14). Sind diese begrifflichen Ketten identifiziert, ist ein wichtiger Grundstein für die Interpretation des Gedichts gelegt, denn es beschreibt das Glück des Sprechers darüber, dass sein Grab in der Fremde für immer ein Stück Vaterland sein wird. Die demonstrative Referenz des Pronomens „this" (V. 1) ist ebenso ein Beispiel für effektive Kohäsion, da die Pro-Form durch die kataphorische Verweisrichtung Neugierde erweckt und den gesamten folgenden Text antizipiert.

Das lyrische Genre des Sonetts zeichnet sich zunächst formal durch die vierzehn Verse, den fünfhebigen Jambus und das Reimschema *abab cdcd efg efg* aus, das zwei Quartette und zwei Terzette konstituiert. Inhaltlich entsprechen die beiden Quartette einer Exposition, in der die Verbundenheit des Soldaten mit seinem Vaterland dargestellt wird. Die Terzette bilden dagegen eine Art Konklusion, indem sie die Emotionen auf eine metaphysisch-spirituelle Ebene transferieren. Diese Zweiteilung wird wiederum durch das Verb „think" (V. 1 und 9) unterstützt, das in Form der expressiven Repetition jeweils zu Beginn der beiden genannten Abschnitte auftritt. Der Imperativ dieses Verbs legt zudem nahe, den Text als instruktiv bzw. persuasiv einzuordnen, da direktive Illokutionen dominieren. Dies erlaubt es wiederum, den patriotisch-appellativen Impetus des Gedichts direkt sprachlich nachzuweisen.[38]

Äquivalenzen, welche die Kohäsion des Textes verstärken, zeigen sich auf lautlicher Ebene in seiner Rhythmik und in Alliterationen wie „foreign field [...] forever" (V. 2-3) sowie „sights and sounds" (V. 12). Aus syntaktischer Perspektive finden sich Äquivalenzen im zweimaligen Imperativ „think" sowie in den zahlrei-

---

[38] Zur persuasiven Haltung des lyrischen Sprechers in der Geschichte des englischen Sonetts vgl. Schubert (2000: 265-269 und 313-319).

chen *past participle*-Konstruktionen mit den Verben „[w]ashed" (V. 8), „blest" (V. 8), „shed" (V. 9), „given" (V. 11) und „learnt" (V. 13). Eine deutliche semantische Deviation erscheint in der metaphorisch-allegorischen Wendung „[a] dust whom England bore, shaped, made aware, [g]ave, once, her flowers to love, her ways to roam" (V. 5-6), denn im wörtlichen Sinne kann ein Land keinen Staub gebären, der dessen Blumen liebt und sich auf dessen Straßen fortbewegt. Eine syntaktische Deviation manifestiert sich in der Inversion, die das Lokaladverbiale „[i]n that rich earth" (V. 4) zwischen Hilfsverb und Subjekt platziert, während das Vollverb am Satzende positioniert ist.

Die Leistungsfähigkeit von Kohäsionsanalysen für die Beschreibung des Stils **literarischer Prosa** demonstriert insbesondere die Studie von Waldemar Gutwinski (1976). Grundlage seiner Betrachtungen sind Auszüge aus *The Portrait of a Lady* von Henry James und *Big Two-Hearted River* von Ernest Hemingway, die er hinsichtlich der auftretenden Kohäsionsphänomene vergleicht (vgl. 1976: 142-160). Während im Text von James die grammatische Kohäsion – und dabei insbesondere die anaphorische personale Referenz – wesentlich dominanter ist als die lexikalische, ist das quantitative Verhältnis zwischen den beiden Kohäsionstypen bei Hemingway eher ausgeglichen. Die pronominalen Ketten weisen darauf hin, dass bei James eine ausgeprägte Fokussierung auf die weibliche Protagonistin vorliegt, während bei Hemingway neben der Hauptfigur stärker auch die situativen Umstände Erwähnung finden, was Auswirkungen auf die Makrostruktur der Texte hat.

Neben der Kohäsion spielt bei der Rezeption poetischer Texte die Kohärenz eine bedeutende Rolle, da sie jeglicher literarischer Interpretation zugrunde liegt. So haben Ezra Pounds *In a Station of the Metro* (Bsp. 3.8) und der Auszug aus *The Boarding House* von James Joyce (Bsp. 3.26) gezeigt, dass die Inferenzziehung für die Sinnstiftung bei inhaltlich eher offenen literarischen Texten unerlässlich ist. Leech/Short (vgl. 1981: 251) verweisen in diesem Zusammenhang auf die *stream of consciousness*-Passagen in *Ulysses* von Joyce, da Hilfestellungen der Textlinguistik bei der Kohärenzherstellung hier besonders nützlich sein können.

Schließlich ist auch darauf hinzuweisen, wie die Kategorien der Konversationsanalyse für die literarische Interpretation nutzbar gemacht werden können. So kann beispielsweise das Gesprächsverhalten der Charaktere im **Drama** ein Licht auf ihr gegenseitiges psychosoziales Verhältnis werfen (vgl. Herman 1995: 122-163). In Beispiel 6.4, das aus Pinters *The Caretaker* stammt, rügt der Hauseigentümer Mick den Landstreicher Davies, da dieser sich kritisch über Micks Bruder geäußert hatte.

(6.4)   MICK. You don't want to start getting hypercritical.
         DAVIES. No, no, I wasn't that, I wasn't . . . I was only saying. . . .
         MICK. Don't get too glib.
         DAVIES. Look, all I meant was—
         MICK. Cut it! (Pinter 1960: 50)

Am Verlauf des Sprecherwechsels lassen sich hier eindeutig die asymmetrischen Machtverhältnisse ablesen. Davies reagiert auf Micks Vorwurf mit großer Unsicherheit, die an seinem Stottern sowie den Pausen und Selbstreparaturen zu erkennen ist. Micks anschließende Selbstwahl unterbricht Davies' Gesprächsbeitrag und nimmt ihm die Chance, die Reparatur zu vollenden. Auf Micks erneute Rüge reagiert Davies mit einem weiteren Versuch der Selbstreparatur, der aber durch Micks Selbstwahl wiederum energisch unterbrochen wird. Dabei dient Micks Äußerung als explizites Signal für die Beendigung des aktuellen Gesprächsthemas, was seine übergeordnete Stellung unterstreicht.

In ähnlicher Weise ist auch die Analyse der Gesprächseröffnung und -beendigung sowie der sequenziellen Organisation geeignet, die dramatische Interaktion näher zu erläutern. Derartige Analysen sind allerdings nicht nur für die akademische Literaturwissenschaft, sondern auch für den Literaturunterricht der Sekundarstufe nutzbar zu machen.

6.2 Textkompetenz im Englischunterricht

Da der Text als das originäre sprachliche Zeichen anzusehen ist (vgl. Hartmann 1968), kommt der Textlinguistik im Sprachunterricht eine Schlüsselrolle zu. Das globale Lernziel der kommunikativen Kompetenz in der Fremdsprache ist nur zu erreichen, wenn die Lerner sowohl in der Produktion wie auch in der Rezeption verschiedener Textsorten geschult werden. Im Sinne der Textlinguistik ist also eine **Text- bzw. Diskurskompetenz (*discourse competence*)** (vgl. McCarthy/Carter 1994: 174) im Englischen anzustreben, die textinterne wie -externe Parameter berücksichtigt. Mit anderen Worten, es soll die Fähigkeit erreicht werden, Texte als strukturelle Einheiten zu begreifen, die eng mit dem jeweiligen sozialen Verwendungskontext verbunden sind. Dabei kann der Fremdsprachenunterricht nicht nur auf syntaktischen Vorkenntnissen, sondern auch auf den Gattungsunterscheidungen im Literaturunterricht und auf der Aufsatzlehre aufbauen, wie sie im Fach Deutsch behandelt wird.

Die Entwicklung der Textkompetenz im Unterricht ist auch aus dem Grund von besonderer Bedeutung, dass andere sprachliche Fähigkeiten, wie die Aussprache sowie die Formen- und Satzbildung, in größerem Maße bereits vor Schuleintritt entwickelt sind. So kommt dem Unterricht in diesen letztgenannten Gebieten lediglich eine „vertiefende Funktion" (Sowinski 1983: 144) zu, während die Vermittlung der Textkompetenz fast ausschließlich auf der schulischen Förderung beruht.

Um die Lerner für die Thematiken der Text- bzw. Diskurskompetenz zu sensibilisieren, ist es sinnvoll, zunächst ein **textlinguistisches Grundwissen** zu erarbeiten (vgl. Hüllen 1987: 148), das die folgenden zentralen Erkenntnisse umfasst:

6. Angewandte Textlinguistik

a) Die Einheit eines Textes beruht auf den Ebenen der
- Syntax: formal geordnete Abfolge von Sätzen
- Semantik: inhaltliche Verknüpfung der Textteile
- Pragmatik: Angemessenheit des Textes in der Kommunikationssituation

b) Die Einheit ist anhand bestimmter sprachlicher Merkmale (z.B. Anapher, Ellipse oder Repetition) direkt nachzuweisen.

c) Texte sind durch charakteristische Eigenschaften am Anfang (z.B. Überschriften oder Anreden) und Ende (z.B. Verabschiedungen oder Grußformeln) begrenzt.

Einerseits wird also das kognitive Lernziel verfolgt, dass Einsichten in die Konstitution und Funktionsweisen von Texten vermittelt werden. Andererseits existiert auch eine propädeutische Intention, denn die Lerner sollen befähigt werden, verschiedene Textsorten zu produzieren und zu rezipieren (vgl. Sowinski 1983: 143). So können speziell in der gymnasialen Oberstufe bereits Grundlagen für das spätere Abfassen von Seminararbeiten an der Universität gelegt werden (vgl. Swales 1990: 202-221).

Was die verschiedenen sprachlichen Ebenen angeht, so gibt es beim Unterrichten von Textkompetenz grundsätzlich zwei Herangehensweisen (vgl. Cook 1989: 79-80). Zum einen besteht die Möglichkeit des *bottom-up*, also des Fortschreitens von kleineren Einheiten zu größeren, zum anderen die Option des *top-down*, die eine Progression in umgekehrter Richtung bezeichnet (vgl. Abb. 6.2).

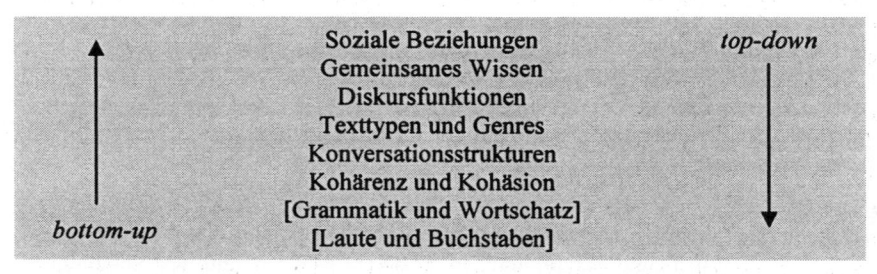

↑	Soziale Beziehungen Gemeinsames Wissen Diskursfunktionen Texttypen und Genres Konversationsstrukturen Kohärenz und Kohäsion [Grammatik und Wortschatz] [Laute und Buchstaben]	*top-down*
bottom-up		↓

Abb. 6.2: Vorgehensweisen bei der Vermittlung von Textkompetenz

Der eher atomistische *bottom-up*-Ansatz ist geeignet, einzelne sprachliche Kohäsionsphänomene wie die Wiederaufnahme durch Pro-Formen detailliert zu beschreiben. Das holistische *top-down*-Vorgehen hingegen konzentriert sich auf Verwendungssituationen von Texten. Für eine erfolgreiche Vermittlung von Textkompetenz ist es somit hilfreich, wenn sich die beiden Vorgehensweisen in angemessener Weise ergänzen.

6.2 Textkompetenz im Englischunterricht

Im Englischunterricht kommt der geschriebenen wie auch der gesprochenen **Textproduktion** (*text production*) in der Fremdsprache eine zentrale Rolle zu. Bei den Lernern ist zunächst ein Bewusstsein darüber zu schaffen, dass Kommunikation in verschiedenen Textsorten vonstatten geht. Es bietet sich dabei das *top-down*-Verfahren an, das von bestimmten Kommunikationssituationen ausgeht und zu sprachlichen Ausdrucksmöglichkeiten fortschreitet. So können die Dimensionen der situationellen Beschränkung gemäß Crystal/Davy (1969) herangezogen werden (vgl. Kap. 4.3.1), um verschiedene Szenarien des Gebrauchs von Textsorten zu entwerfen.

Mustertexte und Lektüren geben den Lernern Beispiele für typische Genres und dienen als Vorbilder für die eigenständige schriftliche Textproduktion (vgl. Sowinski 1983: 145). Auf diese Weise können die formalen und stilistisch distinktiven Merkmale von Textsorten wie *letter to the editor*, *essay*, *summary* oder *review* vermittelt werden. Die Behandlung neuer elektronischer Interaktionsformen wie E-Mail oder SMS lässt eine besondere Motivation der Lerner erwarten, da diese in ihrer unmittelbaren Lebenswelt oft eine wichtige Rolle spielen. Gerade aus diesem Grund erscheint hier eine Diskussion möglicher Kommunikationsprobleme äußerst sinnvoll. Darüber hinaus hat sich die elektronische Kommunikation bereits als nützliches Medium für Unterrichtszwecke erwiesen (vgl. Crystal 2006: 264-270), wenn sie beispielsweise die Erzeugung eines virtuellen Klassenzimmers erlaubt.

Zusätzlich sind bei den Lernern Kompetenzen im Bereich der mündlichen Textproduktion zu entwickeln. Neben der Pragmatik, die sich auf Fragen der Konversationsmaximen (Grice 1975), der Sprechhandlung (Austin 1975 und Searle 1969) und der Höflichkeit (Brown/Levinson 1987) bezieht, leistet auch die Konversationsanalyse einen bedeutenden Beitrag.[39] Zur Einübung von Diskursstrategien in der Fremdsprache bieten sich prinzipiell vier Typen von Unterrichtsaktivitäten an (vgl. Nolasco/Arthur 1987: 17).

1) *Controlled activities*: Die Sprachproduktion wird durch gezielte Instruktionen hervorgerufen und gesteuert. Durch Sprechakte wie Einladungen oder Entschuldigungen können Paarsequenzen und die entsprechende Präferenzorganisation eingeübt werden. Auch besteht die Möglichkeit, typische Mechanismen der Gesprächseröffnung und -beendigung zu trainieren.

2) *Awareness activities*: Tonband- oder Videoaufnahmen von Muttersprachlern werden zu Beobachtungs- und Analysezwecken eingesetzt, um die Lerner für erfolgreiche Diskursstrategien zu sensibilisieren. Es bietet sich hier zum Beispiel an, charakteristische Signale für den Sprecherwechsel sowie den allmählichen Themenwechsel zu behandeln.

---

[39] Die Anwendung konversationsanalytischer Kategorien wird dadurch erleichtert, dass die frühe Forschung in diesem Gebiet zum Teil auf der Auswertung von Unterrichtsgesprächen beruht (vgl. Sinclair/Coulthard 1975).

3) *Fluency activities*: Kommunikative Aktivitäten wie Rollenspiele, Diskussionen oder Interviews werden verwendet, um die praktische Gesprächskompetenz zu fördern. Dabei kann auch die Zuweisung des Rederechts durch einen Gesprächsleiter in *pre-allocated systems* eingeübt werden.

4) *Feedback activities*: Das Konversationsverhalten der Lerner wird mit Tonband oder Videorekorder aufgezeichnet, wodurch eine präzise Rückmeldung durch andere Lerner und den Lehrer ermöglicht wird. Neben allgemeineren Gesprächsstrategien kann insbesondere der Einsatz von Reparaturen und entsprechenden Reparatursignalen (z.b. *I mean* oder *you know*) sowie Reparaturinitiatoren (z.B. *pardon* oder *sorry*) kritisch reflektiert werden.

Es ist ersichtlich, dass bei diesen Aktivitäten das *top-down*-Verfahren im Mittelpunkt steht, da von kommunikativen Intentionen und Situationen ausgegangen wird und nach deren sprachlicher Realisation gefragt wird. Dieses Vorgehen entspricht einem *notional syllabus* (vgl. Widdowson 1979: 247-250), also einem Lehrplan, der von textuellen Funktionen ausgeht.

Auch das **Textverstehen (*text comprehension*)** ist keineswegs durch Passivität des Lesers oder Hörers gekennzeichnet, sondern fordert eine ausgeprägte Rezipientenaktivität, die durch entsprechende Schulung gefördert werden kann. Ähnlich wie bei der Textproduktion können die Lerner auf bestimmte strukturelle, stilistische und situative Kennzeichen verschiedener Textsorten aufmerksam gemacht werden, die ihnen die korrekte Klassifikation eines Textexemplars und dadurch bestimmte Vorannahmen hinsichtlich des Textaufbaus erlauben. Aus textlinguistischer Sicht sind beim Leseverstehen vor allem *top-down*-Prozesse relevant, denn globale Muster wie Skripts und *frames* lassen Voraussagen über den Textinhalt zu (vgl. Weskamp 2001: 130). Als Übung für das Textverstehen bietet sich das Anfertigen einer **Zusammenfassung (*abstract, summary*)** an, welche die Makrostruktur eines Textes bildet.

Das Phänomen der **Kohäsion** erfährt im Sprachunterricht oft nicht die nötige Aufmerksamkeit,[40] da bisweilen das nötige Bewusstsein für seine Relevanz fehlt (vgl. Cook 1989: 126-132). Verstehensschwierigkeiten beruhen jedoch nicht nur auf Wortschatz- oder Grammatikproblemen innerhalb von Einzelsätzen, sondern auch auf der mangelnden Fähigkeit, die Bezugswörter für Pro-Formen oder die elliptisch ausgelassenen Textsegmente zu finden. Dabei ist es nicht das Ziel, den Schülern die komplexe textlinguistische Terminologie beizubringen, sondern ihnen eine Einsicht in die textverknüpfenden und sprachökonomischen Funktionen der Kohäsion zu vermitteln. Dies kann durch die statarische Lektüre und Analyse eines Textauszuges wie Beispiel 6.5 geschehen, in dem zahlreiche Ellipsen und Pro-Formen auftreten.

---

[40] So führt Wales zu den britischen Lehrplänen aus: „[...] cohesive skills as an aid to composition are not widely taught in the British education system" (1998: 135).

6.2 Textkompetenz im Englischunterricht

(6.5) You remind me of my uncle's brother. He was always on the move, that man. Never without his passport. Had an eye for the girls. Very much your build. Bit of an athlete. Long-jump specialist. He had a habit of demonstrating different run-ups in the drawing room round about Christmas time. (Pinter 1960: 31)

Die Funktion der Kohäsionsmittel kann didaktisch durch eine gezielte Aufbereitung und entsprechende Fragestellungen illustriert werden. So können zunächst alle wiederaufnehmenden Elemente unterstrichen und jedes elliptisch ausgelassene Wort durch das Zeichen Ø ersetzt werden, sodass sich der Text 6.6 ergibt.

(6.6) You remind me of my uncle's brother. <u>He</u> was always on the move, <u>that man</u>. Ø Ø Never without <u>his</u> passport. Ø Had an eye for the girls. Ø Ø Very much your build. Ø Ø Ø Bit of an athlete. Ø Ø Ø Long-jump specialist. <u>He</u> had a habit of demonstrating different run-ups in the drawing room round about Christmas time.

Anhand von Text 6.6 werden die Lerner nun aufgefordert, erstens die Bedeutung der unterstrichenen Wörter anzugeben und zweitens die fehlenden Wörter zu ergänzen. Um die Aufgabe zu erleichtern, können die Antworten als Liste vorgegeben werden, sodass sie lediglich korrekt zugeordnet werden müssen. Umgekehrt ist es auch möglich, einen sehr expliziten und ausführlichen Text auszuwählen und die Lerner unter Vorgabe einer Reihe von Pro-Formen aufzufordern, mittels Ersetzung entsprechende Kürzungen vorzunehmen.

Eine weitere effektive Übung besteht darin, die Reihenfolge der Sätze eines einfachen Textes zu vertauschen, wie es in Kap. 3.8 (Aufgabe 1) demonstriert wurde (vgl. Sowinski 1983: 144). Durch solche Mischtexte können besonders die Kenntnisse über Kohäsion, Kohärenz, thematische Progression sowie Textanfänge und -schlüsse geschult werden. Der Schwierigkeitsgrad kann durch eine Vermengung zweier oder mehrerer Texte aus verschiedenen Genres erhöht werden, wodurch zusätzlich das Textsortenwissen gestärkt wird.

Eine Schlüsselrolle kommt schließlich der angemessenen **Textauswahl** zu, die von einer Reihe von Faktoren abhängig ist (vgl. Multhaup 1979: 118-119). Zunächst muss der Text hinsichtlich seiner Länge geeignet und bezüglich seines sprachlichen Schwierigkeitsgrades auf die Gruppe der Lerner zugeschnitten sein. Eine zu hohe Informativität führt zur Überforderung, eine zu geringe dagegen zum Desinteresse (vgl. Gehring 2004: 136). Als Konsequenz existieren speziell für Unterrichtszwecke hergestellte didaktisierte Texte, *easy readers* und *abridged versions*, die demzufolge nicht als authentisch zu bezeichnen sind.

Des Weiteren sollte der Text Interesse wecken, indem er beispielsweise unterhaltsam, spannend oder provokativ ist, wodurch sich zudem Sprechanlässe ergeben. Auch ist es sinnvoll, wenn er zu Demonstrationszwecken in prototypischer Weise eine bestimmte Textsorte repräsentiert. Eine besondere praktische Verwertbarkeit des Textwissens ist gegeben, wenn es sich um ein Genre handelt, das den Lernern im späteren Berufsleben begegnen wird, wie etwa Geschäftsbriefe oder Formulare. Literarische Texte sollten es ermöglichen, die Lerner für die ästhetische Wirkung der poetischen Sprache zu sensibilisieren. Schließlich ist es vorteilhaft, wenn der Text formal oder inhaltlich Informationen über die Zielkultur und ihre sprachlichen Besonderheiten beinhaltet, da hierdurch auch die interkulturelle Diskurskompetenz gefördert werden kann.

6.3 Kontrastive Diskursanalyse
6.3.1 Interkulturelle Kommunikation

Indem die angewandte Textlinguistik in ihrer Ausprägung als **kontrastive Diskursanalyse** (*contrastive discourse analysis*) (vgl. Hinnenkamp 1994: 53) Unterschiede der Textverwendung in verschiedenen Kulturkreisen aufzeigt, leistet sie einen Beitrag zur interkulturellen Kommunikationsforschung, der im Zuge aktueller Globalisierungstendenzen stetig größere Bedeutung zukommt. Sie beugt somit Missverständnissen vor und erleichtert das Verstehen von Texten aus anderen Kulturen, indem sie eine Sensibilisierung für mögliche textuelle Varianten bewirkt.[41] 'Kultur' ist hierbei zu verstehen als das gemeinsame identitätsstiftende Wissen hinsichtlich sprachlicher und außersprachlicher Codes, über das die Mitglieder einer Gesellschaft verfügen (vgl. Knapp/Knapp-Potthoff 1990: 65 und Göhring 2002: 170). Es ist zu beachten, dass es sich bei der englischsprachigen Welt als der Zielkultur notwendigerweise um ein Konstrukt aus zahlreichen Regionen und Nationalitäten handeln muss.

Die Verwendung bestimmter Genres ist häufig kulturabhängig, da aus verschiedenen sozialen Lebensumständen oft unterschiedliche rhetorische Strategien und damit sprachliche Transferphänomene auf Textebene erwachsen. Daher ist es aufschlussreich, Textsorten aus Regionen zu untersuchen, in denen Englisch nicht als Erst-, sondern als Zweitsprache und damit als Lingua Franca verwendet wird. In diesen *ESL*-Gebieten (*English as a Second Language*), zu denen beispielsweise Indien, Pakistan und Nigeria gehören, dienen englische Texte somit der Kommunikation zwischen Sprechern verschiedener Muttersprachen. Die **Akkulturation** (*acculturation*) des Englischen in neuen Kontexten verleiht ihm zusätzliche Funktionen (vgl. Kachru 1992: 305), woraus abweichende sprachliche Normen resultieren. So sind die Beispiele 6.7 und 6.8 Heiratsanzeigen, die in einer angesehenen englischsprachigen Zeitung in Indien erschienen. Es ist unschwer zu erkennen,

---

[41] Ahrens weist darauf hin, dass die englische Sprache und Literatur aufgrund ihrer weltweiten Verbreitung in besonderer Weise geeignet sind, die interkulturelle Kompetenz der Lerner zu fördern (vgl. 1992: 19).

6.3 Kontrastive Diskursanalyse

dass diese Texte von Kontaktanzeigen im angloamerikanischen Raum (vgl. Bsp. 1.1) beträchtlich abweichen.

(6.7) Correspondence invited, preferably for mutual alliance, by Smartha family of Karnataka. Write with full family details. (Kachru 1992: 311)

(6.8) Non-Koundanya well qualified prospective bridegroom below 30 for graduate Iyangar girl, daughter of engineer. Mirugaservsham. No dosham. Average complexion. Reply with horoscope. (Kachru 1992: 311)

Zunächst fällt die Verwendung von Lexemen aus Sanskrit auf, wie es bei englischen Texten von Hindus gebräuchlich ist. Die Tatsache, dass in 6.7 die Familie als Agens auftritt und ausführliche Informationen über die gesuchte Familie gewünscht werden, lässt darauf schließen, dass die Textproduzenten konservativ und kastenbewusst sind. In Beispiel 6.8 deuten auch die Informationen über den Beruf des Vaters und die Hautfarbe sowie die Frage nach dem Horoskop in diese Richtung. Die Nominalphrase „mutual alliance" in 6.7 ist eine kulturell signifikante Kollokation (vgl. Kachru 1992: 311) mit der speziellen Bedeutung, dass eine Tochter von X einen Sohn von Y und ein Sohn von X eine Tochter von Y heiratet, was einen finanziellen Ausgleich hinsichtlich der Mitgift gewährleistet. Auch in den Textsorten Zeitungsüberschrift, Zeitungskritik, Nachruf, Einladung, Brief und Danksagung existiert kulturell begründeter textueller Transfer (vgl. Kachru 1992: 309-316).

Unterschiedliche makrostrukturelle Strategien sind in englischsprachigen **Aufsätzen** über die Todesstrafe festgestellt worden, die von US-amerikanischen Highschool-Absolventen und japanischen Studenten stammen (vgl. Kachru 2006: 374). Die amerikanischen Essays beginnen häufig mit einer These, die danach belegt und abschließend zusammengefasst wird, während die japanischen Aufsätze vom Speziellen zum Allgemeinen fortschreiten oder keinerlei These enthalten. Weiterhin bleiben die US-Aufsätze konsistent bei einer Position, während die asiatischen Artikel beide Seiten eines Sachverhalts vorbringen und etwas stärker emotional argumentieren. Schließlich zeigen die amerikanischen Aufsätze mehr Modalverben wie *should/must* und Wendungen wie *totally* und *no doubt*, die emphatische Wirkung haben, wohingegen die Japaner stärker qualifizierende und abschwächende Mittel wie *I think* und *perhaps* verwenden.

Grundsätzlich kann man verschiedene Genres bezüglich der Pole 'konservativ' und 'liberal' einordnen, was Auswirkungen auf den kulturellen Variationsreichtum hat. Eher konservativ sind beispielsweise akademische, juristische und andere berufsbezogene Genres, liberal dagegen Literatur, Werbung und Filmrezensionen. So ist festgestellt worden, dass bei Mitgliedern der ersten Gruppe, etwa englischen Gesetzestexten, weltweit wenig Genrevariation herrscht, im Gegensatz zur letzteren Gruppe, bei der nationale Varietäten des Englischen in *ESL*-Regionen stärker in Erscheinung treten (vgl. Bhatia 2006: 398).

6.3.2 Übersetzungswissenschaft

Textsortenkonventionen spielen in der **Übersetzungswissenschaft (*Translation Studies*)** eine zentrale Rolle, da sie als Erkennungssignale (z.B. *Once upon a time* ...), als Auslöser von Erwartungshaltungen (z.B. hinsichtlich des Stils) sowie als Steuerungssignale für das Textverstehen (z.B. Filmwerbung vs. Filmrezension) fungieren (vgl. Reiß/Vermeer 1984: 189-192). Aus interkultureller Perspektive sind dabei drei Kategorien von Textsorten zu unterscheiden:

a) Generelle Textsorten kommen mit großer Wahrscheinlichkeit in allen Schriftkulturen vor, wie etwa die Genres Brief, Märchen, Epos, Vereinbarung, Witz oder Lied.
b) Übereinzelsprachliche Textsorten sind nicht in allen Kulturen vorhanden, wie zum Beispiel die Genres Sonett, Oratorium, Passionsspiel, Weihnachtskarte, Korantext oder die orientalische Gedichtform des Ghasel. (vgl. Cook 1989: 98)
c) Einzelsprachliche Textsorten sind für eine bestimmte Kultur charakteristisch, wie das japanische No-Spiel oder das japanische Haiku.[42]

Im Falle von einzelsprachlichen Textsorten ist keine „funktionskonstante Übersetzung" möglich, da der Zieltext in der Zielkultur nicht dieselbe Funktion erfüllen kann wie der Ausgangstext in der Ausgangskultur (vgl. Göpferich 1999: 62). Es ist hier erforderlich, die speziellen Konventionen des Ausgangstextes im Zieltext durch Kommentare, Erläuterungen oder Anmerkungen zu ersetzen. Ist das Genre hingegen in der Ausgangs- und in der Zielkultur etabliert, so kann zwischen zwei Übersetzungstypen gewählt werden (vgl. Nord 1999: 142).

a) Dokumentarische Übersetzungen bilden den Ausgangstext in Bezug auf seine sprachlichen Eigenschaften ab und sind daher retrospektiv orientiert, sodass es dem Leser häufig bewusst ist, dass es sich um eine Übersetzung handelt. Beispiele sind die Wort-für-Wort-Übersetzung, die philologische Übersetzung oder die wörtlich genaue *grammar translation* im Fremdsprachenunterricht.
b) Instrumentelle Übersetzungen sind auf die kommunikative Funktion ausgerichtet, die der Zieltext für die Adressaten in der Zielkultur erfüllen soll. Sie sind daher prospektiv orientiert, sodass den Rezipienten der Übersetzungscharakter oft nicht bewusst ist. Dies ist zum Beispiel bei Werbetexten, Fachliteratur oder Gebrauchsanweisungen der Fall.

Gemäß der einflussreichen translatorischen **Skopostheorie (*skopos theory*)** steht der angestrebte Zweck der Übersetzung im Mittelpunkt (vgl. Reiß/Vermeer 1984: 95-104). Aus diesem Grund müssen bei der Übersetzung die Erwartungen und das Weltwissen der Adressaten in der Zielkultur berücksichtigt werden (vgl. Nord 1997: 46). Dies ist beispielsweise oft an deutschen Übersetzungen der Para-

---

[42] Es ist allerdings einzuschränken, dass diese Gedichtform ab dem 20. Jahrhundert vereinzelt auch bei westlichen Dichtern wie etwa Ezra Pound auftaucht.

6.3 Kontrastive Diskursanalyse

textsorte Filmtitel zu erkennen,[43] bei welcher der zentrale Skopos ('Zweck') die Werbewirkung für den Film ist. So wird beispielsweise der Titel *The Bridges of Madison County* in *Die Brücken am Fluss* ohne die geografische Angabe vereinfacht, und der amerikanische Originaltitel *JFK* wird für das deutschsprachige Publikum expliziter und mit Untertitel zu *John F. Kennedy – Tatort Dallas* umgestaltet (vgl. Schubert 2004: 243-250).

Weiterhin wird von der Skopostheorie die Beachtung der **Textsortenkonventionen** in der Zielkultur betont, die gewährleistet, dass der übersetzte Text für das Zielpublikum akzeptabel und verständlich ist. Dies zeigt sich bereits an den standardisierten Anrede- und Grußformen in formellen **Briefen** (vgl. Wehmeier 2005: R53-R55). Wenn beispielsweise der Name des Adressaten unbekannt ist, treten an die Stelle des deutschen *Sehr geehrte Damen und Herren* Formen wie *Dear Sir, Dear Madam, Dear Sirs* oder *Dear Sir or Madam* und speziell im amerikanischen Englisch auch *To whom it may concern*. Die Äquivalente der Abschlussformel *Mit freundlichen Grüßen* sind im amerikanischen Englisch *Sincerely, Sincerely Yours* oder *Yours Truly*, während im britischen Englisch nach einer namentlichen Anrede *Yours sincerely* folgt, im anderen Fall dagegen *Yours faithfully*. Besonderheiten existieren dagegen in *ESL*-Regionen wie Indien, wo Briefe oft mit Segenswünschen und der Nennung eines Gottes schließen, wie es Beispiel 6.9 demonstriert.

(6.9) I always send my love and prayers to you all everyday: unseen unheard. May Lord Shiva always protect you all and look after you. (Kachru 1992: 313)

Auch die Textsorte Lebenslauf, im amerikanischen Englisch *resumé*, im britischen Englisch *curriculum vitae (CV)*, zeigt interkulturelle Unterschiede (vgl. Wehmeier 2005: R52). Im Gegensatz zum deutschsprachigen wird im angloamerikanischen Raum die zuletzt ausgeübte Tätigkeit zuerst genannt, d.h. es liegt eine umgekehrt chronologische Reihenfolge vor. Zudem werden in Großbritannien wie in Deutschland immer das Geburtsdatum und gewöhnlich auch der Familienstand sowie eventuelle Kinder angegeben, während dies in den USA optional ist.

Von besonderem Interesse für Lernende und Lehrende sind unterschiedliche Konventionen beim Abfassen von **wissenschaftlichen Texten** (*academic texts*) (vgl. Kussmaul 1997: 71). Hinsichtlich ihrer Makrostruktur sind englische Artikel eher linear aufgebaut und beinhalten kaum Exkurse, wie es im angelsächsischen Raum traditionell gelehrt wird. Deutschsprachige Aufsätze hingegen weisen mehr Exkurse auf, wobei Zitate sowie bibliografische Angaben in Fußnoten temporär vom Haupttext wegführen. Auch aufgrund der geringeren Verwendung fachsprachlicher Terminologie orientieren sich englische Abhandlungen stärker an den Bedürfnissen eines größeren Lesepublikums.

---

[43] Ein Paratext begleitet einen Basistext und hat die Funktion, diesen zu erläutern oder zu ergänzen, wie etwa eine Widmung, ein Vorwort oder ein Titel.

6. Angewandte Textlinguistik

Ein Stilmerkmal, das kontrastiv untersucht worden ist, sind die charakteristischen metakommunikativen Äußerungen in wissenschaftlichen Veröffentlichungen (vgl. Kap. 4.3.2). So beinhalten textinterne Ankündigungen in englischen Aufsätzen als Subjekt meist die Personalpronomina der ersten Person *I* (61%) und *we* (17%), wie im typischen Fall *I/we shall discuss this topic in the following chapter* (vgl. Kussmaul 1997: 72-74). Im Deutschen hingegen treten in 55% der Fälle das Buch selbst oder das Kapitel als Subjekt auf (z.B. *Das vorliegende Buch erörtert ...*), und das Passiv findet sich in immerhin 38% (z.B. *Diese Frage wird im folgenden Kapitel erläutert*). Der stilistische Effekt ist, dass der englische Text persönlicher und weniger formell, der deutsche hingegen distanzierter und eher agensabgewandt erscheint.

Anhand der Textsorte **Gebrauchsanweisung (*instructions*)** lässt sich aufzeigen, dass dieselbe direktive Illokution (vgl. Kap. 4.2.2) interkulturell unterschiedlich realisiert sein kann (vgl. Kussmaul 1997: 75-77). So stammt Beispiel 6.10 aus einer authentischen Gebrauchsanweisung für Badesalz, in der das Passiv für den Sprechakt der Aufforderung verwendet wird. Eine gleichermaßen angemessene Möglichkeit im Deutschen ist der Infinitiv in Beispiel 6.11, wie er auch in Kochrezepten und Bedienungsanleitungen auftritt.

(6.10) Balneum Hermal wird in das Badewasser gegeben (nicht umgekehrt) und gut untergemischt.

(6.11) Balneum Hermal in das Badewasser geben (nicht umgekehrt) und gut vermischen.

Eine wörtliche englische Übersetzung mit dem Passiv, wie in Beispiel 6.12, ist gemäß den Textsortenkonventionen unangemessen und – ebenso wenig wie der Infinitiv – geeignet, die direktive Illokution zu realisieren. Der Satz 6.12 könnte lediglich als eine unsinnige Aussage darüber verstanden werden, dass das Badesalz bereits im Badewasser ist. Die adäquate englische Version mit direktem Imperativ ist schließlich in Beispiel 6.13 realisiert.

(6.12) *Balneum Hermal is added to the bath-water (not vice versa) and is well mixed.

(6.13) Add Balneum Hermal to the bath water and stir well until dissolved.

Die Missachtung konventioneller Stilmerkmale von Textsorten kann also zu interkulturellen Verständnisproblemen führen. Es zeigt sich insbesondere, dass derselbe Sprechakt in verschiedenen Sprachen durch unterschiedliche Mittel zu realisieren ist.

Auch wenn Gebrauchstextsorten in einen komplexeren fiktionalen Text wie einen Roman eingebettet sind, spielen die spezifischen Konventionen eine wichtige Rolle (vgl. Reiß/Vermeer 1984: 199). So zeigen die Beispiel 6.14 und 6.15 eine **Todesanzeige**, die in einem Roman von Agatha Christie auftritt, und die entsprechende deutsche Übersetzung, deren Verfasser anonym bleibt.

(6.14) Luke passed over the paper, his finger pressed against an entry in the column of deaths.
HUMBLEBY.—On June 13, suddenly, at his residence, Sandgate, Wychwood-under-Ashe, JOHN EDWARD HUMBLEBY, M.D., beloved husband of JESSIE ROSE HUMBLEBY. Funeral Friday. No flowers, by request. (Christie 1960: 18, Hervorhebungen im Original)

(6.15) Luke reichte ihm die Zeitung und wies auf eine Notiz unter Todesfällen.
Humbleby. – Am 13. Mai starb plötzlich in seinem Wohnsitz, Sandgate, Wychwood a. d. Ashe, John Edward Humbleby, unvergesslicher Gatte von Jessie Rose Humbleby, Begräbnis Freitag. Kranzspenden dankend abgelehnt. (Reiß/Vermeer 1984: 199)

Zunächst ist im Deutschen das Verb „starb" hinzugefügt, was die Verständlichkeit für das Zielpublikum erhöht. Ebenso ist das Attribut „beloved" im Deutschen nicht wörtlich übersetzt, da dies eine ungewöhnliche Wortwahl bedeuten würde. Andererseits widerspricht die abschließende Formulierung „Kranzspenden dankend abgelehnt" den Konventionen deutscher Todesanzeigen, und auch die Nennung der Hinterbliebenen in einer bloßen Apposition ist unüblich. Ein weiteres Problem besteht darin, dass in deutschen Tageszeitungen Todesanzeigen üblicherweise nicht in Form von Kleinanzeigen in Spalten abgedruckt sind, sodass die Übersetzung „Notiz unter Todesfällen" das Original „entry in the column of deaths" nicht ganz treffen kann.

Demzufolge ist hier eine Vermengung der Konventionen englischer und deutscher Todesanzeigen zu erkennen, die für die deutschen Leser allerdings bis zu einem gewissen Grad akzeptabel ist, da die Handlung des Romans in England spielt. So zeigt es sich schließlich, dass Textsortenkonventionen in der Zielkultur stets auch in Abhängigkeit vom Rezeptionskontext zu sehen sind.

6.4 Zusammenfassung

Aufgrund der Allgegenwärtigkeit von Texten sowohl im Privatleben (z.B. Kochrezepte, E-Mails, Beipackzettel, Romane, Reiseführer oder Einkaufslisten) wie auch in der Berufswelt (z.B. Formulare, Verträge, Garantien, Aufsätze oder Gutachten) gibt es für die Textlinguistik mannigfaltige Anwendungsbereiche. Dabei steht am Anfang stets eine Beschreibung der Textsorte gemäß Kriterien wie Form, Funktion und Kommunikationssituation, worauf die praktische Umsetzung in den verschiedenen Bereichen aufbaut.

In der **Literaturwissenschaft** trägt die Textlinguistik dazu bei, das speziell Poetische an literarischen Texten zu beschreiben und diese sprachlich von Gebrauchstexten abzugrenzen, indem Deviationen und Äquivalenzen auf ver-

6. Angewandte Textlinguistik

schiedenen sprachlichen Ebenen betrachtet werden. Durch die Analyse besonders der lexikalischen, aber auch der grammatischen Kohäsion ist es möglich, zentrale Stilmerkmale und ihre Effekte darzustellen, auch hinsichtlich der Unterscheidung von Individualstilen verschiedener Autoren. Zudem gibt die Kohärenzforschung Hilfestellungen bei der textimmanenten Interpretation hermetischer Literatur, während die Konversationsanalyse fruchtbringend für die Analyse von Dialogen im Drama oder Roman einzusetzen ist. Indem die Textlinguistik speziell satzübergreifende Phänomene betrachtet, kann sie somit – ähnlich wie die Rhetorik – als Bindeglied zwischen Sprach- und Literaturwissenschaft dienen.

Die Entwicklung der Textkompetenz als zentraler Teil der kommunikativen Kompetenz ist nicht nur für den **Fremdsprachenunterricht**, sondern auch für andere schulische Fächer von Bedeutung. Es werden hierdurch Schlüsselkompetenzen erworben, die auch bei der Lösung mathematischer Textaufgaben oder der Interpretation historischer Quellen anwendbar sind, wenn zum Beispiel die Hauptaussagen im Sinne der Makrostruktur zusammengefasst werden sollen. Während von der Textsortenlinguistik Anleitungen zum Verfassen verschiedener Genres abgeleitet werden können, unterstützt die Konversationsanalyse in Kooperation mit der Pragmatik die Entwicklung der Gesprächskompetenz. Dem Lerner wird bewusst, wie der Gesprächsverlauf sowohl in Alltagsinteraktionen (z.B. Einkaufen oder Telefonieren) wie auch in formellen Situationen (z.B. Leitung einer Diskussion) in der Fremdsprache bewusst gestaltet werden kann.

Der **kontrastiven Textlinguistik** kommt hinsichtlich der englischen Sprache eine besonders große Bedeutung zu, da diese weltweit einen außerordentlichen Variationsreichtum aufweist. Dies geht darauf zurück, dass englische Textsorten durch historische Akkulturation an die kommunikativen Bedürfnisse anderer Kulturen angepasst wurden. Daher liegt eine enge Verbindung zur Kulturwissenschaft und dem Erwerb interkultureller Kompetenz vor, denn Texte reflektieren stets die Werte und Normen einer Gesellschaft. Gerade weil Varianten und sprachlicher Transfer auf Textebene nicht so offensichtlich – und daher auch nicht so umfangreich erforscht – sind wie in der Phonologie oder Grammatik, lohnen sich diesbezügliche Untersuchungen. Aus der kontrastiven Perspektive ergeben sich schließlich Hilfestellungen für die Übersetzungswissenschaft, insbesondere hinsichtlich der Translation einzelner Textsorten.

Weiterführende Literatur: Zu literarischen Texten vgl. Küper (1976), Leech/Short (1981), Plett (1975 und 2000), Short (1996) und Wales (1998). Zu Texten im Fremdsprachenunterricht vgl. Hüllen (1987), Nolasco/Arthur (1987), Cook (1989), Widdowson (1979) und McCarthy/Carter (1994). Zur kontrastiven Textlinguistik vgl. Kachru (1992 und 2006) sowie Bhatia (2006).

7. Zusammenfassung

Die vorliegende Monografie hat versucht, einen Abriss der zentralen Gebiete innerhalb der anglistischen Textlinguistik zu geben. Im Falle abweichender Begrifflichkeiten verschiedener Ansätze wurden Unterschiede aufgezeigt, doch es wurde gleichzeitig angestrebt, diese integrativ miteinander zu verbinden und Gemeinsamkeiten zu bündeln. Dabei ist bereits im Rahmen der Diskussion des Textbegriffs deutlich geworden, dass die linguistische Textanalyse ein großes Maß an Problembewusstsein erfordert.

Es hat sich gezeigt, dass die englische Textlinguistik zum Teil auf Ergebnissen anderer sprachwissenschaftlicher Perspektiven aufbaut. So sind beispielsweise syntaktische Kenntnisse zu Wortarten und Satzstrukturen für die Beschreibung satzübergreifender Regularitäten der Textsyntax bzw. Kohäsion unverzichtbar. Zudem spielt die Textpragmatik besonders bei der Ermittlung der Textfunktion eine Rolle, da sie Sender und Empfänger sowie den situativen Kontext einbezieht. Außerdem profitiert die Textlinguistik aufgrund ihres umfangreichen Forschungsbereichs stark von weiter reichenden interdisziplinären Bezügen. In dieser Hinsicht ist etwa die Kognitionspsychologie zu nennen, die aufschlussreiche Hinweise für das Textverstehen liefert. Andererseits zeigt die Textlinguistik vielseitige Anwendungsmöglichkeiten etwa für den Literatur- und Sprachunterricht sowie die Übersetzungswissenschaft. Dabei erscheinen einschlägige Erkenntnisse bisweilen bereits als so selbstverständlich, dass sie in ihrer didaktischen Reduktion kaum noch als textlinguistisch wahrgenommen werden, wie etwa in der schulischen Aufsatzlehre.

Eine wichtige Basis für die linguistische Beschreibung von Texten ist die **Textstruktur**, deren Analysekriterien in Abbildung 7.1 überblicksartig dargestellt werden. Zunächst existieren **generelle** Strukturmerkmale, die sowohl im geschriebenen wie auch im gesprochenen und im elektronischen Medium eine Rolle spielen. Dazu gehören die verschiedenen Muster der grammatischen und lexikalischen Kohäsion sowie der Kohärenz. Dabei ist natürlich zu berücksichtigen, dass diese je nach Kommunikationsmedium in unterschiedlicher Häufigkeit oder Verteilung auftreten. So kann ein Gespräch eine geringere kohäsive Dichte aufweisen als ein gelesener Text, da in ersterem Fall der situative Kontext das Verständnis erleichtert.

Neben den generellen Strukturmerkmalen gibt es zusätzliche Regularitäten, die speziell in **dialogischen** Texten auftreten. Diese betreffen somit weitestgehend gesprochene Texte, sind aber nicht ausschließlich auf diese beschränkt. So sind die dialogischen Strukturmerkmale auch kennzeichnend für die Imitation gespro-

7. Zusammenfassung

chener Sprache im Drehbuch oder im geschriebenen Dramentext, und auch in elektronischen Kommunikationsformen wie E-Mail können sie vorkommen. Dazu gehören die sequenzielle Organisation, die Systematik des Sprecherwechsels, Reparaturen sowie Eröffnungs- und Beendigungssequenzen.

```
                                      ┌── grammatisch
                           ┌── Kohäsion ──┤
                           │              └── lexikalisch
                           │
                           │              ┌── Konzepte und Relationen
             ┌── generell ──┤              │
             │             │              ├── relationale Propositionen
             │             │              │
             │             └── Kohärenz ──┼── globale Muster
             │                            │
             │                            ├── thematische Entwicklung
             │                            │
             │                            └── Makrostrukturen
             │
             │                            ┌── sequenzielle Organisation
Struk-       │                            │
turmerk- ────┼── dialogisch ──────────────┼── Sprecherwechsel
male         │                            │
             │                            ├── Reparatur
             │                            │
             │                            └── Eröffnungs-/Beendigungs-
             │                                sequenz
             │
             │                            ┌── Hyperlink
             │                            │
             └── hypertextuell ────────────┼── Pfad
                                          │
                                          └── Navigationshilfen
```

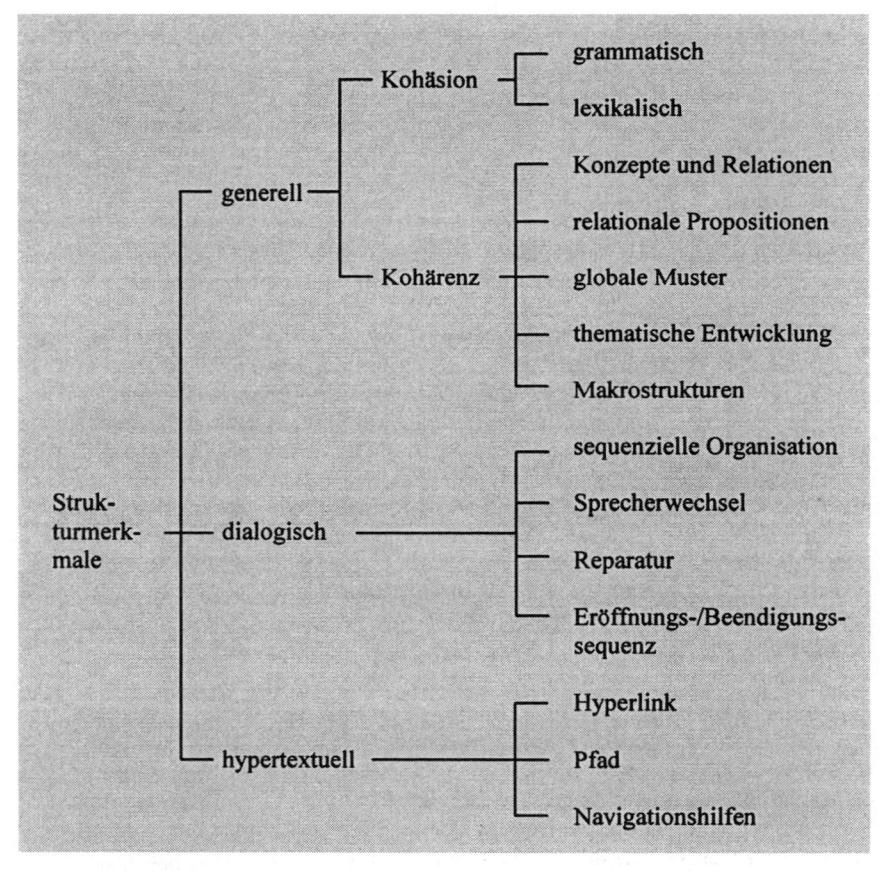

Abb. 7.1: Kriterien der Textstruktur

Ein dritter Typ von Strukturmerkmalen betrifft speziell **Hypertexte**, die vorwiegend, aber nicht ausschließlich, im elektronischen Medium auftreten. Zu nennen sind hier erstens Hyperlinks, die semantisch gefüllt oder leer sein können und *trigger* sowie *anchor* umfassen. Daneben ist der selbstgewählte Pfad (*hypertrail*) von Bedeutung, der auf dem multilinearen Charakter von Hypertexten beruht. Schließ-

# 7. Zusammenfassung

lich wird die Navigation im Cyberspace durch Überblicks-, Kontextualisierungs- und retrospektive Hilfen unterstützt.

In einem weiteren Analyseschritt kann die ermittelte Textstruktur als ein Kriterium der **Textklassifikation** operationalisiert werden. So sind in Abbildung 7.2 die wichtigsten Kriterien der Einteilung von Texten in Typen und Genres überblicksartig zusammengefasst. Neben der Textstruktur kann zunächst das Auftreten bestimmter distinktiver Stilmerkmale zur Klassifikation von Texten beitragen, wobei es sich um grammatische wie auch lexikalische Kennzeichen handelt. Als drittes Kriterium kann die kommunikative Funktion des jeweiligen Textes herangezogen werden, die auf fundamentalen Illokutionstypen beruht. Viertens leistet auch die Analyse der Kommunikationssituation einen Beitrag zur Textklassifikation, indem sie die Intentionen und sozialen Beziehungen der Sprecher, das Setting (Ort und Zeit) sowie das Kommunikationsmedium berücksichtigt.

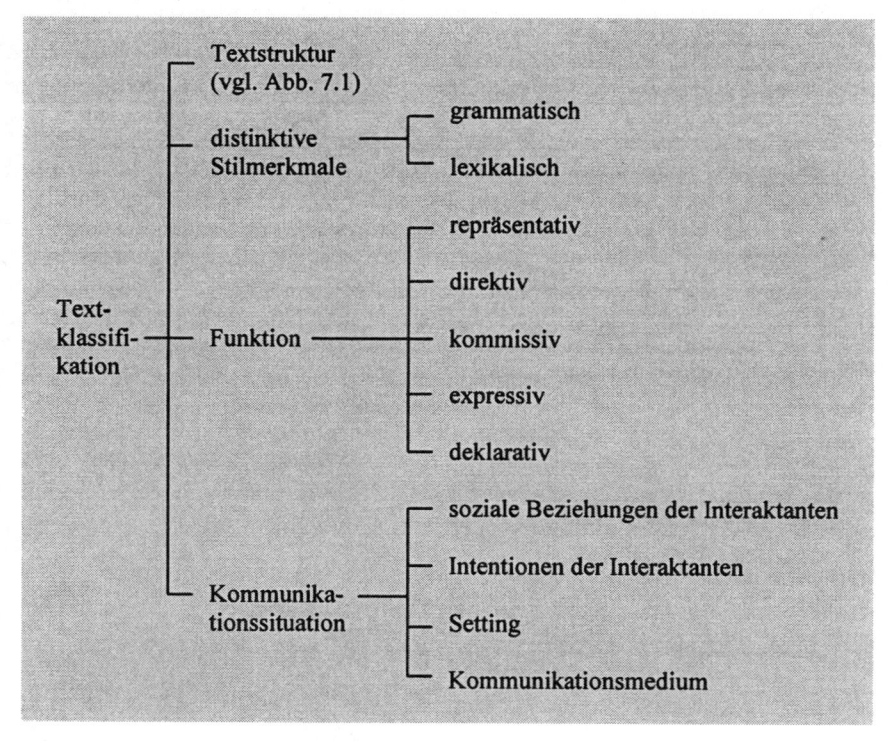

```
Textklassifikation
├── Textstruktur (vgl. Abb. 7.1)
├── distinktive Stilmerkmale
│   ├── grammatisch
│   └── lexikalisch
├── Funktion
│   ├── repräsentativ
│   ├── direktiv
│   ├── kommissiv
│   ├── expressiv
│   └── deklarativ
└── Kommunikationssituation
    ├── soziale Beziehungen der Interaktanten
    ├── Intentionen der Interaktanten
    ├── Setting
    └── Kommunikationsmedium
```

Abb. 7.2: Kriterien der Textklassifikation

7. Zusammenfassung

Während Texttypen dominant auf einem der genannten Kriterien beruhen und somit stark abstrahieren, erwachsen Genres (Textsorten) aus einer **multiperspektivischen** Herangehensweise, welche die verschiedenen Eigenschaften eines Textes in Kombination betrachtet und somit zu einer weit komplexeren, aber auch konkreteren Klassifikation gelangt.

Die hier zusammengefassten Kriterien der Textstruktur und -klassifikation erheben keinen Anspruch auf Vollständigkeit, sollen aber ein grundsätzliches Instrumentarium für die Analyse von Texten bereitstellen. Dies korrespondiert mit der Tatsache, dass in verschiedenen Bereichen der Textlinguistik noch deutlicher **Forschungsbedarf** besteht. So sind bis dato keineswegs alle existenten Textsorten hinsichtlich ihrer Struktur und der damit einhergehenden Funktionen ausreichend beschrieben. Beispielsweise sind literarische Genres oder Individualstile bestimmter Autoren aus textlinguistischer Sicht bisher eher vernachlässigt worden. Auch ist es gerade bei der weltweit verbreiteten Sprache Englisch ein weiteres textlinguistisches Desiderat, Textsorten aus Kulturkreisen, in denen Englisch als Zweit- oder Fremdsprache fungiert, aus kontrastiver Perspektive noch stärker flächendeckend zu beschreiben.

Zudem mangelt es an einer Analyse elektronischer Kommunikationsformen wie E-Mails, Chatgroups oder Weblogs auf Basis adäquater Korpora. Aufgrund des interaktiven und dialogischen Charakters dieser Textsorten bietet sich hier auch eine ausgeweitete Anwendung konversationsanalytischer Methoden an. Zudem weist die Hypertextforschung noch größere Lücken auf, etwa in der Darstellung unterschiedlicher elektronischer Textsorten (z.B. Homepages, Portale, Suchmaschinen etc.) oder in der Klassifikation von Hyperlinks. So bietet die relativ junge Disziplin der Hypertextlinguistik noch zahlreiche Möglichkeiten der kritischen Revision etablierter textlinguistischer Modelle, um den höchst wandelbaren Formen menschlicher Kommunikation gerecht zu werden.

Lösungsvorschläge für die Übungen

Kapitel 1 (Grundlagen)

1) (a) **Kohärenz:** Die Kohärenz erschließt sich erst nach der Dekodierung der Wortspiele – z.B. „EEP KOFF" entspricht *KEEP OFF*. Beispielsweise ist das Objektkonzept *chipmunk* durch die Relation 'Agens von' mit den Handlungskonzepten *skip* und *hide* verbunden. Dennoch scheint die Wahl der Worte vor allem durch deren Lautgestalt motiviert zu sein. So ergeben sich durch die Vertauschung der Anfangsbuchstaben neue Assoziationen, die Auswirkungen auf die Kohärenzherstellung haben können, wie im Fall von „[f]right", „nine peedles" oder „unfucky".

(b) **Akzeptabilität:** Die Wortspiele schränken die Akzeptabilität ein, doch ist das Prinzip schnell zu durchschauen. Das Genre der Lyrik lässt zudem ein gewisses Maß an Experimentierfreudigkeit erwarten, das hier der Unterhaltung des Lesers dient und auch aus diesem Grund akzeptabel erscheint.

(c) **Intertextualität:** Durch die Versform, das Metrum, die Strophen und die Endreime ist der Text intertextuell dem Genre Lyrik zuzuordnen. Aufgrund der Naturthematik kann es als Parodie romantischer Gedichte betrachtet werden, wobei der Titel beispielsweise an Samuel Taylor Coleridges Gedicht „Frost at Midnight" erinnert.

2) (a) **Grammatische Kohäsion:** anaphorische personale Referenz („it" in Z. 1 verweist auf „[y]ou must be happy"; „it" in Z. 5 verweist auf „you are [happy]"; „I", „[w]e" und „you" verweisen endophorisch auf die Namen in den Regieanweisungen); satzbezogene Substitution („so" in Z. 4); parallele Satzstrukturen („I am happy" und „[w]e are happy"); Ellipsen (z.B. „[y]ou must be happy [...] [t]o be back with me again"; „[s]ay you are [happy]").

Lexikalische Kohäsion: Repetition („I am happy"; „[s]o am I"; „say"; „Vladimir"; „Estragon"; „[s]ilence"). Im vorgetragenen Text auf der Theaterbühne fallen die Kohäsionsmittel in den Regieanweisungen weg, und die Pronomina der ersten und zweiten Person verweisen nicht innerhalb des Textes, sondern direkt auf die Charaktere.

(b) **Informativität:** Durch die stereotypen und redundanten Wiederholungen hat der Text nur eine geringe Informativität, die jedoch im Genre des Absurden Theaters akzeptabel ist. Der Interessantheitsgrad, der die Aufmerksamkeit der Rezipienten gewährleistet, ergibt sich nicht aus der wörtlichen, sondern der übertragenen Lesart in der literarischen Interpretation, beispielsweise hinsichtlich der Sinnlosigkeit menschlichen Glücksstrebens.

(c) **Intentionalität:** Der Text hat die ästhetische Funktion, den Leser oder das Publikum literarisch zu unterhalten.

3) (a) **Kohäsion:** Das Gedicht besteht aus dem vertikal gedruckten Wort „loneliness", in das der Satz „a leaf falls" eingebettet ist. Die Überschrift ist mit dem ersten Vers identisch. Es existiert eine inhaltliche Beziehung der Einsamkeit zwischen „a leaf", „loneliness" und „one", das zwar Teil von „loneliness" ist, aber typografisch eine eigene Zeile einnimmt. Zudem heißt die Jahreszeit, in der die Blätter fallen, im amerikanischen Englisch *fall*, woraus eine weitere begriffliche Beziehung zwischen „leaf" und „falls" resultiert. Eine mehrdeutige Repetition ergibt sich weiterhin daraus, dass die Ziffer „1" („one") und der Kleinbuchstabe „l" im Druckbild identisch sind.

(b) **Akzeptabilität:** Derartige experimentelle Gedichte sind für Rezipienten akzeptabel, die ein entsprechendes Vorwissen haben und bereit sind, die verborgene Bedeutung zu entschlüsseln. Die Tatsache, dass der Text in einer Anthologie abgedruckt ist, erleichtert die Akzeptanz.

(c) **Kompletion:** Der Titel dient als eindeutiger Initiator des Textes, während das Suffix *-ness* hier als Textterminator fungiert, da das ganze Gedicht nur aus einem einzigen Wort mit satzförmiger Parenthese besteht.

(d) **Kohärenz:** Bei der Konkreten Poesie hat die typografische Anordnung der Buchstaben ikonischen Charakter. So ahmt hier das vertikale Druckbild den Fall des Blattes nach, wodurch die äußere Form zur Kohärenz des Gesamttextes beiträgt.

Kapitel 2 (Kohäsion)

1) (a) „No, I didn't [take in the Century of Progress]": textuelle Ersetzbarkeit, anaphorische Verweisrichtung, verbale lexikalische Ellipse.

(b) „I don't know [whether that is right]": textuelle Ersetzbarkeit, anaphorische Verweisrichtung, satzbezogene Ellipse eines indirekten Fragesatzes.

(c) „Yes, [I got an eye on him]": textuelle Ersetzbarkeit, anaphorische Verweisrichtung, satzbezogene Ellipse eines Hauptsatzes.

(d) „[I] [c]an't say I'd noticed it": situationelle Ersetzbarkeit ohne kohäsive Funktion, nominale Ellipse.

Lösungsvorschläge für die Übungen

2) (a) Anaphorische demonstrative Referenz durch das Demonstrativpronomen „[t]hat", *extended reference* durch Verweis auf den Satz „someone had gone off with your bag".

(b) Anaphorische demonstrative Referenz des lokalen Pro-Adverbs „[t]here" durch Verweis auf „Sidcup".

(c) Anaphorische nominale Substitution der Pro-Form „one" für „sister".

3)

Reference item	mit Erzählerkommentar	ohne Erzählerkommentar
„here" (Satz 5)	kataphorische demonstrative Referenz auf „the newspaper" (Satz 5)	exophorische Referenz auf die Zeitung in der Situation
„this" (Satz 5)	kataphorische demonstrative Referenz auf „the newspaper" (Satz 5)	exophorische Referenz auf die Zeitung in der Situation
„this" (Satz 6)	kataphorische Referenz auf die Postmodifikation „that calls himself The Misfit"	kataphorische Referenz auf die Postmodifikation „that calls himself The Misfit"
„the [Federal Pen]" (Satz 6)	homophorische Referenz auf das Bundesgefängnis	homophorische Referenz auf das Bundesgefängnis
„you" (Satz 6)	anaphorische personale Referenz auf „his" (Satz 5) und „Bailey" (Satz 5)	exophorische Referenz auf den Sohn Bailey sowie anaphorische personale Referenz auf „Bailey" (Satz 5)
„it" (Satz 6)	anaphorische personale Referenz auf „the newspaper" (Satz 5)	exophorische Referenz auf die Zeitung in der Situation
„he" (Satz 6)	anaphorische personale Referenz auf „this fellow that calls himself The Misfit" (Satz 5)	anaphorische personale Referenz auf „this fellow that calls himself The Misfit" (Satz 5)
„these [people]" (Satz 6)	anaphorische demonstrative Referenz auf „the newspaper" (Satz 5)	exophorische demonstrative Referenz

4) Das Personalpronomen „it" bildet im Rahmen der personalen Referenz eine kohäsive Kette. Es tritt im ersten Satz einmal, im zweiten Satz dreimal und im dritten Satz wiederum einmal auf, wobei stets Koreferenz vorliegt. In allen Fällen verweist es kataphorisch auf „the newsprint spelling out his name, spelling out the story" (Satz 3), sodass Spannung erzeugt wird, denn die Suchanweisung des *reference item* bleibt anfänglich erfolglos. Die Neugier des Lesers wird in diesem Textanfang insbesondere dadurch erweckt, dass der

Erzähler seinen Unglauben bezüglich eines Sachverhalts beteuert, der durch das Pronomen zunächst ungenannt bleibt.

5) (a) „[A]nd" (Sätze 2, 4, 6 und 7): additiv, koordinierende Konjunktion
(b) „Then" (Satz 3): temporal, Adverb
(c) „[H]owever" (Satz 7): adversativ, Adverb
(d) „For example" (Satz 8): additiv, Präpositionalphrase

6) (a) **Repetition:** „daughters" (Sätze 2 und 4) und „girl" (Sätze 3, 4 und 6) mit jeweils identischer Referenzrelation; partielle Rekurrenz in „bedrooms" (Satz 5) und „room" (Satz 6).

(b) **Semantische Relationen:** Synonymie von „mirror[s]" (Satz 6)/„looking-glass" (Satz 6) und „chamber[s]" (Satz 6)/„room" (Satz 6), Antonymie von „[most] disagreeable" (Satz 1)/„best" (Satz 3), Hyponymie von „mother" (Satz 3)/„stepmother" (Satz 4), Meronymie zwischen „house" (Satz 5) und „chambers" (Satz 6)/„attic" (Satz 6)/„room" (Satz 6) sowie zwischen „daughters" (Sätze 2 und 4) und „head"(Satz 6)/„foot" (Satz 6).

(c) **Paraphrase:** inhaltliche Expansion der Nominalphrase „hard work" (Satz 5) durch die Paraphrase „to wash the floors and staircases, to dust the bedrooms, and clean the grates" (Satz 5).

(d) **Begriffliche Nähe:** Wortfelder WEIBLICHE FAMILIENMITGLIEDER mit „wife" (Satz 1)/„daughters" (Sätze 2 und 4)/„girl" (Sätze 3, 4 und 6)/ „mother" (Satz 3)/„stepmother" (Satz 4)/„sisters" (Satz 6) und HAUSEINRICHTUNG mit „floors" (Satz 5)/„staircases" (Satz 5)/„bedrooms" (Satz 5)/„grates" (Satz 5)/ „chambers" (Satz 6)/„attic" (Satz 6)/„room" (Satz 6); Sachgruppe *Charaktereigenschaften* mit „honest" (Satz 1)/„proudest" (Satz 1)/„most disagreeable" (Satz 1)/„best" (Satz 3)/„jealous" (Satz 4)/„good" (Satz 4).

Kapitel 3 (Kohärenz)

1) **Originalreihenfolge:** (g), (i), (f), (c), (e), (a), (h), (b), (d)

Satz 1 (g): Texteröffnung durch den märchentypischen Initiator „[o]nce upon a time"; *existential sentence* zur Erhöhung des Informationswertes im Laufe des Satzes; rhematische Einführung der Charaktere durch Nominalphrasen mit dem unbestimmten Artikel.

Satz 2 (i): additive *conjunction* durch die koordinierende Konjunktion „[a]nd"; lineare thematische Progression, da die beiden Rhemata des ersten Satzes nun thematisch im Pluralpronomen „they" vereint werden; rhematische Einführung von „milk" und „cow".

Satz 3 (f): lineare thematische Progression, da „cow" nun als Thema erscheint.

Satz 4 (c): Wiederaufnahme der beiden Akteure durch die definiten Nominalphrasen „[t]he widow" und „her son".

Satz 5 (e): thematische Wiederaufnahme durch das Singularpronomen „he" und rhematische Einführung von „an old pedlar".

Satz 6 (a): Progression mit durchlaufendem Thema in Form von „Jack"; geringer Informationswert, da auch „it" eine Wiederaufahme von „cow" ist.

Satz 7 (h): thematische Wiederaufnahme von „[t]he pedlar", dem Rhema aus Satz 5; rhematische Einführung von „some curious beans".

Satz 8 (b): einfache lineare Progression, denn das Pluralpronomen „they" greift thematisch das vorherige Rhema wieder auf; rhematische Einführung der Farben und der Aufmerksamkeit Jacks.

Satz 9 (d): einfache lineare Progression, denn das Demonstrativpronomen „[t]his" greift durch *extended reference* einen großen Teil des Rhemas aus Satz 8 wieder auf.

2) (a) **Background:** Der Beruf ihres Vaters (Satz 1) gibt Hintergrundinformationen über die Kindheit und Erziehung von Mrs. Mooney, durch die sie eine resolute Frau geworden ist (Satz 2).

   (b) **Evidence:** Die Hochzeit mit dem Vorarbeiter und die Eröffnung einer Metzgerei (Satz 3) sind ein Indiz für die Tatsache, dass sie eine resolute Frau ist (Satz 2).

   (c) **Elaboration:** Das Idiom „go to the devil" (Satz 4) wird durch die beschriebenen Vorgänge (Satz 5) näher ausgeführt.

   (d) **Cause:** Da Mr. Mooney immer wieder rückfällig wird (Satz 7), haben Verpflichtungen zur Abstinenz keinen Sinn (Satz 6).

   (e) **Reason:** Das gewalttätige Verhalten (Satz 9) ist die Ursache dafür, dass das Ehepaar getrennt lebt (Satz 10).

   (f) **Circumstance:** Die Trennung und die Übernahme des Sorgerechts für die Kinder (Satz 11) bildet eine bestimmte Situation, in der Mrs. Mooney ihren Mann nicht mehr unterstützt (Satz 12).

3) (a) I go on a Winter holiday with my son and daughter every year. Last year we visited New York City. I chose New York because it is famous for its Christmas decorations. Most children love Christmas. It is no wonder Sue and Andrew had a great time.

   (b) A: Can I speak to you for a moment? B: Just a second, please. I am watching the news. You won't believe what the American administration is planning. The Pentagon favours a massive air-strike.

Lösungsvorschläge für die Übungen

4) Das **Urlaubs-*frame*** in Kombination mit Kenntnissen über die Textsorte '**Anzeige**' erlaubt es den Adressaten, nicht verbalisierte *slots* mit passenden Füllungen zu versehen, woraus ein kohärenter Text resultiert.

   (a) Im Fall einer Buchung bei dem angepriesenen Reiseunternehmen kann der Kunde die schöneren Teile Griechenlands kennen lernen.

   (b) Der Kunde kann zwischen 20 Inseln und dem Festland sowie zwischen Hotels, Apartments und Häusern wählen.

   (c) Es gibt Zusatzangebote wie einen im Preis inbegriffenen Mietwagen, Ausflüge, Wassersport, Segeln und Wandern.

   (d) Das Unternehmen existiert seit 1974, was für dessen Erfahrung, Seriosität und Erfolg spricht.

   (e) Die Telefonnummer und die Internetseite sollen der Kontaktaufnahme dienen, welche die Konsequenz aus den genannten Vorzügen bildet.

5) (a) Das Objektkonzept „gardener" ist mit dem Handlungskonzept „mow" durch die Relation '**Agens von**' verbunden.

   (b) Das Objektkonzept „them [= lawns]" ist durch die Relation '***affected entity of***' ('Handlungsgegenstand von') mit dem Handlungskonzept „sweep" verbunden.

6) Im ersten Satz wird der Staat Trinidad und Tobago thematisch eingeführt, wobei sich die rhematische Information auf seine geografische Einordnung bezieht. Im zweiten und dritten Satz wird jeweils eine der beiden Hauptinseln zum Thema, während deren landschaftliche Gestalt rhematisch beschrieben wird. Es handelt sich also um eine **Progression mit gespaltenem Thema**, die im Modell von Daneš nicht genannt wird.

7) (a) **Spaltsatz** (*cleft sentence*) der Form *it* + *be* + *Präpositionalphrase* „from you" + *Relativsatz*; geteilter Fokus mit Hervorhebung von „you" und „manners"; in der gesprochenen Sprache korrespondierende prosodische Hervorhebung dieser Elemente.

   (b) **Existential sentence** mit *existential* „there", das am Satzanfang ein unbetontes Thema mit äußerst geringem Informationswert bildet; Verschiebung der neuen Information weiter nach hinten im Satz gemäß den Prinzipien des *end-focus* und *end-weight*.

8) (a) **Auslassen**: Deletion von Informationen wie „fixed cheesecloth to keep out mosquitoes" (Satz 1), „various things from the pack to put at the head of the bed under the slant of the canvas" (Satz 2) und „brown" (Satz 3).

Lösungsvorschläge für die Übungen

(b) **Generalisieren**: Zusammenfassung von „tent" (Sätze 1, 3 und 6), „camp" (Satz 15) und den dazugehörigen Bestandteilen wie „bed" (Satz 2) und „canvas" (Sätze 2, 3 und 4); „[h]e had made his camp" (Satz 15) und „[h]e was settled" (Satz 16); „pleasantly" (Satz 4), „homelike" (Satz 5), „happy" (Satz 6) und „not been unhappy" (Satz 7); „were done" (Satz 9), „to do" (Satz 10) und „was done" (Satz 11).

(c) **Konstruieren**: Aus den einzelnen Beschreibungen von Nicks Emotionen im Zusammenhang mit dem Betreten des Zelts lässt sich konstruieren, dass die räumliche Veränderung ursächlich zu einem Gefühl der Geborgenheit führt. Auch resultiert die Anstrengung des Tages in seiner Erschöpfung.

Es ergibt sich daraus folgende mögliche **Makrostruktur**: „Having finished his work, Nick entered the tent and consequently felt tired but happy".

Kapitel 4 (Textklassifikation)

1) **Dominanter Texttyp**: Deskription durch vorrangig räumliche Beschreibung.

(a) **Lokale Sequenzformen**: Adverbphrasen „north of the River Humber" (Satz 1), „here" (Satz 2), „anywhere else" (Satz 2) und „back and forth" (Satz 3); Präpositionalphrase „[i]n the south" (Satz 4); Ortsnamen „Northumbria" (Satz 1), „Northumberland" (Satz 1), „England's" (Satz 1), „Hadrian's Wall" (Satz 4) und „Britain's" (Satz 4).

(b) **Textidiom**: Zustandsverben „is" (Satz 1), „are" (Sätze 2 und 4) und „have" (Satz 3); *present tense*; Deklarativsätze; *existential sentence* „[t]here are [...]" (Satz 2); deskriptive Adjektive „largest" (Satz 1), „emptiest" (Satz 1), „wildest" (Satz 1), „vivid" (Satz 2), „long" (Satz 2), „bloody" (Satz 2), „older" (Satz 4) und „ancient" (Satz 4); Postmodifikationen „of England's counties" (Satz 1), „of long and bloody struggles [...]" (Satz 2), „of even earlier battles [...]" (Satz 4) und „of Britain's most famous ancient monuments" (Satz 4).

2) (a) **Direktiv**: Ratschläge und Anweisungen für ein gottgefälliges Leben.
(b) **Expressiv**: Ausdruck von Gefühlen.
(c) **Repräsentativ**: Darstellung vergangener Sachverhalte.
(d) **Kommissiv**: Festlegung auf zukünftige eigene Pflichten.

3) (a) **Genre**: Leserbrief (*letter to the editor*)
(b) **Relevante Dimensionen der situationellen Beschränkung**:
• *Dialect*: Standardenglisch (trotz Herkunft der Verfasserin aus der Schweiz).
• *Discourse medium*: geschriebener Text.

- **Discourse participation**: dialogisch, da auf einen Leserbrief Antworten zu erwarten sind; die Adressaten sind neben dem Herausgeber vor allem auch die anderen Leser der Zeitschrift.
- **Province**: politisches Thema, doch allgemein verständliches Vokabular.
- **Status**: trotz ernsten Themas eher informeller Stil.
- **Modality**: Kritik am *Time Magazine* sowie an Bush und seinen Wählern, gemäß der Briefform direkte Anrede der Adressaten mit „you".

(c) **Argumentativer Texttyp aufgrund der Beurteilung eines Sachverhalts:** kontrastive Sequenzformen durch Präpositionalphrase „[i]n fact" (Satz 2) und adversative Konjunktion „[b]ut" (Sätze 3 und 6); Konditionalsätze „if that [...]" (Satz 2) und „if voters [...]" (Satz 3); Modalverben „can" (Satz 2) und „should" (Satz 4); Negation des Modalverbs „can't" (Satz 2); tag question „do we?" (Satz 6); Negationen in „[n]o one" (Satz 3) und „don't" (Satz 6), *private verbs* zum Meinungsausdruck in „I presume" (Satz 1) und „I can't think" (Satz 2).

4) (a) **Textfunktion**: dominant kommissiv, da sich der Textproduzent auf eine Gewährleistung im Falle eines zukünftigen Defekts festlegt; im ersten Absatz auch expressiv, da Dankbarkeit ausgedrückt wird.

(b) **Genre**: juristische Garantieerklärung mit briefähnlicher Kundenanrede; komplexe syntaktische Konstruktion (Satz 3); abstrakte und agenslose Passivkonstruktionen „will be repaired [...], exchanged" (Satz 3), „has been returned" (Satz 3) und „has been bought" (Satz 3); Abstraktheit und Allgemeingültigkeit durch Nominalstil in „safety requirements" (Satz 2), „testing" (Satz 2), „manufacture" (Satz 2), „free of charge" (Satz 3) und „at THOMSON multimedia's discretion" (Satz 3); Reihungen mit der Konjunktion „or" (Satz 3); Einschränkungen und Bedingungen in „should there [...]" (Satz 3), „excluding [...]" (Satz 3) und „provided that [...]" (Satz 3).

5) **Text 4.10: Genre** Gebet

(a) **Form (Struktur)**: handlungsfordernde Imperativsätze des instruktiven Texttyps; Vokative „Almighty God" (Satz 1) und „O Lord" (Satz 8); Modalverb „[m]ay" (Sätze 2, 7 und 9) zum Ausdruck eines Wunsches; Personal- und Possessivpronomina der ersten („we", „our", „ours" und „us") und zweiten Person („you" und „your"); Textterminator „Amen" (Satz 10).

(b) **Funktion**: globaler Illokutionstyp 'direktiv', da Bitten an Gott aneinander gereiht werden; kognitiver Prozess des Planens.

(c) **Kommunikationssituation**: Setting typischerweise, aber nicht ausschließlich Gottesdienst; geschriebener Text, potenziell von mehreren Sprechern simultan mündlich vorgetragen; monologische Situation; asymmetrische

Machtverhältnisse zugunsten des Adressaten, daher formeller Stil; Beschäftigungsfeld Religion und Glaube.

Text 4.11: Genre Wettervorhersage

(a) **Form (Struktur):** Deklarativsätze zur Wiedergabe von Sachverhalten; deskriptive Adjektive „breezy" (Satz 1), „cold" (Satz 1), „bitter" (Satz 1), „frosty" (Satz 2), „icy" (Satz 2), „fine" (Satz 2), „bright" (Satz 2) und „sunny" (Satz 2); deskriptive lokale Sequenzformen „in many places" (Satz 2), „across the country" (Satz 2), „[n]orthern Scotland" (Satz 3) und „North Sea coastal counties of England" (Satz 4); zeitlicher Bezug auf den folgenden Tag, daher Modalverb „will" (Sätze 1, 2, 3 und 4) mit Zukunftsreferenz.

(b) **Funktion:** globaler Illokutionstyp 'repräsentativ', da auf der Basis von Wetterbeobachtungen Feststellungen über weitere Wetterentwicklungen getroffen werden; Dominanz der räumlichen Wahrnehmung.

(c) **Kommunikationssituation:** geschriebenes Medium der Zeitung; monologische Massenkommunikation, dabei von individuellen Rezipienten einzeln gelesen; keine direkte Beziehung zwischen Autor und Leser; neutraler Stil; Beschäftigungsfeld Meteorologie.

Kapitel 5 (Konversationsanalyse)

1) **Text 5.27:** selbstinitiierte Selbstreparatur in Intonationseinheit 29, indem an Stelle des konsekutiven Nebensatzes mit „so that" (Reparandum) ein neuer Satz folgt, der mit „that means" (Reparatur) eingeleitet ist; Ersetzung einer Formulierung durch eine aus Sprechereinschätzung passendere Wendung; Auftreten einer kurzen Pause in Einheit 29 als Reparatursignal; Überlappung des Rückmeldeverhaltens von Sprecher A mit dem Reparandum von Sprecher B; Reparatur in erster Position.

    Text 5.28: Fremdinitiierte Selbstreparatur, die durch den Reparaturinitiator „[w]hat?" eingeleitet wird; Reparatur der anfänglich missverständlichen Frage durch eine explizitere Reformulierung – „toilet" statt „it", Hinzufügung von „with them Blacks" –, auf die schließlich die erwünschte Antwort folgt; Eröffnung der Reparatur von Davies durch das Reparatursignal „I mean"; Reparatur in dritter Position.

2) Gewaltsame Unterbrechung von Lindas satzförmiger Turnkonstruktions-Komponente „to feel that –" durch Selbstwahl Willys ohne Vorliegen einer übergaberelevanten Stelle; Simultaneität zwischen Willys Beanspruchung des Rederechts und seinem Betreten der Szene; ebenso abrupte Unterbrechung von Willys satzförmiger Turnkonstruktions-Komponente „I'll –" durch Linda; erneute Unterbrechung der Präpositionalphrase in „better than –" durch Selbstwahl Willys, dadurch motiviert, dass er von ihrer Tätigkeit Kenntnis

nimmt; Zuweisung des Rederechts von Willy an Linda durch die Frage „[w]hat's that?", die den ersten Teil einer Paarsequenz bildet und dadurch eine übergaberelevante Stelle hervorruft; Vervollständigung der Paarsequenz durch Linda; Sprecherwechsel durch Selbstwahl Willys an einer übergaberelevanten Stelle, da der Satz „[t]hey're so expensive" potenziell eine vollständige Turnkonstruktions-Komponente darstellt; paralinguistische Unterstützung der Selbstwahl durch Willys Handlung, die Strümpfe gewaltsam an sich zu reißen.

3) Die Äußerungen von A dienen als **Rückmeldeverhalten**, indem sie der aktuellen Sprecherin B signalisieren, dass A aufmerksam zuhört, das Gesagte versteht und den Inhalten zustimmt. Die von A zweimalig geäußerte Interjektion überlappt jeweils mit der Konjunktion „and", die in beiden Fällen neue Turnkonstruktions-Komponenten einleitet. Dadurch wird deutlich, dass B animiert wird, mit dem Gesprächsbeitrag fortzufahren.

4) Es handelt sich um eine **Insertionssequenz**, da in eine Paarsequenz eine weitere Paarsequenz eingebettet ist. Auf die einleitende Frage, welche die erste Paarsequenz eröffnet, folgt nicht der entsprechende zweite Paarteil, sondern eine weitere Frage, welche die zweite Paarsequenz initiiert. Daraufhin wird die zweite Paarsequenz durch eine präferierte Antwort vervollständigt. Im vierten Gesprächsbeitrag wird schließlich die erste Paarsequenz abgeschlossen, wodurch der bedingten Relevanz entsprochen wird.

5) *TU 1*: Aufforderung an A, den Kommunikationsraum zu betreten; erster Paarteil der Grußsequenz zu Beginn der Konversation; dadurch Zuweisung des Rederechts an Gesprächsteilnehmer A.

TU 2: Übernahme des Rederechts durch konventionellen präferierten zweiten Paarteil der Grußsequenz.

TU 3: Formulierung eines Deklarativsatzes, der als Frage nach der Identifikation des Gegenübers zu verstehen ist und damit eine Paarsequenz eröffnet; eindeutige Zuweisung des Rederechts an A an übergaberelevanter Stelle.

TUs 4, 5 und 6: Bestätigung der geäußerten Annahme; dadurch präferierter zweiter Paarteil; TU 6 ist dagegen akustisch unverständlich.

TU 7: höfliche Begrüßungsformel und namentliche Vorstellung des Sprechers a und des dritten Interaktanten B; dadurch Zuweisung des Rederechts an B an übergaberelevanter Stelle.

TU 8: Übernahme des Rederechts durch den neuen Sprecher B; Wiederholung der Begrüßungsformel; dadurch Eröffnung einer Paarsequenz.

TU 9: Erwiderung der Begrüßungsformel, die den präferierten zweiten Paarteil bildet; starke Überlappung mit TU 8 aufgrund der konventionellen Formelhaftigkeit.

TUs 10 und 11: höfliches Angebot als erster Teil einer Paarsequenz; Zuweisung des Rederechts an A an übergaberelevanter Stelle; Überlappung mit unverständlicher TU 11 von Sprecher B.

TU 12: Annahme des Angebots als präferierter zweiter Paarteil.

6) Die Konversation beginnt mit einem Überlappen identischer Gesprächsbeiträge der beiden Teilnehmer. Als Reparaturmaßnahme brechen daher beide Interaktanten ihre satzförmige Turnkonstruktions-Komponente ab. Vladimir wählt selbst das Rederecht und entschuldigt sich für die Störung der Kommunikation, woraufhin Estragon das Wort ergreift und mit der Aufforderung „[c]arry on" wiederum Vladimir das Rederecht gewährt. Im folgenden Streitgespräch weisen sich die beiden Gesprächsteilnehmer gegenseitig das Rederecht zu, das jedoch keiner von beiden zu übernehmen gewillt ist. Beide beanspruchen für sich, den anderen unterbrochen zu haben, was in einer gegenseitigen Beschimpfung gipfelt. In Alltagsgesprächen hingegen erfolgt nach einer Überlappung meist eine rasche Einigung über den nächsten Gesprächspartner. Da beide Teilnehmer einen Gesprächsbeitrag geplant hatten, wird es in der Realität eher selten eine heftige Auseinandersetzung darüber geben, wer das Privileg erhält, *nicht* als erster zu sprechen.

Glossar

Akzeptabilität (*acceptability*): Merkmal der Textualität, gemäß welchem der Rezipient einen sinnvoll zusammenhängenden und für ihn relevanten → Text erwartet.

Argumentation (*argumentation*): → Texttyp, der auf dem Beurteilen von Sachverhalten beruht und durch kontrastive Sequenzformen (z.b. *but* oder *however*) sowie qualitätsattribuierende Sätze gekennzeichnet ist. Häufig erwächst hierbei eine Schlussfolgerung aus einer Prämisse, wobei eine Rechtfertigung das Fundament bildet.

Bedingte Relevanz (*conditional relevance*): Prinzip, gemäß welchem im Rahmen der → Präferenzorganisation die Äußerung eines *first pair part* ein entsprechendes *second pair part* relevant und erwartbar werden lässt (→ Paarsequenz).

Begriffliche Nähe (*collocation*): Typ der lexikalischen → Kohäsion, der auf inhaltlichen Beziehungen zwischen Lexemen in einem → Text beruht. Dabei wird unterschieden zwischen Wortfeldern (*lexical fields*) (z.B. *go – walk – run*) einerseits und assoziativen Feldern/Sachgruppen (*lexical sets*) (z.B. *run – fast – athlete*) andererseits. Diese speziell textlinguistische Verwendung des Begriffs *collocation* geht auf Halliday/Hasan (1976) zurück.

***Conjunction*:** Typ der → Kohäsion, bei dem koordinierende Konjunktionen, Adverbien und Präpositionalphrasen logische Beziehungen zwischen Sätzen angeben. Inhaltlich wird zwischen dem additiven (z.B. *and* oder *furthermore*), adversativen (z.B. *yet* oder *on the contrary*), kausalen (z.B. *hence* oder *as a result*) und temporalen (z.B. *then* oder *at last*) Typ unterschieden.

Deskription (*description*): → Texttyp, der räumliche Beschreibungen beinhaltet und durch lokale Sequenzformen (z.b. *there* oder *in the corner*) sowie phänomenregistrierende Sätze gekennzeichnet ist.

Diskursmarker (*discourse marker*): informeller Einschub in einer Konversation, der den Beginn eines Gesprächsbeitrags, einen Übergang im Kommunikationsprozess oder die Einstellung des Sprechers zum Aussageinhalt signalisiert (z.b. *well, you know, you see* oder *mind you*).

Ellipse (*ellipsis*): Auslassung von Satzbestandteilen, woraus grammatische → Kohäsion resultiert, wenn diese textuell ersetzbar sind. In syntaktischer Hinsicht wird zwischen dem nominalen, verbalen und satzbezogenen Typ unterschieden.

E-Text (*e-text*): elektronisch veröffentlichter, linear organisierter → Text, der in der Regel als → Modul in einem → Hypertext fungiert.

Exposition (*exposition*): → Texttyp, der mit dem Verstehen von Sachverhalten korrespondiert. In seiner synthetischen Variante beruht er auf explikatorischen Sequenzformen (z.B. *namely* oder *for example*) und phänomenidentifizierenden Sätzen, in analytischer Ausprägung hingegen auf additiven Sequenzformen (z.B. *also* oder *furthermore*) und phänomenverknüpfenden Sätzen.

Funktionale Satzperspektive (*functional sentence perspective*): textlinguistischer Ansatz, der die Bestandteile von Sätzen kontextuell nach den informationellen Kriterien von Bekanntheit und Neuigkeit bewertet.

Glossar

Genre (*genre*): Klassifikation von Texten auf niedrigem Abstraktionsniveau, weswegen die Einteilung in Genres auf alltagssprachlichen Bezeichnungen beruht (z.B. Geschäftsbrief, Wetterbericht oder Arbeitszeugnis) und dadurch viele Kategorien aufweist. Kompetente Textverwender besitzen in der Regel ein Genrewissen, das es ihnen ermöglicht, entsprechende Texte zu produzieren und Texte bestimmten Genres zuzuordnen.

Gesprächsbeitrag (*turn*): verbale Äußerung eines Sprechers in einer Konversation.

Globales Muster (*global pattern*): Art der mentalen Wissensrepräsentation, insbesondere in Form von → Skripts oder → Rahmen, die dazu dienen, die menschliche Welterfahrung zu strukturieren und zu erleichtern, weswegen sie beim Textverstehen eine zentrale Rolle spielen.

Grußsequenz (*greeting sequence*): → Paarsequenz zu Beginn einer Konversation, die jedem Gesprächsteilnehmer das Recht auf eine Äußerung einräumt.

Hyperlink (*hyperlink*): Verknüpfung zweier → Module in einem → Hypertext. Indem der User in einem digitalen Hypertext per Mausklick einen Auslöser (*trigger*) betätigt, gelangt er vom Ausgangstext (*root text*) automatisch zum Zieltext (*target text*).

Hypermedia (*hypermedia*): Variante eines → Hypertextes, die sich neben dem sprachlichen → Text durch die multimediale Einbeziehung von Abbildungen, akustischen Elementen oder auch Filmclips auszeichnet. Bei dem Terminus handelt es sich um eine Wortmischung aus *Hypertext* und *Multimedia*.

Hypertext (*hypertext*): gedruckter oder elektronischer → Text, der sich aus → Modulen (*nodes*) zusammensetzt, die wiederum über → Hyperlinks verbunden sind. Dem Leser bzw. User stehen daher verschiedene Rezeptionspfade (*paths*, *hypertrails*) offen, weswegen der Hypertext multilinearen Charakter hat.

Hypertextnetz (*hypertext net*): Verknüpfung zahlreicher → Hypertexte zu einer größeren Organisationseinheit (z.B. *World Wide Web*).

Inferenz (*inference*): unausgedrückte logische Schlussfolgerung zwischen Textbestandteilen (z.B. Propositionen), die der Rezipient beim Textverstehen ziehen muss.

Informativität (*informativity*): Merkmal der Textualität, das sich darauf bezieht, inwieweit ein → Text für einen Rezipienten bekannte oder neue Inhalte enthält.

Insertionssequenz (*insertion sequence*): Einbettung einer → Paarsequenz in eine weitere Paarsequenz, typischerweise nach dem Muster Frage 1 > Frage 2 > Antwort auf Frage 2 > Antwort auf Frage 1.

Instruktion (*instruction*): → Texttyp, in dem planbare Anweisungen gegeben werden und der durch enumerative Sequenzformen (z.B. *first* oder *next*) sowie handlungsfordernde Sätze (z.B. Imperative) gekennzeichnet ist.

Intentionalität (*intentionality*): Merkmal der Textualität, das sich auf die kommunikative Absicht des Sprechers oder Schreibers bei der Produktion eines → Textes bezieht.

Intertextualität (*intertextuality*): Abhängigkeit des Textverstehens von der Kenntnis weiterer → Texte, da zwischen Texten formale und inhaltliche Beziehungen bestehen können. Intertextualität ist die Basis für die Zuordnung von Textexemplaren zu → Genres, weswegen sie auch als generelles Merkmal der Textualität angesehen werden kann.

Kohärenz (*coherence*): Sinnkontinuität in einem → Text, die vom Rezipienten mit Hilfe von textuellen Signalen (z.B. → Kohäsion), Kontext und Weltwissen konstruiert wird und auf → Inferenzen beruht.

Glossar

Kohäsion (*cohesion*): semantischer Zusammenhang eines Textes, der durch grammatische (z.B. → Pro-Formen oder Konjunktionen) und lexikalische Mittel (z.B. → Repetition oder → begriffliche Nähe) an der Textoberfläche signalisiert wird.

Kommunikative Dynamik (*communicative dynamism*): Tatsache, dass verschiedene Bestandteile von Äußerungen und → Texten unterschiedliche Informationswerte aufweisen (→ Thema und → Rhema).

Kompletion (*completion*): Vollständigkeit eines → Textes, die sich am Textanfang durch Initiatoren (z.B. *to begin with* oder *once upon a time* ...) und am Textende durch Terminatoren (z.B. *to conclude* oder *... and they lived happily ever after*) äußert.

Konzept (*concept*): begriffliche Wissenseinheit, die während des Textverstehens durch Lexeme verbalisiert und dadurch beim Rezipienten kognitiv aktiviert wird. Die vier Primärkonzepte sind Objekte, Situationen, Ereignisse und Handlungen.

Koreferenz → Referenzidentität

Leerstellenausfüllung (*default assignment*): Vorgang zur Herstellung von → Kohärenz, bei dem Textrezipienten permanent Weltwissen insbesondere in Form von → Rahmen und → Skripts an den → Text herantragen.

Makrostruktur (*macrostructure*): globale Bedeutung eines → Textes, die aus dessen einzelnen Propositionen, den so genannten Mikrostrukturen, mit Hilfe von Makroregeln (Auslassen, Generalisieren und Konstruieren) erschließbar ist.

Modul (*module, node*): einzelner Bestandteil in einem → Hypertext, der über → Hyperlinks mit anderen Modulen verknüpft ist.

Narration (*narration*): → Texttyp, dem eine zeitliche Abfolge in der Vergangenheit zugrunde liegt und der durch temporale Sequenzformen (z.B. *then* oder *last week*) sowie handlungsaufzeichnende Sätze gekennzeichnet ist. Seine funktionalen Bestandteile sind typischerweise *abstract, orientation, complicating action, evaluation, resolution* und *coda*.

Netspeak: Sprachverwendung im *World Wide Web*, die sich aufgrund der neuen elektronischen Kommunikationsform durch bestimmte stilistische Merkmale auszeichnet.

Paarsequenz (*adjacency pair*): Abfolge zweier → Gesprächsbeiträge unterschiedlicher Kommunikationsteilnehmer, die in einer Konversation unmittelbar aneinander grenzen und eine festgelegte Reihenfolge mit *first pair part* und *second pair part* aufweisen.

Parallelismus (*parallelism*): Typ der grammatischen → Kohäsion, der auf der strukturellen Ähnlichkeit verschiedener Sätze beruht.

Paraphrase (*paraphrase*): Typ der lexikalischen → Kohäsion, bei dem ein kürzerer Ausdruck, beispielsweise eine Phrase, durch eine längere Umschreibung, z.B. mehrere Phrasen oder Sätze, inhaltlich wieder aufgenommen wird; auch die umgekehrte Abfolge ist möglich.

Partielle Rekurrenz (*partial recurrence*): Typ der lexikalischen → Kohäsion, bei dem ein lexikalisches Morphem innerhalb eines → Textes in verschiedenen Wortbildungen wiederholt wird (z.B. *teach – teaching – headteacher*).

Präferenzorganisation (*preference organization*): Abfolgeprinzip von → Gesprächsbeiträgen, gemäß welchem die erste Äußerung in einer → Paarsequenz (*first pair part*), z.B. eine Einladung, Auswirkungen auf die zweite Äußerung hat. So ist z.B. ein *second pair part*, durch das eine Einladung angenommen wird, als präferiert (*preferred*) und unmarkiert zu bezeichnen, während eine Ablehnung nichtpräferiert (*dispreferred*) und dadurch strukturell komplexer ist.

Glossar

Präsequenz (*pre-sequence*): Abfolge zweier → Gesprächsbeiträge, durch die ermittelt wird, ob die Vorbedingungen für eine bestimmte → Paarsequenz (z.B. Bitte/Erfüllung der Bitte) erfüllt sind. Dementsprechend unterscheidet man beispielsweise *pre-invitations*, *pre-requests* und *pre-announcements*.

Pro-Form (*pro-form*): Funktionswort mit Stellvertreterfunktion, das hinsichtlich seines inhaltlichen Bezugs auf seine textuelle oder situationelle Umgebung verweist (z.B. *he, this, there, one, so* oder *do*).

Rahmen (*frame*): kognitiv repräsentiertes → globales Muster, das sich auf alltägliche Situationen und Gegenstände bezieht (z.B. *house* oder *car*) und Elemente enthält, die diesem Erfahrungsbereich zugeordnet werden.

Referenz (*reference*): Typ der grammatischen → Kohäsion, bei dem Funktionswörter, insbesondere → Pro-Formen, auf andere Textbestandteile verweisen, mit denen → Referenzidentität besteht. Diese textinterne (endophorische) Referenz wird in die anaphorische und kataphorische Referenz unterteilt, die zurück- bzw. vorausverweisen. Den Gegensatz dazu bildet die nichtkohäsive exophorische Referenz, die auf den situativen Kontext Bezug nimmt. Inhaltlich wird zwischen der personalen (z.B. *she* oder *they*), demonstrativen (z.B. *this* oder *there*) und komparativen (z.B. *same, such* oder *other*) Referenz unterschieden.

Referenzidentität (*referential identity/co-reference*): Umstand, dass sich zwei oder mehrere sprachliche Ausdrücke in einem → Text auf dasselbe außersprachliche Objekt beziehen (z.B. *Peter ... he*).

Relation (*relation*): inhaltliches Bindeglied zwischen → Konzepten, dessen explizite Verbalisierung an der Textoberfläche optional ist (z.B. *agent of, instrument of* oder *location of*).

Relationale Proposition (*relational proposition*): logische Beziehung, die zwischen Textbestandteilen (z.B. Sätzen) besteht und satzförmig paraphrasierbar ist (z.B. *solutionhood, evidence* oder *justification*). Sind relationale Propositionen an der Textoberfläche nicht ausgedrückt, so sind sie durch → Inferenzen zu erschließen.

Reparatur (*repair*): Beseitigung eines problematischen Elements (Reparandum) in einer Konversation durch den aktuellen (Selbstreparatur) oder nachfolgenden Sprecher (Fremdreparatur). Die Reparatur kann durch ein Reparatursignal – z.B. *I mean* oder eine gefüllte Pause wie [əm] – selbstinitiiert oder durch einen Reparaturinitiator (z.B. *what?* oder *pardon?*) fremdinitiiert sein, woraus eine Reparatursequenz resultiert.

Repetition (*repetition*): Typ der lexikalischen → Kohäsion, der auf der identischen Wiederholung eines Lexems im → Text beruht.

Rhema (*rheme, new information*): der Bestandteil einer Äußerung, welcher die neue Information enthält. Im Gegensatz zum → Thema ist diese weder vorerwähnt noch kontextuell erschließbar und tritt tendenziell gegen Satzende auf.

Rückmeldeverhalten (*back-channel behaviour*): kurze konversationelle Signale des Hörers, die den gegenwärtigen Sprecher in seinem Rederecht bestätigen und Interesse bzw. Zustimmung anzeigen (z.B. *m-hm, right* oder *yeah*).

Situationalität (*situationality*): Merkmal der Textualität, das sich auf die Relevanz und Angemessenheit eines → Textes in der jeweiligen Kommunikationssituation bezieht.

Situationelle Beschränkung (*situational constraint*): Eigenschaft der Kommunikationssituation, → stilistisch distinktive Merkmale eines → Textes zu bedingen. Zu den Dimensionen der situationellen Beschränkung gehören beispielsweise das Kommu-

Glossar

nikationsmedium, die soziale Beziehung der Interaktanten sowie das besprochene Themengebiet.

Skript (*script*): kognitiv repräsentiertes → globales Muster, das – gleich einem Drehbuch – eine chronologische Abfolge von Ereignissen oder Handlungen enthält, die einem alltäglichen Erfahrungsbereich angehören (z.B. Restaurantbesuch). Bei der Herstellung von → Kohärenz durch den Rezipienten kann ein bestehendes Skript zur → Leerstellenausfüllung beitragen.

Sprecherwechsel (*turn-taking*): Systematik in Konversationen, durch die den verschiedenen Interaktanten wechselweise das Rederecht zugewiesen wird.

Stilistisch distinktives Merkmal (*stylistically distinctive feature*): sprachliches Kennzeichen, das für einen bestimmten situativen Kontext und damit für entsprechende → Genres charakteristisch ist.

Substitution (*substitution*): Typ der grammatischen → Kohäsion, bei dem → Pro-Formen vorausgehende Ausdrücke formal ersetzen, ohne dass Referenzidentität besteht. In syntaktischer Hinsicht wird zwischen dem nominalen (*one(s)* und *same*), verbalen (*do*) und satzbezogenen (*so* und *not*) Typ unterschieden.

Text (*text*): sprachliche Einheit im mündlichen, schriftlichen oder elektronischen Medium, die das Kriterium der → Kohärenz erfüllt und eine kommunikative Funktion erkennen lässt.

Textsorte → Genre

Texttyp (*text type*): stark abstrahierte Klassifikation von → Texten in eine kleine Anzahl von Kategorien aufgrund formaler, struktureller, inhaltlicher oder funktionaler Kriterien, woraus eine Texttypologie resultiert (→ Argumentation, → Deskription, → Exposition, → Instruktion und → Narration).

Thema (*theme, given information*): der Bestandteil einer Äußerung, der die bekannte Information beinhaltet. Im Gegensatz zum → Rhema ist diese entweder vorerwähnt oder kontextuell gegeben und tritt tendenziell am Satzanfang auf.

Thematische Progression (*thematic progression*): Verteilung von → Thema und → Rhema in den Sätzen eines → Textes, wie sie von der → Funktionalen Satzperspektive beschrieben wird. Es wird unterschieden zwischen der einfachen linearen Progression, dem Typ mit durchlaufendem Thema, der Progression mit abgeleiteten Themen, dem Entwickeln eines gespaltenen Rhemas und der Progression mit einem thematischen Sprung.

Turn allocation: Zuweisung des Rederechts an den nachfolgenden Sprecher in einer Konversation. Dies geschieht häufig an → übergaberelevanten Stellen durch Techniken wie die Eröffnung einer → Paarsequenz sowie durch Vokative, *tag questions* oder → Diskursmarker.

Übergaberelevante Stelle (*transition-relevance place, TRP*): Position in einer Konversation, an der das Rederecht an einen Gesprächspartner übergehen kann, da eine syntaktische Konstruktionseinheit vollendet ist.

Überlappung (*overlap*): gleichzeitiges Sprechen zweier oder mehrerer Konversationsteilnehmer durch Missinterpretation einer → übergaberelevanten Stelle oder durch absichtsvolles Unterbrechen.

Vorausschauende Strategie (*forward-looking strategy*): Technik der Rezeption von elektronischen → Hypertexten, bei welcher der User abwägt, welche → Hyperlinks ihn zu den gewünschten Zieltexten führen können.

Bibliografie

Texte

Baldwin, James. 1980. „Sonny's Blues." In: A. Walton Litz (Hg.). *Major American Short Stories.* New York: Oxford UP, 634-661.
Baugh, Albert C. u. Thomas Cable. ³**1978.** *A History of the English Language.* London: Routledge.
Beckett, Samuel. 1987. *Waiting for Godot.* Hg. v. Manfred Pfister. Stuttgart: Reclam.
„**The Better Parts of Greece!**" *The Observer: Overseas Travel,* 10 October 2004, 12.
Blair, Tony. 2001. „The Third Way." In: Merle Tönnies u. Claus-Ulrich Viol (Hgg.). *British Political Speeches: From Churchill to Blair.* Stuttgart: Reclam, 131-163.
The Bloomsbury Pocket Encyclopedia of the World. New Lanark: Geddes & Grosset, 1993.
Brooke, Rupert. ⁶**1993.** „The Soldier." In: Meyer Howard Abrams et al. (Hgg.). *The Norton Anthology of English Literature.* Bd. 2. New York: W. W. Norton & Company, 1827.
Bush, George W. 2003. „Address to Congress after the Attacks of September 11, September 20, 2001." In: Michael Waldman (Hg.). *My Fellow Americans: The Most Important Speeches of America's Presidents, from George Washington to George W. Bush.* Naperville, IL: Sourcebooks, Inc., 308-313.
Carroll, Lewis. ⁶**1993.** „Jabberwocky." In: Meyer Howard Abrams et al. (Hgg.). *The Norton Anthology of English Literature.* Bd. 2. New York: W. W. Norton & Company, 1558-1559.
Chapman, Graham et al. 1990. *Monty Python's Flying Circus: Just the Words.* Bd. 1. London: Methuen.
Christie, Agatha. 1960. *Murder is Easy.* London: Collins.
„**Classy Bird, 41, with Elizabeth Bennet Sensibilities.**" *The Observer: Soulmates,* 10 October 2004, 19.
Clinton, William. 2003. „Remarks to the Church of God in Christ in Memphis." In: Michael Waldman (Hg.). *My Fellow Americans: The Most Important Speeches of America's Presidents, from George Washington to George W. Bush.* Naperville, IL: Sourcebooks, Inc., 287-290.
Cummings, E. E. 1990. „l(a." In: Michael Meyer (Hg.). *The Bedford Introduction to Literature.* Boston: Bedford Books, 505.
Eliot, T. S. 1993. „The Love Song of J. Alfred Prufrock." In: Meyer Howard Abrams et al. (Hgg.). *The Norton Anthology of English Literature.* Bd. 2. New York: W. W. Norton & Company, 2140-2143.

Bibliografie

Ellis, Gwen (Hg.). 1999. *God Bless America: Prayers and Reflections for Our Country.* Grand Rapids, Michigan: Zondervan.
Else, David et al. ²2001. *Walking in Britain.* Melbourne: Lonely Planet Publications.
Fan Heater User Instructions. New York: Duracraft, 2004.
Graber, Steven. 2000. *The Everything Get-a-Job Book.* Holbrook, MA: Adams Media Corporation.
Hafner, Susan. 2005. „I Presume that you Chose Bush More for his Negative Achievements." *Time*, 31 January 2005, 10.
Hedgecoe, John. 2000. *Photographing Landscapes.* London: Collins & Brown.
Hemingway, Ernest. 1980. „Big Two-Hearted River." In: A. Walton Litz (Hg.). *Major American Short Stories.* New York: Oxford UP, 454-470.
Humphreys, Rob et al. ⁵2003. *The Rough Guide to London.* London: Rough Guides Ltd.
Jones, Daniel. ¹⁵1997. *English Pronouncing Dictionary.* Hg. v. Peter Roach u. James Hartman. Cambridge: Cambridge UP.
Joyce, James. 1993. „The Boarding House." In: James Joyce. *Dubliners.* Ware: Wordsworth Classics, 74-84.
Lodge, David. 1979. *Changing Places.* Harmondsworth: Penguin.
Mansfield, Katherine. 1952. „The Garden Party." In: Milton Crane (Hg.). *50 Great Short Stories.* New York: Bantham Books, 1-13.
Miller, Arthur. 1984 [1949]. *Death of a Salesman: Certain Private Conversations in Two Acts and a Requiem.* Hg. v. Manfred und Gunda Pütz. Stuttgart: Reclam.
O'Connor, Flannery. 1980. „A Good Man is Hard to Find." In: A. Walton Litz (Hg.). *Major American Short Stories.* New York: Oxford UP, 580-593.
Osborne, John. 1960. *Look Back in Anger.* London: Faber and Faber.
Ousby, Ian (Hg.). 1992. *The Wordsworth Companion to Literature in English.* Ware, Hertfordshire: Wordsworth.
„Outlook." *The Independent: Weather,* 22 January 2005, 53.
Pinter, Harold. 1960. *The Caretaker.* London: Methuen & Co Ltd.
Pound, Ezra. ⁴1994. „In a Station of the Metro." In: Nina Baym et al. (Hgg.). *The Norton Anthology of American Literature.* Bd. II. New York: W. W. Norton & Company, 1207.
Rackham, Arthur (Hg.). 1978. *The Arthur Rackham Fairy Book.* New York: Weathervane Books.
Rodieck, R. W. 1998. *The First Steps in Seeing.* Sunderland, Massachusetts: Sinauer Associates, Inc.
Shaw, Bernard. 1990 [1913]. *Pygmalion: A Romance in Five Acts.* Hg. v. Herbert Geisen. Stuttgart: Reclam.
Sill, Edward Rowland. 1960. „Opportunity." In: Louis Untermeyer (Hg.). *Collins Albatross Book of Verse.* London: Collins, 479.
Stoker, Bram. 1979 [1897]. *Dracula.* London: Penguin.
Svartvik, Jan u. Randolph Quirk (Hgg.). 1980. *A Corpus of English Conversation.* Lund: CWK Gleerup.

Swenson, May. 1990. „A Nosty Fright." In: Michael Meyer (Hg.). *The Bedford Introduction to Literature.* Boston: Bedford Books, 605.
Thatcher, Margaret. 2001. „The Renewal of Britain." In: Merle Tönnies u. Claus-Ulrich Viol (Hgg.). *British Political Speeches: From Churchill to Blair.* Stuttgart: Reclam, 85-113.
„Top Scorers." *The Observer: ObserverResults,* 10 October 2004, 14.
TV User Manual. Boulogne: Thomson Multimedia, 2000.
Vickery, Donald M. u. James F. Fries. ^{6}**1997.** *Take Care of Yourself: The Complete Illustrated Guide to Medical Self-Care.* Reading, MA: Addison-Wesley Publishing Company.
„Want to Meet Quality People?" *The Observer: Soulmates,* 10 October 2004, 19.
Whitman, Walt. ^{4}**1994.** „Song of Myself." In: Nina Baym et al. (Hgg.). *The Norton Anthology of American Literature.* Bd. I. New York: W. W. Norton & Company, 2048-2090.
Williams, Tennessee. 1984 [1944]. *The Glass Menagerie.* Hg. v. Bernhard Reitz. Stuttgart: Reclam.
Wilson, Neil, Graeme Cornwallis u. Tom Smallman. 2002. *Scotland.* Melbourne: Lonely Planet Publications.

Forschungsliteratur

Adamzik, Kirsten. 2004. *Textlinguistik: Eine einführende Darstellung.* Tübingen: Niemeyer.
Ahrens, Rüdiger. 1992. „The International Development of English and Cross-Cultural Competence." In: Rüdiger Ahrens u. Heinz Antor (Hgg.). *Text – Culture – Reception: Cross-cultural Aspects of English Studies.* Heidelberg: Winter, 3-23.
Anderson, A. H. et al. 1991. „The HCRC Map Task Corpus." *Language and Speech* 34, 351-366.
Aston, Guy u. Lou Burnard. 1998. *The BNC Handbook: Exploring the British National Corpus with SARA.* Edinburgh: Edinburgh UP.
Atkinson, J. Maxwell u. Paul Drew. 1979. *Order in Court: The Organisation of Verbal Interaction in Judicial Settings.* Atlantic Highlands, NJ: Humanities Press.
Austin, John L. ^{2}**1975.** *How to Do Things with Words.* Hg. v. J. O. Urmson und Marina Sbisà. Oxford: Clarendon.
Ballstaedt, Steffen-Peter et al. 1981. *Texte verstehen, Texte gestalten.* München: Urban & Schwarzenberg.
Barnickel, Klaus-Dieter. 1982. *Sprachliche Varianten des Englischen.* Bd. 2: *Register und Stile.* München: Hueber.
Beier, Rudolf. 1980. *Englische Fachsprache.* Stuttgart: Kohlhammer.
Berkenkotter, Carol u. Thomas N. Huckin. 1995. *Genre Knowledge in Disciplinary Communication: Cognition/Culture/Power.* Hillsdale, NJ: Lawrence Erlbaum.

Bibliografie

Bhatia, Vijay K. 2006. „Genres and Styles in World Englishes." In: Braj B. Kachru, Yamuna Kachru u. Cecil L. Nelson (Hgg.). *The Handbook of World Englishes.* Malden, MA: Blackwell, 386-401.

Biber, Douglas. 1988. *Variation across Speech and Writing.* Cambridge: Cambridge UP.

Biber, Douglas. 1989. „A Typology of English Texts." *Linguistics* 27/1, 3-43.

Biber, Douglas. 1995. *Dimensions of Register Variation: A Cross-Linguistic Comparison.* Cambridge: Cambridge UP.

Biber, Douglas et al. 1999. *Longman Grammar of Spoken and Written English.* London: Longman.

Blakemore, Diane. 1988. „The Organization of Discourse." In: Frederick J. Newmeyer (Hg.). *Linguistics: The Cambridge Survey.* Bd. IV. Cambridge: Cambridge UP, 229-250.

Brinker, Klaus. ^{6}2005. *Linguistische Textanalyse.* Berlin: Erich Schmidt.

Brinker, Klaus et al. (Hgg.). 2000. *Text- und Gesprächslinguistik: Ein internationales Handbuch zeitgenössischer Forschung.* Bd. 1: *Textlinguistik.* Berlin: de Gruyter.

Brinker, Klaus et al. (Hgg.). 2001. *Text- und Gesprächslinguistik: Ein internationales Handbuch zeitgenössischer Forschung.* Bd. 2: *Gesprächslinguistik.* Berlin: de Gruyter.

Brinker, Klaus u. Sven F. Sager. ^{4}2006. *Linguistische Gesprächsanalyse: Eine Einführung.* Berlin: Erich Schmidt.

Brown, Gillian u. George Yule. 1983. *Discourse Analysis.* Cambridge: Cambridge UP.

Brown, Penelope u. Stephen C. Levinson. 1987. *Politeness: Some Universals in Language Usage.* Cambridge: Cambridge UP.

Bublitz, Wolfram. 1994. „In the Eye of the Beholder: 'The Rather Mystical Notion of Coherence'." In: Keith Carlon, Kristin Davidse u. Brygida Rudzka-Ostyn (Hgg.). *Perspectives on English.* Leuven, Paris: Peeters, 213-227.

Bublitz, Wolfram. 1998. „Cohesion and Coherence." In: Jef Verschueren et al. (Hgg.). *Handbook of Pragmatics: 1998 Installment.* Amsterdam: Benjamins, 1-15.

Bublitz, Wolfram. 1999. „Introduction: Views of Coherence." In: Wolfram Bublitz, Uta Lenk u. Eija Ventola (Hgg.). *Coherence in Spoken and Written Discourse: How to Create it and How to Describe it.* Amsterdam: John Benjamins, 1-7.

Bublitz, Wolfram. 2001. *Englische Pragmatik: Eine Einführung.* Berlin: Erich Schmidt.

Bublitz, Wolfram. 2005. „The User as 'Cyberego': Text, Hypertext and Coherence." In: Lilo Moessner u. Christa M. Schmidt (Hgg.). *Anglistentag 2004 Aachen: Proceedings.* Trier: WVT, 311-324.

Bublitz, Wolfram, Uta Lenk u. Eija Ventola (Hgg.). 1999. *Coherence in Spoken and Written Discourse: How to Create it and How to Describe it.* Amsterdam: John Benjamins.

Bibliografie

Bühler, Karl. ³1999. *Sprachtheorie: Die Darstellungsfunktion der Sprache*. Mit einem Geleitwort von Friedrich Kainz. Stuttgart: Lucius & Lucius.

Cook, Guy. 1989. *Discourse*. Oxford: Oxford UP.

Coulthard, Malcolm. ²1985. *An Introduction to Discourse Analysis*. London: Longman.

Coulthard, Malcolm (Hg.). 1994. *Advances in Written Text Analysis*. London: Routledge.

Cruse, D. Alan. 1986. *Lexical Semantics*. Cambridge: Cambridge UP.

Crystal, David. 1995. *The Cambridge Encyclopedia of the English Language*. Cambridge: Cambridge UP.

Crystal, David. ²2006. *Language and the Internet*. Cambridge: Cambridge UP.

Crystal, David u. Derek Davy. 1969. *Investigating English Style*. London: Longman.

Daneš, František. 1970. „Zur linguistischen Analyse der Textstruktur." *Folia Linguistica* 4, 72-78.

De Beaugrande, Robert. 1997. *New Foundations for a Science of Text and Discourse: Cognition, Communication, and the Freedom of Access to Knowledge and Society*. Norwood, NJ: Ablex Publishing Corporation.

De Beaugrande, Robert-Alain u. Wolfgang Ulrich Dressler. 1981. *Introduction to Text Linguistics*. London: Longman.

Diller, Hans-Jürgen. 2002. „Genre vs. Text Type: Two Typologies and their Uses for the Newspaper Reader." In: Andreas Fischer, Gunnel Tottie u. Hans Martin Lehmann (Hgg.). *Text Types and Corpora: Studies in Honour of Udo Fries*. Tübingen: Narr, 1-16.

Duncan, Starkey. 1974. „On the Structure of Speaker-Auditor Interaction during Speaking Turns." *Language in Society* 3, 161-180.

Edmondson, Willis J. 1981. *Spoken Discourse: A Model for Analysis*. London: Longman.

Enkvist, Nils Erik. 1988. „Interpretability, Text Strategies, and Text Types." In: Siegfried Wyler (Hg.). *Linguistik und literarischer Text / Linguistique et texte littéraire*. Neuchâtel: Institut de linguistique de l'Université de Neuchâtel, 7-28.

Esser, Jürgen. 1991. „Text-Type as a Linguistic Unit." In: Claus Uhlig u. Rüdiger Zimmermann (Hgg.). *Anglistentag 1990 Marburg: Proceedings*. Tübingen: Niemeyer, 142-153.

Fillmore, Charles J. 1987. „Scenes-and-Frames Semantics." In: René Dirven u. Günter Radden (Hgg.). *Fillmore's Case Grammar: A Reader*. Heidelberg: Groos, 79-87.

Fillmore, Charles J. u. Beryl T. Atkins. 1992. „Toward a Frame-Based Lexicon: The Semantics of RISK and its Neighbours." In: Adrienne Lehrer u. Eva Kittay (Hgg.). *Frames, Fields, and Contrasts*. Hillsdale, N.J.: Lawrence Erlbaum, 75-102.

Firth, John R. 1957. „Modes of Meaning." In: John R. Firth (Hg.). *Papers in Linguistics 1934-1951*. London: Oxford UP, 190-215.

Bibliografie

Fix, Ulla et al. (Hgg.). 2002. *Brauchen wir einen neuen Textbegriff? Antworten auf eine Preisfrage.* Frankfurt/Main: Peter Lang.
Fries, Udo. 1996. „Textlinguistik." In: Gerd Stratmann (Hg.). *Be Prepared: Spezialgebiete und Vorbereitungsstrategien für die Prüfungen der Anglistik/ Amerikanistik.* Trier: WVT, 39-50.
Fritz, Gerd. 1999. „Coherence in Hypertext." In: Wolfram Bublitz, Uta Lenk u. Eija Ventola (Hgg.). *Coherence in Spoken and Written Discourse: How to Create it and How to Describe it.* Amsterdam: John Benjamins, 221-232.
Gehring, Wolfgang. ²2004. *Englische Fachdidaktik: Eine Einführung.* Berlin: Erich Schmidt.
Gläser, Rosemarie. 1990. *Fachtextsorten im Englischen.* Tübingen: Gunter Narr.
Gläser, Rosemarie. 1995. *Linguistic Features and Genre Profiles of Scientific English.* Frankfurt/Main: Lang.
Goddard, Angela. ²2002. *The Language of Advertising: Written Texts.* London: Routledge.
Göhring, Heinz. 2002. *Interkulturelle Kommunikation: Anregungen für Sprach- und Kulturmittler.* Hg. v. Andreas F. Kelletat u. Holger Siever. Tübingen: Stauffenburg.
Göpferich, Susanne. 1999. „Text, Textsorte, Texttyp." In: Mary Snell-Hornby, Hans G. Hönig u. Paul Kußmaul (Hgg.). *Handbuch Translation.* Tübingen: Stauffenburg, 61-64.
Görlach, Manfred. 2004. *Text Types and the History of English.* Berlin: Mouton de Gruyter.
Greenbaum, Sidney (Hg.). 1996. *Comparing English Worldwide: The International Corpus of English.* Oxford: Clarendon.
Grice, Paul. 1975. „Logic and Conversation." In: Peter Cole u. Jerry L. Morgan (Hgg.). *Syntax and Semantics 3: Speech Acts.* New York: Academic Press, 41-58.
Grimes, Joseph E. 1975. *The Thread of Discourse.* The Hague: Mouton.
Gruber, Helmut. 2001. „Die Struktur von Gesprächssequenzen." In: Klaus Brinker et al. (Hgg.). *Text- und Gesprächslinguistik: Ein internationales Handbuch zeitgenössischer Forschung.* Bd. 2: *Gesprächslinguistik.* Berlin: de Gruyter, 1226-1241.
Gülich, Elisabeth u. Wolfgang Raible (Hgg.). 1972. *Textsorten: Differenzierungskriterien aus linguistischer Sicht.* Frankfurt/Main: Athenäum.
Gülich, Elisabeth u. Wolfgang Raible. 1977. *Linguistische Textmodelle.* München: Fink.
Gutwinski, Waldemar. 1976. *Cohesion in Literary Texts: A Study of Some Grammatical and Lexical Features of English Discourse.* The Hague: Mouton.
Halliday, Michael A. K. 1972. "The Linguistic Study of Literary Texts." In: Walter A. Koch (Hg.). *Strukturelle Textanalyse.* Hildesheim, New York: Olms, 191-196.
Halliday, Michael A. K. u. Ruqaiya Hasan. 1976. *Cohesion in English.* London: Longman.

Halliday, Michael A. K. u. Ruqaiya Hasan. 1985. *Language, Context, and Text: Aspects of Language in a Social-Semiotic Perspective.* Geelong, Victoria: Deakin University.
Halmari, Helena u. Tuija Virtanen. 2005. „Towards Understanding Modern Persuasion." In: Helena Halmari u. Tuija Virtanen (Hgg.). *Persuasion across Genres: A Linguistic Approach.* Amsterdam: John Benjamins, 229-244.
Hartmann, Peter. 1968. „Zum Begriff des sprachlichen Zeichens." *Zeitschrift für Phonetik, Sprachwissenschaft und Kommunikationsforschung* 21, 205-222.
Heinemann, Margot u. Wolfgang Heinemann. 2002. *Grundlagen der Textlinguistik: Interaktion – Text – Diskurs.* Tübingen: Niemeyer.
Heinemann, Wolfgang. 2000a. „Aspekte der Textsortendifferenzierung." In: Klaus Brinker et al. (Hgg.). *Text- und Gesprächslinguistik: Ein internationales Handbuch zeitgenössischer Forschung.* Bd. 1: *Textlinguistik.* Berlin: de Gruyter, 523-546.
Heinemann, Wolfgang. 2000b. „Textsorte – Textmuster – Texttyp." In: Klaus Brinker et al. (Hgg.). *Text- und Gesprächslinguistik: Ein internationales Handbuch zeitgenössischer Forschung.* Bd. 1: *Textlinguistik.* Berlin: de Gruyter, 507-523.
Heinemann, Wolfgang u. Dieter Viehweger. 1991. *Textlinguistik: Eine Einführung.* Tübingen: Niemeyer.
Herman, Vimala. 1995. *Dramatic Discourse: Dialogue as Interaction in Plays.* London: Routledge.
Hinnenkamp, Volker. 1994. „Interkulturelle Kommunikation – strange attractions." *Zeitschrift für Literaturwissenschaft und Linguistik* 24/93: *Interkulturelle Kommunikation.* Hg. v. Wolfgang Klein u. Norbert Dittmar. Göttingen: Vandenhoeck & Ruprecht, 46-74.
Hoey, Michael. 1991a. *Patterns of Lexis in Text.* Oxford: Oxford UP.
Hoey, Michael. 1991b. „Another Perspective on Coherence and Cohesive Harmony." In: Eija Ventola (Hg.). *Functional and Systemic Linguistics: Approaches and Uses.* Berlin: Mouton de Gruyter, 385-414.
Hoey, Michael. 2001. *Textual Interaction: An Introduction to Written Discourse Analysis.* London: Routledge.
Huddleston, Rodney u. Geoffrey K. Pullum (Hgg.). 2002. *The Cambridge Grammar of the English Language.* Cambridge: Cambridge UP.
Hüllen, Werner. 1987. *Englisch als Fremdsprache: Beiträge zur Theorie des Englischunterrichts an deutschen Schulen.* Tübingen: Francke.
Hutchby, Ian u. Robin Wooffitt. 1998. *Conversation Analysis.* Cambridge: Polity Press.
Jakobson, Roman. 1981. „Linguistics and Poetics." In: Stephen Rudy (Hg.). *Roman Jakobson - Selected Writings III.* The Hague, Paris, New York: Mouton, 18-51.
Janich, Nina. ⁴2005. *Werbesprache: Ein Arbeitsbuch.* Tübingen: Narr.
Johnstone, Barbara. 2002. *Discourse Analysis.* Oxford: Blackwell.

Jucker, Andreas. 2002. „Hypertextlinguistics: Textuality and Typology of Hypertext." In: Andreas Fischer, Gunnel Tottie u. Hans Martin Lehmann (Hgg.). *Text Types and Corpora: Studies in Honour of Udo Fries*. Tübingen: Narr, 29-51.

Jucker, Andreas H. 2005. „Hypertext Research: Some Basic Concepts." In: Lilo Moessner u. Christa M. Schmidt (Hgg.). *Anglistentag 2004 Aachen: Proceedings*. Trier: WVT, 285-295.

Kachru, Braj B. [2]1992. „Meaning in Deviation: Toward Understanding Non-Native English Texts." In: Braj B. Kachru (Hg.). *The Other Tongue: English across Cultures*. Oxford: Pergamon Press, 301-326.

Kachru, Yamuna. 2006. „Speaking and Writing in World Englishes." In: Braj B. Kachru, Yamuna Kachru, and Cecil L. Nelson (Hgg.). *The Handbook of World Englishes*. Malden, MA: Blackwell, 366-385.

Kehler, Andrew. 2002. *Coherence, Reference, and the Theory of Grammar*. Stanford, CA: Center for the Study of Language and Information Publications.

Kennedy, Graeme. 1998. *An Introduction to Corpus Linguistics*. London: Longman.

Knapp, Karlfried u. Annelie Knapp-Potthoff. 1990. „Interkulturelle Kommunikation". *Zeitschrift für Fremdsprachenforschung* 1, 62-93.

Kuhlen, Rainer. 1991. *Hypertext: Ein nicht-lineares Medium zwischen Buch und Wissensbank*. Berlin: Springer-Verlag.

Küper, Christoph. 1976. *Linguistische Poetik*. Stuttgart: Kohlhammer.

Kussmaul, Paul. 1997. „Text-Type Conventions and Translating: Some Methodological Issues." In: Anna Trosborg (Hg.). *Text Typology and Translation*. Amsterdam: John Benjamins, 67-83.

Labov, William. 1972. *Language in the Inner City: Studies in the Black English Vernacular*. Philadelphia: U of Pennsylvania P.

Labov, William. 1997. „Some Further Steps in Narrative Analysis." *Journal of Narrative and Life History* 7/1-4, 395-415.

Labov, William u. Joshua Waletzky. 1967. „Narrative Analysis: Oral Versions of Personal Experience." In: June Helm (Hg.). *Essays on the Verbal and Visual Arts*. Seattle: U of Washington P, 12-44.

Leech, Geoffrey. 1969. *A Linguistic Guide to English Poetry*. London: Longman.

Leech, Geoffrey u. Mick Short. 1981. *Style in Fiction: A Linguistic Introduction to English Fictional Prose*. London: Longman.

Lenk, Uta, Sarah Gietl u. Wolfram Bublitz. 1999. „A Bibliography of Coherence and Cohesion." In: Wolfram Bublitz, Uta Lenk u. Eija Ventola (Hgg.). *Coherence in Spoken and Written Discourse: How to Create it and How to Describe it*. Amsterdam: John Benjamins, 267-295.

Levelt, Willem J. M. 1989. *Speaking: From Intention to Articulation*. Cambridge, MA: MIT Press.

Levinson, Stephen C. 1983. *Pragmatics*. Cambridge: Cambridge UP.

Lipka, Leonhard. [3]2002. *English Lexicology: Lexical Structure, Word Semantics & Word-Formation*. Tübingen: Narr.

Bibliografie

Longacre, Robert E. 1976. *An Anatomy of Speech Notions.* Lisse: The Peter de Ridder Press.
Longacre, Robert E. ²1996. *The Grammar of Discourse.* New York: Plenum Press.
Lyons, John. 1977. *Semantics.* Bd. 1. Cambridge: Cambridge UP.
Mann, William C. u. Sandra A. Thompson. 1986. „Relational Propositions in Discourse." *Discourse Processes* 9, 57-90.
Mann, William C. u. Sandra A. Thompson. 1988. „Rhetorical Structure Theory: Toward a Functional Theory of Text Organization." *Text* 8/3, 243-281.
Markee, Numa. 2000. *Conversation Analysis.* Mahwah, NJ: Lawrence Erlbaum.
Martin, J. R. 1992. *English Text: System and Structure.* Amsterdam: Benjamins.
Martin, J. R. 2001. „Cohesion and Texture." In: Deborah Schiffrin, Deborah Tannen u. Heidi E. Hamilton (Hgg.). *The Handbook of Discourse Analysis.* Oxford: Blackwell, 35-53.
Mathesius, Vilém. 1929. „Zur Satzperspektive im modernen Englisch." *Archiv für das Studium der neueren Sprachen und Literaturen* 155, 202-210.
McCarthy, Michael u. Ronald Carter. 1994. *Language as Discourse: Perspectives for Language Teaching.* London: Longman.
McKelvie, David. 2004. „The Syntax of Disfluency in Spontaneous Spoken Language." In: Geoffrey Sampson u. Diana McCarthy (Hgg.). *Corpus Linguistics: Readings in a Widening Discipline.* London: Continuum, 404-420.
Merritt, Marilyn. 1976. „On Questions Following Questions in Service Encounters." *Language in Society* 5, 315-357.
Meyer, Charles F. 2002. *English Corpus Linguistics: An Introduction.* Cambridge: Cambridge UP.
Minsky, Marvin. 1975. „A Framework for Representing Knowledge." In: Patrick Henry Winston (Hg.). *The Psychology of Computer Vision.* New York: McGraw-Hill, 211-280.
Multhaup, Uwe. 1979. *Einführung in die Fachdidaktik Englisch.* Heidelberg: Quelle & Meyer.
Myers, Greg. 1994. *Words in Ads.* London: Edward Arnold.
Nolasco, Rob u. Lois Arthur. 1987. *Conversation.* Oxford: Oxford UP.
Nord, Christiane. 1997. „A Functional Typology of Translations." In: Anna Trosborg (Hg.). *Text Typology and Translation.* Amsterdam: John Benjamins, 43-66.
Nord, Christiane. 1999. „Das Verhältnis des Zieltexts zum Ausgangstext." In: Mary Snell-Hornby, Hans G. Hönig u. Paul Kußmaul (Hgg.). *Handbuch Translation.* Tübingen: Stauffenburg, 141-144.
Ogden, Charles K. u. Ivor A. Richards. ¹⁰1949. *The Meaning of Meaning.* London: Routledge & Kegan Paul.
Oomen, Ursula. 1971. „New Models and Methods in Text Analysis." In: *Monograph Series on Language and Linguistics* 24, 211-222.
Oomen, Ursula. 1973. *Linguistische Grundlagen poetischer Texte.* Tübingen: Niemeyer.
Parsons, Gerald. 1990. *Cohesion and Coherence: Scientific Texts.* Nottingham: University of Nottingham, Department of English Studies.

Pfister, Manfred. ¹¹2001. *Das Drama: Theorie und Analyse.* München: Fink.
Plett, Heinrich F. 1975. *Textwissenschaft und Textanalyse: Semiotik, Linguistik, Rhetorik.* Heidelberg: Quelle & Meyer.
Plett, Heinrich F. 2000. *Systematische Rhetorik: Konzepte und Analysen.* München: Fink.
Pridham, Francesca. 2001. *The Language of Conversation.* London: Routledge.
Quirk, Randolph et al. 1985. *A Comprehensive Grammar of the English Language.* London: Longman.
Reiß, Katharina u. Hans J. Vermeer. 1984. *Grundlegung einer allgemeinen Translationstheorie.* Tübingen: Niemeyer.
Renkema, Jan. 2004. *Introduction to Discourse Studies.* Amsterdam: John Benjamins.
Rickheit, Gert u. Ulrich Schade. 2000. „Kohärenz und Kohäsion." In: Klaus Brinker et al. (Hgg.). *Text- und Gesprächslinguistik: Ein internationales Handbuch zeitgenössischer Forschung.* Bd. 1: *Textlinguistik.* Berlin: de Gruyter, 275-283.
Rickheit, Gert u. Hans Strohner. 1993. *Grundlagen der kognitiven Sprachverarbeitung.* Tübingen: Francke.
Sacks, Harvey. 1995a. *Lectures on Conversation.* Bd. I. Hg. v. Gail Jefferson u. Emanuel A. Schegloff. Oxford: Blackwell.
Sacks, Harvey. 1995b. *Lectures on Conversation.* Bd. II. Hg. v. Gail Jefferson u. Emanuel A. Schegloff. Oxford: Blackwell.
Sacks, Harvey, Emanuel Schegloff u. Gail Jefferson. 1974. „A Simplest Systematics for the Organization of Turn-Taking in Conversation." *Language* 50/4, 696-735.
Schank, Roger C. u. Robert P. Abelson. 1977. *Scripts, Plans, Goals and Understanding: An Inquiry into Human Knowledge Structures.* Hillsdale, NJ: Lawrence Erlbaum Associates.
Schegloff, Emanuel A. 1972. „Sequencing in Conversational Openings." In: John J. Gumperz u. Dell Hymes (Hgg.). *Directions in Sociolinguistics: The Ethnography of Communication.* New York: Holt, Rinehart and Winston, 346-380.
Schegloff, Emanuel A. u. Harvey Sacks. 1973. „Opening up Closings." *Semiotica* VIII, 289-327.
Schegloff, Emanuel A., Gail Jefferson u. Harvey Sacks. 1977. „The Preference for Self-Correction in the Organization of Repair in Conversation." *Language* 53, 361-382.
Scherner, Maximilian. 2000. „Kognitionswissenschaftliche Methoden in der Textanalyse." In: Klaus Brinker et al. (Hgg.). *Text- und Gesprächslinguistik: Ein internationales Handbuch zeitgenössischer Forschung.* Bd. 1: *Textlinguistik.* Berlin: de Gruyter, 186-195.
Schiffrin, Deborah, Deborah Tannen u. Heidi E. Hamilton (Hgg.). 2001. *The Handbook of Discourse Analysis.* Oxford: Blackwell.
Schneider, Edgar W. 1988. *Variabilität, Polysemie und Unschärfe der Wortbedeutung.* Bd. 1: *Theoretische und methodische Grundlagen.* Tübingen: Niemeyer.

Schubert, Christoph. 2000. *Die Hypotaxe in der englischen Lyrik: Eine Typologie dichterischer Texte anhand syntaktischer Kriterien.* Frankfurt/Main: Peter Lang.
Schubert, Christoph. 2004. „Die Appellwirkung englischer Filmtitel und ihrer deutschen Neutitel: Techniken interkulturellen Transfers." *Arbeiten aus Anglistik und Amerikanistik* 29/2, 239-259.
Searle, John R. 1969. *Speech Acts: An Essay in the Philosophy of Language.* Cambridge: Cambridge UP.
Searle, John R. 1975. „Indirect Speech Acts". In: Peter Cole u. Jerry L. Morgan (Hgg.). *Syntax and Semantics.* Bd. 3: *Speech Acts.* New York: Academic Press, 59-82.
Searle, John R. 1976. „A Classification of Illocutionary Acts." *Language in Society* 5, 1-23.
Searle, John R. u. Daniel Vanderveken. 1985. *Foundations of Illocutionary Logic.* Cambridge: Cambridge UP.
Shimanoff, Susan B. u. Joanne C. Brunak. 1977. „Repairs in Planned and Unplanned Discourse." In: Elinor O. Keenan u. Tina L. Bennett (Hgg.). *Discourse across Time and Space.* Los Angeles: U of Southern California, 123-167.
Short, Mick. 1996. *Exploring the Language of Poems, Plays and Prose.* London: Longman.
Sinclair, John. 2004. *Trust the Text: Language, Corpus and Discourse.* London: Routledge.
Sinclair, John u. Malcolm Coulthard. 1975. *Towards an Analysis of Discourse.* Oxford: Oxford UP.
Sowinski, Bernhard. 1983. *Textlinguistik: Eine Einführung.* Stuttgart: Kohlhammer.
Storrer, Angelika. 1999. „Kohärenz in Text und Hypertext." In: Henning Lobin (Hg.). *Text im digitalen Medium: Linguistische Aspekte von Textdesign, Texttechnologie und Hypertext Engineering.* Opladen/Wiesbaden: Westdeutscher Verlag, 33-65.
Storrer, Angelika. 2000. „Was ist 'hyper' am Hypertext?" In: Werner Kallmeyer (Hg.). *Sprache und neue Medien.* Berlin: Walter de Gruyter, 222-249.
Streeck, Jürgen. 1983. „Konversationsanalyse: Ein Reparaturversuch." *Zeitschrift für Sprachwissenschaft* 2, 72-104.
Stubbs, Michael. 1983. *Discourse Analysis: The Sociolinguistic Analysis of Natural Language.* Oxford: Blackwell.
Stubbs, Michael. 1996. *Text and Corpus Analysis: Computer-assisted Studies of Language and Culture.* Oxford: Blackwell.
Summers, Della et al. (Hgg.). ⁴2005. *Longman Dictionary of Contemporary English.* Harlow: Pearson Education Limited.
Swales, John M. 1990. *Genre Analysis: English in Academic and Research Settings.* Cambridge: Cambridge UP.
Tanskanen, Sanna-Kaisa. 2006. *Collaborating towards Coherence: Lexical Cohesion in English Discourse.* Amsterdam: John Benjamins.
Ten Have, Paul. 1999. *Doing Conversation Analysis.* London: Sage Publications.

Bibliografie

Thiele, Wolfgang. 2000. „Textlinguistik im englischsprachigen Raum." In: Klaus Brinker et al. (Hgg.). *Text- und Gesprächslinguistik: Ein internationales Handbuch zeitgenössischer Forschung.* Bd. 1: *Textlinguistik.* Berlin: de Gruyter, 132-139.
Titscher, Stefan et al. (Hgg.). 2000. *Methods of Text and Discourse Analysis.* London: Sage Publications.
Traugott, Elizabeth Closs u. Mary Louise Pratt. 1980. *Linguistics for Students of Literature.* San Diego: Harcourt Brace Jovanovich.
Ungerer, Friedrich u. Hans-Jörg Schmid. ^{2}2006. *An Introduction to Cognitive Linguistics.* Harlow: Pearson Education.
Van Dijk, Teun A. 1972. *Some Aspects of Text Grammars: A Study in Theoretical Linguistics and Poetics.* The Hague: Mouton.
Van Dijk, Teun A. 1980a. *Macrostructures: An Interdisciplinary Study of Global Structures in Discourse, Interaction, and Cognition.* Hillsdale, NJ: Lawrence Erlbaum Associates.
Van Dijk, Teun A. 1980b. *Textwissenschaft: Eine interdisziplinäre Einführung.* Tübingen: Niemeyer.
Van Dijk, Teun A. u. Walter Kintsch. 1983. *Strategies of Discourse Comprehension.* San Diego: Academic Press, Inc.
Vater, Heinz. ^{3}2001. *Einführung in die Textlinguistik.* München: Fink.
Ventola, Eija. 2001. „Discourse Studies in the English-Speaking Countries." In: Klaus Brinker et al. (Hgg.). *Text- und Gesprächslinguistik: Ein internationales Handbuch zeitgenössischer Forschung.* Bd. 2: *Gesprächslinguistik.* Berlin: de Gruyter, 979-994.
Wales, Katie. 1998. „Cohesion and Coherence in Literature." In: Jacob L. Mey (Hg.). *Concise Encyclopedia of Pragmatics.* Amsterdam: Elsevier, 134-136.
Watts, Richard J. 1994. „Diskursanalyse in Großbritannien." In: Konrad Ehlich (Hg.). *Diskursanalyse in Europa.* Frankfurt/Main: Peter Lang, 41-61.
Wehmeier, Sally et al. (Hg.). ^{7}2005. *Oxford Advanced Learner's Dictionary of Current English.* Oxford: Oxford UP.
Werlich, Egon. 1975. *Typologie der Texte.* Heidelberg: Quelle & Meyer.
Werlich, Egon. ^{2}1983. *A Text Grammar of English.* Heidelberg: Quelle & Meyer.
Weskamp, Ralf. 2001. *Fachdidaktik: Grundlagen & Konzepte.* Berlin: Cornelsen.
Widdowson, Henry G. 1979. *Explorations in Applied Linguistics.* Oxford: Oxford UP.
Widdowson, Henry G. 2004. *Text, Context, Pretext: Critical Issues in Discourse Analysis.* Malden, MA: Blackwell.
Wolf, Norbert Richard. 1981. „Am Beispiel Elias Canettis: Überlegungen zur Textsyntax und zur Texttypologie." In: Johann Holzner (Hg.). *Studien zur Literatur des 19. und 20. Jahrhunderts in Österreich: Festschrift für Alfred Doppler zum 60. Geburtstag.* Innsbruck: Institut für Germanistik, 205-218.
Wooffitt, Robin. 2005. *Conversation Analysis and Discourse Analysis: A Comparative and Critical Introduction.* London: Sage Publications.

Sachregister

Abstract 95, 112, 116, 174
Akzeptabilität 21 f., 24-29
Anchor 119, 122, 184
Angewandte Textlinguistik 165-182
Antonymie 47-49, 56, 58
Argumentation 71, 89, 91-93, 95 f., 116
Aspekt 31, 44 f., 57
Assoziatives Feld 53
Auslassen 81, 192
Auslöser 119 f., 122, 124

Back-channel behaviour 154
Bedingte Relevanz 137 f.
Begriffliche Nähe 51-54
British National Corpus 113
Browsing 120, 122

Chatgroups 117, 125-127, 186
Cleft sentence 79, 192
Closing sequence 145, 162
Cluster-Analyse 99-103
Computer-Mediated Communication 117, 126
Conjunction 37, 42-44, 55, 57-59, 70, 91, 135, 152, 161, 190
  additive 42-44, 55-57, 92, 128, 190
  adversative 42, 43, 44, 55, 57 f., 190, 194
  kausale 42-44, 57
  temporale 42-44, 55-57, 92, 128, 190
Continuatives 44, 57
Corpus of English Conversation 133 f.

Default assignment 74
Default knowledge 72
Deskription 85, 89, 91-93, 193, 195
Dimension situationeller Beschränkung 108-111, 113, 129, 173, 193
Dimension sprachlicher Variation 99 f., 107, 128
Dimensionale Werte 101

Diskursanalyse 14 f., 133, 176
Diskursmarker 44, 63, 140, 150 f., 156

Eingangsbedingungen 74
Elektronische Interaktion 13, 27, 117-121, 123, 125-129, 135 f., 173, 183 f., 186
Ellipse 31, 38-40, 42, 55, 57 f., 63, 111, 116, 135, 161, 172, 174, 187 f.
  nominal 39 f., 55, 57, 188
  satzbezogen 40, 57, 188
  verbal 39, 57, 63, 188
E-Mail 117, 125, 136, 173, 181, 184, 186
Emoticons 125 f.
End-weight 78, 80, 192
Englischunterricht 13, 149, 151, 171-176, 178, 182 f.
Entsprechungsrichtung 98, 128
Ergebnisse 74, 112
Ersetzbarkeit 38-40, 188
  situationelle 39 f., 188
  strukturelle 39 f.
  textuelle 38, 188
E-Text 121
Ethnomethodologie 15, 133
Evaluation 95, 105
Existential sentence 34, 79 f., 84, 91, 190, 192 f.
Expansion 51, 56, 58, 190
Exposition 91-94, 102, 105

Face 140-142, 158
Filler 72
First pair part 136, 138-141, 144
Fokus 79 f., 85, 161, 192
  geteilter 79, 192
  markierter 79
Frame 72-74, 81, 86 f., 161, 174, 192
Fremdreparatur 157-159, 162
  fremdinitiierte 157 f., 162
  selbstinitiierte 157
Fronting 79

217

Sachregister

Funktionale Satzperspektive 75

Generalisieren 81 f., 193
Genre 14, 25 f., 58, 65, 89 f., 98 f., 101-104, 106-118, 125, 127-130, 166, 169, 172 f., 175-178, 182, 185-187, 193-195
Genrewissen 106
Gesprächsbeendigung 144 f., 147, 162, 171, 173, 184
Gesprächsbeitrag 13, 41, 44, 133 f., 136 f., 140 f., 143-145, 147 f., 154, 156-162, 171, 196 f.
Gesprächseröffnung 144 f., 159, 162, 171, 173, 184
Given 78-80, 85
Globale Muster 71-75, 86, 161, 174, 184
Grußsequenz 136, 144, 159, 162, 196

Haupt-Topik 66-68
Holonym 50, 56
Hyperlink 117-123, 127 f., 184, 186
   semantisch gefüllter 122, 184
   semantisch leerer 122, 184
Hypermedia 120, 127
Hypertext 89, 117-124, 127 f., 184, 186
Hypertextlinguistik 117, 186
Hypertextnetz 121
Hypertextsystem 121, 124
Hyponymie 31, 47, 49 f., 52, 56-58, 190

Illokutionärer Zweck 97 f., 128
Illokutionstyp 97-99, 104 f., 129, 185, 194 f.
   deklarativer 99, 128, 185
   direktiver 98, 104, 106, 124, 128, 169, 180, 185, 193 f.
   expressiver 97, 99, 128, 185, 193 f.
   kommisiver 98, 128, 185, 193 f.
   repräsentativer 98, 105, 113, 128, 185, 193, 195
Incompletion marker 152
Inferenz 61 f., 71-73, 77, 86
Informativität 21 f., 24-28, 46, 48, 74, 144, 175, 187
Initiator 19, 23, 27, 84, 142, 188, 190
Insertionssequenz 138 f., 161, 196
Instruktion 91-93, 103, 169, 194
Integrieren 81

Intentionalität 21-24, 26, 28, 188
Interkulturelle Kommunikation 13, 165, 176-178, 180
International Corpus of English 113 f.
Internet 13, 116-118, 120-127, 136, 192
Internet Relay Chat 126
Intertextualität 12, 21 f., 52, 89 f., 111, 118, 121, 125, 187
Intonationseinheit 78 f., 134, 137

Juristische Texte 58, 108-110, 113, 115, 177, 194

Koda 95
Kohärenz 13, 18-20, 22-24, 26-29, 31, 42, 61-88, 121-128, 133, 161, 170, 172, 175, 182-184, 187 f., 190-193
Kohäsion 12, 18, 20, 22-24, 26-29, 31-65, 67, 70 f., 73, 75 f., 85 f., 91, 110, 121-125, 127 f., 133, 135-137, 152, 161, 167-170, 172, 174-175, 182-184, 187-190
   grammatische 32-45
   lexikalische 45-54
Ko-Meronyme 50
Kommunikative Dynamik 75-80, 84-86, 88, 135, 161
Kompletion 19, 25, 27, 29, 188
Komplikation 95, 105
Kondensation 51, 56, 58
Konstruieren 81, 193
Kontextualisierungshilfe 123, 185
Kontrastive Diskursanalyse 13, 176-182
Konversationsanalyse 13, 15 f., 109, 133-164, 170, 173, 182, 186, 195-197
Konzept 20, 23, 26, 65-68, 72, 86, 88, 184, 187, 192
Koreferenz 32-34, 36 f., 42, 46, 48 f., 62 f., 67, 168, 189
Korpuslinguistik 112-114

Leerstellenausfüllung 74
Lexical set 52-54, 56, 58, 169
Literarischer Text 12-14, 52, 102, 147, 165-171, 176, 182, 186, 188
Lokution 96 f.

Makroproposition 80 f., 116

Sachregister

Makroregeln 81-83, 86, 88
Makrostruktur 80-83, 86, 88, 94, 170, 174, 177, 179, 182, 184, 193
Merkmalscluster 99-103
Meronymie 47, 50, 56, 58, 190
Mikrostruktur 80 f.

Narration 71, 82, 89, 91-95, 100-102, 104 f., 107 f., 128, 143
Netspeak 117
Netzwerkmodell 66-68, 86
New 78 f., 85
Node 117, 119

Orientierung 95, 105

Paarsequenz 124 f., 136-139, 141, 162, 173, 196 f.
Parallelismus 40-42, 55, 57-58, 166 f., 187
Paraphrase 50 f., 56, 58, 62, 168, 190
Partielle Rekurrenz 47, 56, 58, 64, 122, 169, 190
Pause 133 f., 140, 146, 148-150, 152, 156-158
Perlokution 96 f.
Pfad 122-124, 128, 184
   selbst gewählt 122, 128, 184
   vordefiniert 123
Präferenzorganisation 136, 139-143, 158, 173
Präsequenz 141-143
Pre-closing sequence 145, 153, 162
Pro-Formen 31-38, 43, 45 f., 49, 53, 57, 59, 110, 122, 169, 172, 174 f., 189
Proposition 62 f., 68, 80 f.
   relationale 68-71, 83 f., 86 f., 94, 161, 184
Psychische Einstellung 97 f., 129

Rederecht 146-153, 174, 195-197
Referenz 32-38, 42, 49, 54 f., 57, 62, 64 f., 170, 187, 189
   anaphorische 33-36, 55, 62, 67, 76, 122, 170, 187-189
   demonstrative 33-35, 38, 55, 57, 169, 189
   endophorische 33, 36, 54, 187

   exophorische 33 f., 36, 54, 65, 135, 161, 189
   homophorische 34, 189
   kataphorische 33, 35, 169, 189
   komparative 35, 38, 55, 57
   personale 33, 35, 38, 49, 55, 57, 170, 187, 189
Referenzrelation 47, 190
Register 18, 107, 166
Relation 20, 23 f., 31, 47-50, 65-68
   konzeptuelle 65-68
   semantische 47-50
Reparandum 155 f., 162, 195
Reparatur 154-159, 162, 171, 174, 184, 195
Reparaturinitiator 156-158, 174, 195
Reparaturposition 157-159
Reparatursequenz 155, 162
Reparatursignal 155-158, 174, 195
Repetition 45-48, 52 f., 55-58, 64, 76, 110, 122, 137, 161, 172, 187 f., 190
   expressive 168 f.
Requisiten 74 f.
Resolution 95
Retrospektive Hilfe 124, 185
Rhema 74-78, 85, 190-192
Rhetorical Structure Theory 70 f.
Rolle 74 f.
Root text 119
Rückmeldeverhalten 153 f., 195 f.

Sachgruppe 53, 190
Second pair part 136, 138-141, 144
Selbstreparatur 155-159, 171
   fremdinitiiert 156, 195
   selbstinitiiert 155 f., 195
Selektieren 81
Sequenzielle Organisation 136-145
Sequenzierung 90-94
Situationalität 21-27
Skript 72-75, 81, 86, 174
Slot 72 f., 192
Smileys 125 f.
SMS 17, 125, 127 f., 136, 173
Spaltsatz 79, 192
Sprechakttheorie 14, 96
Sprecherwechsel 13, 133 f., 143, 146-154, 161-163, 171, 173, 184, 196
Standardannahme 72

Sachregister

Steuerungsmittelpunkt 66
Stilistisch distinktives Merkmal 108, 110, 116, 130, 185
Substitution 36-38, 42 f., 55, 57, 64, 187, 189
   nominal 36-38, 57, 64, 189
   verbal 37 f., 55, 57
   satzbezogen 37 f., 43, 57, 187
Summons-answer sequence 144, 162
Superstruktur 82, 95
Survey of English Usage 113
Synonymie 31, 47 f., 51 f., 56, 58, 190

Tag question 150, 160 f., 194
Target text 119
Telefongespräch 102, 135, 139, 144 f., 152, 165
Tempus 31, 44 f., 57
Terminator 19, 23, 27, 188, 194
Textdefinition 16-23, 26-28
Textexterne Kriterien 18, 22
Textform 93 f.
Textformvariante 89, 93
Textidiom 91, 93, 103, 105, 128 f., 193
Texting 17, 125, 127
Textinterne Kriterien 18 f., 22
Textklassifikation 89-131
Textmodul 118-119, 121-124
Textproduktion 173 f.
Textsorte 12 f., 15, 22-25, 27, 58, 85 f., 89 f., 103, 106-108, 113, 171-182, 186, 192
Texttyp 13, 71, 89-106, 128 f., 172, 186, 193 f.

Textualität 20-23, 62, 64
Textur 31, 51, 54 f., 57 f., 66
Thema 75-83, 113, 144 f., 160, 162, 171, 184, 194
Thematische Progression 75-80, 84-86, 88, 175, 190-192
Thematische Textbasis 91 f., 103
Topic bounding sequence 145, 162
Transition-Relevance Place 146-148, 150, 152, 161 f.
Trigger 119, 122, 124, 184
Turn allocation 149-152
Turnkonstruktions-Komponente 146-148, 195-197
Turnzuweisungs-Komponente 146 f.

Überblickshilfe 123, 185
Übergaberelevante Stelle 146-148, 152, 160, 162, 195-197
Überlappung 71, 120, 133 f., 137, 146, 148, 151, 153, 159 f., 195-197
Übersetzungswissenschaft 13, 165, 178-183
Utterance incompletor 152 f., 160

Vorausschauende Strategie 122 f.

Weblogs 117, 125, 127, 186
Werbeanzeige 21, 89, 98, 109-111, 115 f.
Wissenschaftlicher Aufsatz 18, 21, 89, 94, 101 f., 109, 111 f., 116 f.
Wissensrepräsentation 71-75
World Wide Web 121 f., 124, 127
Wortfeld 23 f., 31, 52 f., 190

Grundlagen der Anglistik und Amerikanistik

Band 28

KURT MÜLLER

Das amerikanische Drama
Eine Einführung

2006, 214 S., Euro (D) 19,95, ISBN 978 3 503 09800 2
www.ESV.info/978 3 503 09800 2

Diese Einführung skizziert Entwicklungslinien und Entwicklungsformen des amerikanischen Dramas von den Anfängen bis zur Gegenwart. Sie legt dabei den Schwerpunkt auf das 20. Jahrhundert. Die Studie widmet sich zum einen den etablierten ‚Klassikern', welche die Entwicklung der Gattung zwischen Moderne und Postmoderne entscheidend mitgeprägt haben. Zum anderen würdigt der Band speziell den Beitrag afroamerikanischer, hispanoamerikanischer und asiatisch-amerikanischer Autoren und rückt dabei insbesondere die quer durch alle ethnischen Zuordnungen zu beobachtende Leistung von Dramatikerinnen in den Blick.

Die Darstellung setzt Schwerpunkte bei einzelnen Autoren, bei denen ein Konsens über ihre herausgehobene künstlerische oder dramengeschichtliche Stellung besteht. Dabei konzentriert sie sich auf die exemplarische Behandlung von Stücken, welche die jeweilige Stil-, Aussage- und Wirkungsabsicht markant hervortreten lassen. Die einzelnen Epochenkapitel werden eingeleitet durch überblickhafte Ausführungen zu den einschlägigen historischen, sozialen und kulturellen Kontexten und den wichtigsten dramen- und theatergeschichtlichen Bewegungen und Tendenzen.

Eine Bibliographie und ein hilfreiches Namenregister runden den Band ab.

ESV

ERICH SCHMIDT VERLAG
Postf. 30 42 40 • 10724 Berlin
Fax 030 / 25 00 85 275
E-Mail: PHILOLOGIE@ESVmedien.de
www.ESV.info

Grundlagen der Anglistik und Amerikanistik

Band 29

EKKEHARD KÖNIG / VOLKER GAST

Understanding English-German Contrasts

2007, XIV, 285 S., Euro (D) 19,95, ISBN 978 3 503 09819 4
www.ESV.info/978 3 503 09819 4

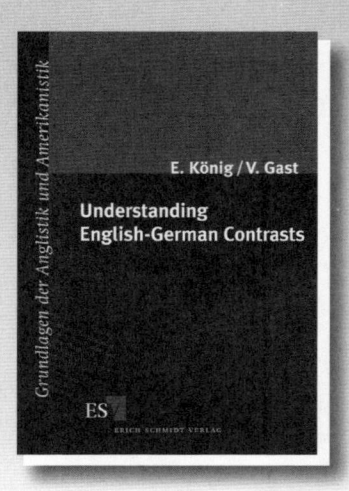

„This is the best contrastive study of English and German, and indeed of any two languages, that I have ever seen. It describes the areas of contrast with sophistication and without technical jargon. It gives broad coverage, incorporates recent research, and includes many findings that König and his collaborators have themselves contributed to the field. It compares these two languages with other languages and with other members of the Germanic family. This book delivers what contrastive studies should deliver: a comparison of two languages that leads to a better understanding of each. It is also an extremely useful book at a practical level, for learners of each language and for students of translation. König & Gast are to be congratulated!"

Professor John A. Hawkins, Cambridge University

ESV

ERICH SCHMIDT VERLAG
Postfach 30 42 40 · 10724 Berlin
Fax 030 / 25 00 85 275
E-Mail: PHILOLOGIE@ESVmedien.de
www.ESV.info

Weitere Informationen zu unserem philologischen Verlagsprogramm finden Sie auf unserer Website.